秘书学概论

杨树森 著

北京师范大学出版集团
安徽大学出版社

图书在版编目(CIP)数据

秘书学概论/杨树森著.—3版.—合肥:安徽大学出版社,2012.2(2024.1重印)
ISBN 978-7-5664-0379-7

Ⅰ.①秘… Ⅱ.①杨… Ⅲ.①秘书学—高等学校—教材 Ⅳ.①C931.46

中国版本图书馆 CIP 数据核字(2012)第 020185 号

安徽省 2007 年省级精品课程建设成果

秘书学概论

杨树森 著

出版发行：北京师范大学出版集团
安徽大学出版社
(安徽省合肥市肥西路 3 号 邮编 230039)
www.bnupg.com
www.ahupress.com.cn

印　刷：	安徽昶颉包装印务有限责任公司
经　销：	全国新华书店
开　本：	880 mm×1230 mm　1/32
印　张：	10.625
字　数：	275 千字
版　次：	2012 年 2 月第 3 版
印　次：	2024 年 1 月第 9 次印刷
定　价：	23.00 元

ISBN 978-7-5664-0379-7

责任编辑：姜　萍　　装帧设计：孟献辉　李　军　　责任印制：陈　如

版权所有　侵权必究

反盗版、侵权举报电话：0551-65106311
外埠邮购电话：0551-65107716
本书如有印装质量问题，请与印制管理部联系调换。
印制管理部电话：0551-65106311

序

从上个世纪80年代初到现在,关于秘书学的研究已经有了二十多年的历史。其中有相当一段时间,特别是80年代到90年代,著书立说,办刊办班,大学开设秘书专业等等,呈现一片百家争鸣、百花齐放的景象。其实,这种现象到现在还在延续着,只是更稳妥了一些,更扎实了一些罢了。这二十多年中虽然有的人中途退出了,其说其论空虚无影了,但整体来说,这些年来的秘书学研究成绩斐然,也许用辉煌二字概括更贴切一些。首先是秘书学这个学科成立了,反对者是推不倒它的。建立了一门学科,这成绩是令人欣慰的、骄傲的。其次,是出了一批很有学术价值的著作,这也没有人能够否定它。再次,是成就了一批颇有造诣的研究人员,其中可以称为"家"的也不在少数。这也是个推不倒的事实。在这些颇有造诣的专家学者中又分两种情况:一种是有些人只注重自己的研究,很少旁及别人的研究成果。它的缺点是横向联系不够,各唱各的调,理论上就很难取得共识。另一种则是既自己研究立说,又旁及、重视别人的研究成果,纵横都看,能知全貌。这种学者不少,最突出的有四川的常崇宜、重庆的邱惠德,上海的刘耀国等(排序不分先后)。他们对全国的秘书学研究状况了解得非常透彻,能统计出各种数据,举出各种观点。他们既是秘书学家又是秘书学评论家,这样的人多些对我们这个学科的研究会更有利些。

二十多年过去了,有的人因年迈退出了研究,如武汉的长者王千弓同志,宣布退出后就很少再介入这类活动。但王老的身体很好,祝愿他长命百岁。我也七十七岁了,且身体不太好,曾宣布不再写文章、讲课,但眼下仍未摆脱秘书学研究方面的活动。在学术研究中,随着时间的推移,老的退下去是正常现象,重要的是研究队伍不断增加新生力量。从全国秘书杂志发表的文章看,有不少作者的文章颇有真知灼见,足见后继者不少。前些日子《秘书工作》杂志转给我一份书稿,是安徽师范大学杨树森教授写的,商请我为其写序。本来我的脑血管毛病已不适宜写东西,但翻阅书稿后给了我一份欣喜,第一感觉就是这是一位成熟的秘书学专家的著作,禁不住要写几行字把这本书推荐给读者,虽然我的序未必写得很像样子。

杨树森教授,1948年生,到现在也有五十六七岁了。他在农村、军队、工厂当过八年秘书。1977年全国恢复高考时,他第一批考入大学,现在安徽师范大学文学院任教,主编过《秘书实务》,撰写过《中国秘书史》。我之所以看中他这本书,是因为从书中看出他的科学治学态度和科研成就。

第一,二十多年他从事逻辑学和秘书学教学,成就这本《秘书学概论》,可以说是二十年磨一剑,实实在在,真真切切,内容细致,材料翔实,且多有创意,不乏新说,但绝无空洞玄说,怪异立论。这是一个认真做学问的人应有的品德。

第二,他的书中所有的立论,都是旁征博引,在占有大量材料的基础上,多角度地进行比较,然后得出自己的结论。比如,对于"秘书"这个概念的定义,他从古说到今,又列举今日各家之说并分析它们的长短优劣,用了不小篇幅论证才得出自己的观点。虽然他的看法仍会有人提出异议,但我们看到的是杨教授严谨的治学态度。又如,关于秘书工作的性质,他几乎把所有学者的说法都摆出来比较,然后把自己的看法也摆进去比较,摆事实,讲道理,既尊重别人也陈述己见,让读者看个明白,既不唯我独尊,也不是惟别人是从。我们治学要的就是这种公允的科学精神。有了它,就不难取得好的成果,我们的研究就大有希望。

第三,尊重前人,尊重别人,在已有成果的基础上开拓前进。杨树森教授在研究中充分注意了这一点。我们知道,任何科技的、学术的进步,都是在已有的基础上再进一步开拓取得的。现在是信息电子时代,科技日新月异快速发展,如果有谁想抛开这个时代而回到蒸汽机时代来开发科技,那他不是疯子就是傻子。杨树森教授的《秘书学概论》有不少创新,就是在前人研究的基础上取得的。前人的东西未必都是正确的,所有对前人成果的新发展,都是因为前人成果有未尽的或不足的或错误的东西。比如,书中认为"三服务"不应是秘书工作的指导思想而应是秘书工作的宗旨。宗旨是行动的目的,指导思想是行动的依据,两者显然不同。姑且不论它的是非曲直,就书中不同的提法而言,它就是在前人的提法上开拓的,总算一种新意。没有"三服务"的提法,没有"指导思想"这个断语,就不可能有"宗旨"这个纠正。当然,对这个纠正也可以有不同看法,因为就事物的一般规律而言,后人对前人的"纠正"有时也会有误差。

总之,杨树森先生这本《秘书学概论》是一部学术力作,它内容丰富、材料翔实、逻辑严谨、语言流畅。此外,该书谈古论今,知识性、实用性、趣味性、可读性俱佳,一般读者读了也会得到很大的收益。

秘书工作犹如一个大平台,事务繁多,错综复杂,每时每刻都在运转不息,人们研究它,不仅要理出它的丝丝缕缕、条条絮絮,还要理出它的运转规律和总体趋向。规律是人们掌握事物的钥匙,有了它就更便于操作,更容易把工作做好。《秘书学概论》在这方面已下了不少工夫挖掘其理论深度,但要是还谈什么希望的话,书中似可在关于秘书工作总体规律和发展趋势方面再作一些深度的理论研究。

祝贺杨树森先生的这部学术力作问世,更祝愿杨先生能在秘书学发展中发挥更大的作用。

2005 年 9 月于北京

[说明]本序言作者李欣先生为原中共中央办公厅秘书局常务副局长、《秘书工作》杂志前主编,是我国秘书学研究的主要开创人之一。

目　次

第一编　秘书学与秘书专业

第一章　秘书学 ……………………………………………（1）
　第一节　我国秘书学的产生和发展 ……………………（1）
　第二节　秘书学的研究对象、基本内容和学科性质 ……（5）
　第三节　秘书学的学习和研究方法 ……………………（8）
　复习思考题 ………………………………………………（13）
　案例分析 …………………………………………………（13）

第二章　秘书专业 …………………………………………（15）
　第一节　我国秘书教育的历史和现状 …………………（15）
　第二节　秘书专业的课程设置 …………………………（23）
　第三节　秘书专业的优势与不足 ………………………（28）
　复习思考题 ………………………………………………（32）
　案例分析 …………………………………………………（33）

第二编 秘书人员与秘书机构

第三章 秘书的定义和类别 ……………………………… (34)
　第一节　秘书的定义 ………………………………………… (34)
　第二节　秘书的范围 ………………………………………… (44)
　第三节　秘书的类型 ………………………………………… (46)
　复习思考题 …………………………………………………… (52)
　案例分析 ……………………………………………………… (52)

第四章 秘书的社会地位和行业特点 ………………… (54)
　第一节　秘书的社会地位 …………………………………… (54)
　第二节　秘书的行业特点 …………………………………… (59)
　附　　录　秘书全国统一鉴定简介 ………………………… (65)
　复习思考题 …………………………………………………… (68)
　案例分析 ……………………………………………………… (69)

第五章 我国的秘书机构 ……………………………… (72)
　第一节　秘书机构的设置原则 ……………………………… (72)
　第二节　典型的秘书机构——办公厅（室） ……………… (76)
　第三节　其他秘书机构 ……………………………………… (79)
　第四节　秘书机构之间的关系 ……………………………… (84)
　复习思考题 …………………………………………………… (86)
　案例分析 ……………………………………………………… (86)

第三编 现代秘书工作

第六章 领导和领导工作 ……………………………… (88)
　第一节　领导和领导工作的概念 …………………………… (88)
　第二节　领导的基本职能——决策 ………………………… (93)

第三节　领导的一般职能——宏观管理 ……………… (98)
　　复习思考题 ……………………………………………… (101)
　　案例分析 ………………………………………………… (102)

第七章　秘书工作的内容 ………………………………… (104)
　　第一节　秘书工作的界定 ……………………………… (104)
　　第二节　领导决策服务 ………………………………… (107)
　　第三节　秘书常规业务 ………………………………… (112)
　　第四节　机关日常事务 ………………………………… (117)
　　复习思考题 ……………………………………………… (119)
　　案例分析 ………………………………………………… (119)

第八章　秘书工作的性质、特点和作用 ………………… (123)
　　第一节　秘书工作的性质 ……………………………… (123)
　　第二节　秘书工作的特点 ……………………………… (128)
　　第三节　秘书工作的作用 ……………………………… (132)
　　复习思考题 ……………………………………………… (135)
　　案例分析 ………………………………………………… (135)

第九章　秘书工作的宗旨、原则和基本要求 …………… (138)
　　第一节　秘书工作的宗旨 ……………………………… (138)
　　第二节　秘书工作的原则 ……………………………… (143)
　　第三节　秘书工作的基本要求 ………………………… (147)
　　复习思考题 ……………………………………………… (151)
　　案例分析 ………………………………………………… (151)

第十章　秘书工作方法 …………………………………… (154)
　　第一节　秘书工作方法概述 …………………………… (154)
　　第二节　秘书一般工作方法 …………………………… (156)
　　第三节　秘书特殊工作方法 …………………………… (163)

复习思考题 ·· (169)
　　案例分析 ·· (169)

第十一章　秘书工作的管理 ································ (173)
　　第一节　秘书工作管理的一般原理 ···················· (173)
　　第二节　秘书人员的管理 ································ (176)
　　第三节　秘书工作的制度建设 ·························· (178)
　　第四节　办公室主任的工作艺术 ······················· (183)
　　复习思考题 ·· (185)
　　案例分析 ·· (186)

第四编　秘书的个人素质

第十二章　秘书的思想品德 ································ (189)
　　第一节　秘书的政治素质 ································ (189)
　　第二节　秘书的职业道德 ································ (194)
　　第三节　秘书的作风修养 ································ (199)
　　复习思考题 ·· (203)
　　案例分析 ·· (204)

第十三章　秘书的知识和能力 ····························· (206)
　　第一节　秘书的知识结构 ································ (206)
　　第二节　秘书的能力结构 ································ (214)
　　复习思考题 ·· (223)
　　案例分析 ·· (223)

第十四章　秘书的个性心理 ································ (225)
　　第一节　秘书的兴趣 ······································· (225)
　　第二节　秘书的情感 ······································· (229)
　　第三节　秘书的意志 ······································· (232)

第四节　秘书的气质 ·················· (235)
　　第五节　秘书的性格 ·················· (237)
　　复习思考题 ······················ (239)
　　案例分析 ······················· (239)

第十五章　秘书的人际关系 ················ (241)
　　第一节　人际关系概述 ················· (241)
　　第二节　秘书与领导的关系 ··············· (243)
　　第三节　秘书与其他人的关系 ·············· (250)
　　复习思考题 ······················ (255)
　　案例分析 ······················· (256)

第五编　继承和借鉴

第十六章　中国古代秘书工作 ················ (259)
　　第一节　中国秘书工作的起源 ·············· (259)
　　第二节　中国古代秘书和秘书机构 ············ (261)
　　第三节　中国古代的文书工作 ·············· (267)
　　第四节　中国古代的档案工作 ·············· (274)
　　第五节　中国古代其他秘书工作 ············· (276)
　　复习思考题 ······················ (278)
　　案例分析 ······················· (279)

第十七章　中国现当代秘书工作 ··············· (280)
　　第一节　中华民国的秘书工作 ·············· (280)
　　第二节　中共在民主革命时期的秘书工作 ········· (285)
　　第三节　新中国成立后的秘书工作 ············ (293)
　　复习思考题 ······················ (299)
　　案例分析 ······················· (300)

第十八章　海外秘书工作概况 ………………………（302）
　第一节　港台地区秘书工作概况 …………………（302）
　第二节　美国秘书工作概况 ………………………（305）
　第三节　日本秘书工作概况 ………………………（309）
　第四节　英国秘书一天工作实录 …………………（313）
　复习思考题 …………………………………………（319）
　案例分析 ……………………………………………（319）

主要参考书目 …………………………………………（322）
2005 年初版后记 ……………………………………（324）
2012 年再版说明 ……………………………………（328）

第一编
秘书学与秘书专业

第一章 秘书学

第一节 我国秘书学的产生和发展

一、我国秘书学产生的时间

我国的秘书学作为一门独立学科产生于 20 世纪 80 年代初。

"学科"一词有两层含义:一是学术的分类,即一门科学的分支;二是学校教育的科目。作为前者,一门学科的产生通常以某种有特定研究对象的学术专著的问世为标志。例如,两千多年前,亚里士多德的《工具论》使他成为"逻辑之父",标志着逻辑学的产生;一百多年前,《马氏文通》(1898)的问世标志着汉语语法学的产生。作为后者,一门学科的出现则以学校(在现代通常是高等院校)开设某一专业或某一门课程为标志。学科的这两层含义在大多数情况下是一致的。例如,1923年,世界上第一部公共关系学专著《舆论之凝结》出版,就在同一年,其作者伯尼斯在纽约大学开设了公共关系学课程,这标志着公共关系学作为一门学科的产生。

根据有关资料,我国最早对秘书工作规律进行系统的理论研究的学者是李欣,他是中共中央办公厅秘书局的一位资深秘书和官员。李欣于1959年开始对秘书活动进行全面而系统的研究,并于1961年完成了《秘书工作》一书的初稿并内部印行。但是,由于种种原因,这部书稿直到1985年才正式出版。尽管如此,《秘书工作》仍然是中国秘书学论著中的开山之作,对我国秘书学的学术研究和学科建设产生了巨大影响。

1980年秋,上海大学文学院(当时为复旦大学分校)在全国率先招收秘书专业(专科)学生。此后不久,成都大学、江汉大学也开设了秘书专业。

为适应秘书专业教学的需要,出现了一批秘书学的研究论著。就在李欣先生的《秘书工作》正式出版前后,王千弓、翁世荣、常崇宜等一批学者的秘书学论著也先后出版。这与秘书专业开办后一些讲义或内部教材经过试用逐步形成理论体系直接相关。

以上事实说明,无论是作为学术的一个分支,还是作为高等教育的一个科目,我国秘书学都正式产生于20世纪80年代初期。

二、秘书学产生的时代背景

"十年动乱"之前,我国高等学校没有开设秘书专业,学科体系中也没有秘书学这门学科。秘书学之所以会在20世纪80年代初期产生,是由当时的时代背景决定的。

首先,1978年底召开的中共十一届三中全会确定了全党的工作重心从"以阶级斗争为纲"转移到经济建设上来。大规模经济建设需要大批高质量的秘书专业人才,原来从其他岗位挑选"笔杆子"再由资深秘书用"师傅带徒弟"方式培养秘书的模式,已越来越不能适应社会对秘书人才数量和质量的需求。一些高等院校正是为适应这一需要开设了秘书专业。

其次,决策科学化和管理现代化的发展趋势,对秘书人才质量的要求越来越高。当代秘书不仅要会写,而且要懂决策,懂管理,熟悉秘书工作自身的规律,这些都要求对秘书工作做专门的研究。李欣先生等长期以来对秘书工作规律进行理论研究的成果得以在20世纪80年代正式出版,也就成为历史的必然。

再次,中共十一届三中全会确定了改革开放的基本国策,许多学者走出了国门,了解、学习发达国家先进的科学技术和管理理论。人们发现,发达国家早在上个世纪40年代即已形成了秘书学。由于领导体制、管理模式与西方存在巨大差异,我们不能像大众传播学、公共关系学等学科一样,将西方发达国家的理论体系直接翻译或移植过来,但在对秘书工作规律必须做专门研究问题上,则基本达成了共识。随之,秘书学作为一门独立学科的地位也就得到了学术界和社会的认可。

三、秘书学产生后的迅速发展

秘书学作为一门独立学科产生后,在较短的时间内得到了迅速发展。主要表现在以下几个方面:

(一)全国许多高校开设了秘书专业

由于开设秘书专业顺应了社会经济发展的大趋势,秘书专业的毕业生一时成为社会的"抢手货",在当时计划经济条件下,他们大多被分配到党政机关、事业单位和大中型企业(包括当时为数不多的"三资"企业)工作。毕业生广受欢迎的现象,引起了教育行政主管部门的关注,也使得刚刚创办的秘书专业在很短时期内得到了迅猛发展。据不完全统计,截至1985年,全国设置秘书专业或秘书学课程的高等院校已达120多所。到90年代中期,设有秘书专业的高校达到400余所,秘书专业已经发展成为全国高校招生人数最多的专业之一。到新世纪开始的时候,上海大学、四川大学、南京师范大学、安徽师范大学等二十余所院校已经陆续将秘书学专业从专科层次提升到本科层次,为社会培养了大批高质量的秘书人才。

(二)秘书学学术组织相继成立,学术活动活跃

自20世纪80年代中期起,全国陆续成立了十多个秘书学学术组织,除各省秘书学会和各行业秘书学会(协会)外,还成立了全国性的学术研究机构和学术组织,如中国高教学会秘书学专业委员会、中国管理科学研究院秘书学研究所等,学术活动相当活跃。

(三)秘书学教材和专著大量出版

随着研究的深入,我国秘书学研究取得了相当丰硕的成果。自1984年开始到2000年止,我国正式出版了大量的秘书学教材和专著,仅常崇宜先生在《秘书理论与实践》杂志上撰文介绍的就有一百种之多。虽然这些出版物质量差别很大,但从一个侧面反映了秘书学研究的活跃。其中质量较好、影响较大的几部是:

翁世荣等:《秘书学概论》,上海人民出版社,1984年。

王千弓等:《秘书与秘书工作》,光明日报出版社,1984年。

李　欣:《秘书工作》,高等教育出版社,1985年。

杨剑宇:《中国秘书史》,同济大学出版社,1988年。

袁维国主编:《秘书学》,高等教育出版社,1990年。

徐瑞新、安成信主编:《中国秘书理论与实践》(丛书),高等教育出版社,1992年。

陈合宜:《秘书学》,暨南大学出版社,1993年。

(四)秘书学杂志纷纷创刊

1983年,我国第一家秘书专业杂志《秘书》(上海大学文学院主办)正式创刊。此后又有若干家秘书学杂志创刊。其中影响较大的除《秘书》外,还有中共中央办公厅秘书局主办的《秘书工作》、兰州大学主办的《秘书之友》等。此外,《办公室业务》

（国家档案局）、《文秘》（辽宁）、《秘书界》（四川）、《企业秘书》（湖北）、《当代秘书》（湖南）等，在全国也有一定影响。

以上秘书学杂志的创办，为秘书学理论研究和秘书工作经验交流提供了阵地，也从一个侧面反映了秘书学理论研究的繁荣。

（五）高等教育自学考试开考秘书专业

从20世纪80年代后期起，上海、广东等许多省市的高等教育自学考试先后开考了秘书专业。1993年，全国高等教育自学考试指导委员会在做了充分的调查研究的基础上，认为秘书人才将是今后相当长时期内社会紧缺人才，因此决定将秘书专业列为全国高等教育自学考试常设专业，并邀集专家在调查研究和理论论证的基础上制定了秘书专业（本科和专科）高等教育自学考试计划。全国每年都有成千上万的在职文秘人员和青年学子，通过自学考试途径接受秘书专业教育。

第二节　秘书学的研究对象、基本内容和学科性质

一、秘书学的研究对象

秘书学是一门研究秘书工作的规律及其应用的学科。

在以上定义中出现了"秘书学"、"秘书工作的规律"、"学科"等几个关键概念。下面分别予以阐述。

首先，我们有必要把"秘书学"与"秘书学概论"加以区分。秘书学是一门研究对象相当宽泛、包含若干子学科的学科，而秘书学概论只是这门学科的导论部分，两者的关系正如语言学与语言学概论、文学与文学概论、法学与法学概论的关系；除了秘书学概论以外，秘书学还包括秘书实务、文书学、秘书写作、办公自动化原理及应用等若干子学科。以上定义是对秘书学的定义，而不是对"秘书学概论"这门子学科（课程）的定义。

任何学科都要研究特定对象的规律,秘书学研究的"秘书工作的规律"既包括宏观的规律如秘书工作总的发展趋势等,也包括微观的规律如调查研究的一般程序等;既包括外部的规律如秘书工作在领导决策过程中的作用等,也包括内部的规律如办公室主任如何协调好各项秘书工作和各秘书人员之间的关系等。

我们将秘书学界定为一门"学科",而不说它是一门"科学",并不是对词语的随意选择。"学科"是"学术的分类",而"科学"则是"运用范畴、定理、定律等思维形式反映现实世界各种现象的本质和规律的知识体系",两者的区别主要体现在严密性上,对"学科"的要求显然要低于对"科学"的要求。秘书学作为一门新学科,在许多问题上存在着见仁见智的现象,很难有一个确定的是非标准,因此,我们认为把它定义为一门"学科"比把它定义为一门"科学"相对来说要谨慎一点、稳妥一些,更能为公众和学术界所接受。

二、秘书学的基本内容

秘书学的基本内容包括三个方面:有关秘书人员的理论、有关秘书机构的理论,以及秘书工作本身的理论。

秘书学要研究秘书工作的规律,而秘书工作是由秘书人员来完成的,因此,作为秘书工作主体的秘书人员当然也就成为秘书学的重要研究对象。这部分内容包括什么样的人叫秘书、哪些对象属于秘书和秘书工作者、秘书的职业性质、秘书的基本素质要求、秘书的培养和选拔等等。

在一般的社会组织中,通常都有若干名秘书工作人员,他们共同工作的部门称为"秘书机构"(办公室等)。一个组织秘书工作的效果,不仅仅取决于秘书人员的个人素质,它与秘书机构的设置是否合理、秘书岗位的分工是否科学、秘书工作制度是否健全也密切相关。秘书学的这部分内容可以统称为"秘书机构"。

以上两部分内容主要在"秘书学概论"中加以阐述和探讨。

秘书工作是秘书学研究的主要内容,其中有关秘书工作的一般原理,如秘书工作的界定和分类,秘书工作的性质、特点和作用,秘书工作的宗旨、原则和基本要求,秘书工作的一般方法等等,是"秘书学概论"要解决的问题,而各项具体秘书工作的内容、程序、要求、技巧等等,则由秘书实务、秘书写作、文书学等子学科来解决。

三、秘书学的学科性质

秘书学是一门综合性的应用学科。

(一)秘书学的应用性

种类繁多的学科大体上可以分为两类:一类是理论学科,它要解决的是"是什么(本质)"、"怎么样(规律)"和"为什么(原因)"的问题;另一类是应用学科,它要解决的是"做什么"和"怎样做"的问题。秘书学的应用性是很明显的,因为秘书学要解决的就是"秘书或秘书机构为领导的活动应该做哪些工作"、"怎样做才能使秘书工作更好地为领导工作服务"等问题。

我们强调秘书学的应用性,但并不否认秘书学有自己的理论体系,因为任何一门学科都有自身的理论。应用学科不同于纯粹的操作技术,因为做什么和怎样做都需要以一定的理论为指导。只有了解了秘书工作的规律,才能更好地做好秘书工作。秘书学总体上看虽是一门应用性学科,但在秘书学的学科体系中也有以理论探讨为主的子学科,如秘书学概论、秘书史等。

(二)秘书学的综合性

秘书学的综合性是由秘书工作的综合性决定的。领导决策和管理的综合性决定了秘书部门工作的综合性,这使得秘书部门的工作迥异于营销、财务等业务部门的工作。因而,研究秘书工作规律的秘书学也就不会像市场营销学、会计学那样单纯。从学科本身来看,秘书学的综合性表现在它与其他许多学科存在内容上的交叉,如要探讨调查研究的规律就必然要涉及社会学的具体知识,要探讨信息工作的规律就必然要涉及信息科学的具体知识等等。

(三)秘书学是管理学的一个分支

秘书是领导的助手,秘书工作是为领导工作服务的。领导的基本职能是决策,领导的一般职能是宏观管理。虽然决策活动是领导工作的中心内容,但由于广义的管理也包括决策,加上为领导决策服务的具体事务如调查研究、信息处理、会务安排等等均属于管理活动,因此,秘书工作从本质上说是管理工作的一个重要组成部分。这就决定了以秘书工作为研究对象的秘书学在学科体系中属于管理学的范畴,秘书学是管理学的一个分支学科。

第三节 秘书学的学习和研究方法

一、秘书学的学习方法

(一)善于思考,吃透基本理论

有的人认为,秘书学是一门应用性学科,秘书专业是培养秘书工作人员的,不是培养秘书学研究专家的,因此没有必要强调秘书学理论的学习。这是一种误解,因为任何一门学科都有自己的理论体系。如果没有一定的理论指导,所谓的秘书工作能力就只能停留在打字员的水平上,就难以成为一个高级管理人员。秘书学理论并不深奥,但如果泛泛而读,或为了考试临时强记,读后无印象,考后立即忘,这样的理论学习是没有效果的。学习理论必须善于思考,就秘书学而言,对于书本上提供的观点要多问几个"为什么",才能使外在的书本知识转化为内在的理论素养。例如,为什么高级领导干部的专职秘书一般人称为"某某领导的私人秘书",而秘书学却说他们不是私人秘书而是公务秘书?为什么同是秘书工作重要内容的调查研究属于领导决策服务，会务工作属于秘书业务，而接待工作却要归为机关日常事务？诸如此类的问题无不包含一定的理论知识。当你能用秘书学相关理论对它们加以解释时，你也就掌握了相关的理论。

（二）勤于练习，锻炼实践能力

秘书业务能力的提高离不开练习，要提高应用写作能力，就必须动笔去完成具体的写作作业；要提高计算机应用的能力，就必须上机进行大量的操作练习；要掌握调查研究的本领，就必须亲自着手进行某些专题的调查并写出调查分析报告。高校教师不会像中学教师那样布置大量具体的作业，因此，这里说的"勤于练习"是要求同学们主动进行的。

（三）勇于实践，提高综合素质

参加社会实践是提高综合素质的最佳途径。相对于那些偏重理论的学科，秘书学与社会实践有更为直接的联系。秘书专业的学生应该利用一切可能的机会参加校内外的实践活动，除了校内的集体活动、社团活动、公益活动等之外，还要利用寒、暑假到各种单位进行秘书业务实习。一般来说，只要自己主动联系，这样的机会是不难找到的。至于教学计划规定的毕业实习，更是全面锻炼学生综合素质和业务能力的一个难得机会。

二、学习秘书学概论应注意的问题

秘书学诞生三十年来，已逐步形成了相对独立的学科体系，除秘书学概论外，还有秘书实务、秘书写作、秘书史等子学科。以上所说的怎样学习"秘书学"，指的就是这个学科体系，而秘书学概论只是这个学科体系中偏重于理论的一个分支。那么，学习秘书学概论又要注意哪些具体问题呢？

（一）了解本书各编内容之间的内在联系

了解各编内容之间的内在联系，有利于从宏观上掌握秘书学概论的逻辑框架。

本书共分五编。第一编"秘书学和秘书专业"是全书的绪论部分，主要介绍秘书学和秘书专业的一般情况，旨在让读者对这个学科和专业有一个总体了解，并对如何学习、研究这门学科以及如何完成秘书专业的学业提供一些建议。第二编"秘书人员和秘书机构"主要讨论秘书工作的主体，之所以要从秘书和秘书机构的本质和社会地位谈起，是因为秘书学的初学者首先要了解秘书和秘书机构的本质及其社会地位，在此基础上才能明确秘书和秘书机构要做哪些工作、怎样做。第三编"现代秘书工作"阐述我国秘书工作的一般原理，从宏观上回答这些问题，这是本书的重点内容。在了解了秘书工作的内容和基本要求以后，才能深刻理解一个优秀秘书应该具备哪些主观条件，所以第四编专门讨论"秘书的个人素质"。第五编"继承和借鉴"是专为不开秘书史和海外秘书概况课程的学校的同学们编写的，它有利于读者在纵向和横向两个方面开阔视野，借助于历史和海外秘书工作的经验和教训，以更好地把握秘书工作的一般发展规律。

(二)进行调查研究,加深对教材内容的理解

不同类型、不同地区、不同级别的社会组织中秘书工作的内容差别很大，对秘书工作的要求也不尽相同。没有一本秘书学教材能包罗一切秘书工作绝对正确的理论，本书也不例外。建议读者在学习本课程时进行一些力所能及的调查研究，以加深对本书所阐述的原理的理解，而不是仅仅记住一些个别的结论。例如，关于秘书工作的内容，我们认为包括三个方面二十余项具体工作，读者可以通过走访一些单位的秘书部门或有经验的秘书工作人员，了解他们单位秘书工作的实际内容与本书介绍的是否有区别，有何差别，并思考为什么会存在这些差别。暂时记住的东西不一定能理解，而不理解的东西极容易遗忘，只有理解了的东西才能够牢牢地记住，进入自己的知识库，才能真正成为自己知识结构的有机组成部分。

(三)通过分析比较,形成自己的独立判断

秘书学是一门新兴的学科,许多理论尚未形成基本一致的看法,如对"秘书"这一基本概念的定义就达百种以上,而对于秘书工作的内容更是众说纷纭。本书许多地方也仅仅提出一家之言,但我们同时提供了思考研究的方法。读者可以多看几本参考书(如本书第4页提供的读本),建议读者将各种秘书学读本对于某些关键内容的阐述加以比较分析,然后得出自己的结论。检验是否学好一门学科的标志是你是否对它提出过质疑,并对其中的重要问题作出自己的独立判断。如果仅仅记住教材的基本内容,最多只能算是中等水平的学生,最好的学生应该对教材内容提出质疑,并形成自己对有关问题的独立见解,而不管你的见解与教材内容是否完全一致。

三、秘书学的研究方法

(一)紧密结合我国当前秘书工作的实际

作为一门应用性学科,秘书学研究必须紧密结合当前秘书工作的实际。一方面,经济体制改革和政治体制改革的深化,必然对秘书机构的设置和秘书工作的内容产生巨大影响;另一方面,科学技术和管理学理论的发展,对秘书工作的技术和方法也会产生巨大影响。因此,秘书学的内容必须紧密结合当前秘书工作的实际,与时俱进。举两个简单的例子:过去我国企业的秘书机构都叫做"办公室",而目前有一些大中型现代企业的办公楼中已经找不到"办公室",只有"综合部"。这个"综合部"就是一个典型的秘书机构,秘书学教材在介绍秘书机构的时候,对"综合部"这个秘书机构的名称就应该作必要的介绍。从秘书工作内容来看,随着网络通讯技术的发展,网站(或网页)已经成了一个单位对内对外信息交流的重要渠道,是组织展示自身形象的重要平台,网站(或网页)管理已成为秘书部门一项常规业务。因此,秘书学教材在介绍秘书工作的内容时,就应该将网站管理列入秘书实务的范畴。以上这些例子都说明，秘书学研究必须紧密结合当前秘书工作的实际，适应秘书工作的变化，探讨转型时期以及市场经济体制下秘书工作的新特点、新方法、新规律，否则，必然会滞后于秘书工作的发展。

(二)注意进行横向比较研究和纵向比较研究

比较是用来确定不同事物或同一事物不同发展阶段的共同点和差异点的一种方法。当人们认识某一特定对象时，往往把这一对象与其他对象进行对照(横向比较)，或将这一对象的现状与过去的情况进行对照(纵向比较)，以发现相同点和差异点，以便更好地认识事物。

秘书学研究中的横向比较，主要是指将我国大陆的秘书工作与外国和我国港台地区的秘书工作进行比较，将大陆的秘书学与外国和我国港台地区的秘书学进行比较，借鉴、吸收国外和我国港台地区秘书工作的长处和秘书学研究的成果。

秘书学研究中的纵向比较，主要是指从我国秘书工作的发展变化中总结出秘书工作的一般规律和发展趋势。秘书学研究工作者应该熟悉中国秘书史，包括上下几千年的古代秘书史和与当前秘书工作联系更为密切的现代秘书史，了解中共建党以来80余年的秘书工作，总结正反两个方面的经验和教训，以丰富秘书学研究的内容，提升秘书学研究的水平。

(三)高校教师必须加强与秘书工作者的联系

目前，我国秘书学研究队伍基本上由高校秘书学教师和实际秘书工作者两部分人员组成。20世纪80年代的秘书学研究者，如李欣、王千弓等，多为长期工作在党政机关的资深秘书。他们实践经验丰富，也有较高的理论水平，取得了不少较高水平的研究成果，但是他们大多没有高校教学的经验，写出的作品有的不一定适合做教材。随着高校秘书学教学的发展，秘书学教师队伍也不断壮大，逐渐成为秘书学研究的主力，但是他们中的许多人缺少秘书工作实际经验，研究成果偏重于理论阐释，难以解决秘书工作中出现的新问题。当前，我国秘书学研究亟待解决的问题是企业秘书工作的特殊规律，但是目前秘书学期刊发表的文章中,除了少数大型国有企业秘书写的文章外,基本上看不到民营企业、"三资"企业秘书写的文章,这说明企业秘书中进行秘书学理论研究的人数很少。这主要是因为企业秘书工作繁忙,加上对他们而言进行理论研究缺乏利益驱动力。因此,秘书学理论研究的发展要靠他们的直接参与甚至希望他们成为秘书学研究的主力至少在目前是不现实的。我们认为,高校的秘书学教师应该加强与各类组织尤其是企业秘书的联系,发挥自己时间相对充足、资料比较丰富的优势,克服实践经验不足的缺陷,以取得秘书学理论研究的新突破。

复习思考题

1. 我国秘书学产生的时代背景如何?为什么它产生后会得到迅速发展?
2. 简述秘书学的研究对象、基本内容和学科性质。
3. "秘书学"与"秘书学概论"是一回事吗?在学习它们时应该注意哪些问题?
4. 怎样提高我国秘书学的研究水平?

案 例 分 析

张闽瑞同学2003年以较高的成绩被一所本科师范院校中文系录取,因为她立志当一名语文老师,所以非常喜欢这个专业。三年级的时候,系里给中文专业学生开设了一门非师范性质的课程——秘书学,张闽瑞与其他许多同学一样,对为什么要开设秘书学课程感到困惑,但她是一个爱动脑筋的女孩,便到网上搜索,看看其他学校有没有类似的课程,结果发现国内许多高校中文专业也开设秘书学课程,有的学校的中文系(文学院)里还设有专门的秘书学(文秘、文秘公关)教研室。系里领导解释说,开设秘书学课程是为了拓宽就业渠道,因为近年来随着高校大规模扩招和基础教育规模不断扩大,师范类高校毕业生就业压力越来越大,而中文专业学生如果不能如愿当上中学教师,走上社会谋职最有可能的去向就是文秘工作者,因此有必要让同学们在本科阶段了解一点秘书学基本知识。张闽瑞同学很认真地学习了这门课,在这门课程的学习中她学到了许多原来不知道的东西。2007年本科毕业,她未能找到满意的专业对口的语文教师的工作,便试着应聘一家大公司的办公室秘书。在应聘过程和后来的试用期间,她才真正感觉到秘书学中学到的那些并不高深但是不学就不知道的知识原来还真的很有用处。

不管你是不是秘书专业的学生,请您根据以上材料思考下面的问题:

(1)案例中所说的"国内许多高校中文专业也开设秘书学课程"是不是普遍现象?除了中文专业外,其他专业(非秘书)如政治、管理等专业有开设秘书学课程的吗?请上网查查看,并互相交流搜集到的信息。

(2)浏览本书后面的内容,看看书中有没有在其他教科书中看不到的知识。这些知识除了对于当好一名秘书可能有直接的用处外,对于一般读者是不是也有一些启发呢?

第二章 秘书专业

第一节 我国秘书教育的历史和现状

一、我国秘书教育的历史回顾

(一)中国古代的秘书教育

春秋之前,家传和师承是培养秘书(史官)的重要方式,这是由史官业务的专业性和史官世袭制度决定的。当时,史官的子弟除了在贵族学校学习一般的文化知识和射、御等技能外,还跟着父兄学习公文写作和档案保管等专业知识,以便将来承袭父兄职位,胜任史官职务。

古代封建社会培养秘书的主要方式为官办学校培养。官学制度是在汉朝正式形成的,以汉武帝创办太学为标志。太学和以后出现的国子监,是朝廷直接管辖的国家最高学府,是封建王朝培养人才的主要场所。除太学和国子监外,封建国家还形成了从中央到地方的官办学校系统。虽然封建官学体系不是专门培养秘书人才的,但秘书官职不仅人数在封建官僚体系中占有相当大的比重,而且各级各类机构和官府的主官在入仕之初大都当过秘书。可以说,除战国时期和清代后期外,封建官学教育是培养秘书人才的主要途径。

中国古代私学产生于春秋后期,以孔子所办私学的规模最大、影响最深。战国时期(公元前475～前221),私学更加盛行,当时为国君和贵族服务的高级参谋型秘书——"士",主要是由私学培养出来的人才。汉代官学体系建立以后，历代私学时盛时衰。私学是官办学校教育的必要补充，在培养秘书人才方面起过重要作用。

到了清代，由于各级官员聘用幕僚（私人秘书）成风，对幕僚的需求量很大，加上幕僚待遇好，到清代中期以后，就出现了一种职业学校性质的私学——专门培养幕僚的"幕馆"。幕馆招收士人，教他们如何揣摩上司的兴趣、爱好和官场的应酬规矩，传授处理文书案牍和官衙日常事务的技能。这种秘书职业学校在浙江绍兴最为盛行，这里培养出来的幕僚被称为"绍兴师爷"。由于清代后期官衙的主要秘书业务由幕僚掌管，因此，幕馆实际上成为当时培养秘书人才的主要场所。幕馆是专门培养秘书人才的，所以被认为是中国古代真正的秘书职业学校。

（二）民国时期的秘书教育

国民党于20世纪20年代后期掌握全国政权后，曾经通过各种方式对文书档案管理人员进行了一些培训。

第一种形式是在培养行政官员的"训政学院"中开讲"公牍通论"课程。例如，我国第一部文书学专著《公牍通论》就是徐望之根据他在河北训政学院主讲公牍课时编写的讲义加工而成的。

第二种形式是对文书档案管理人员进行在职培训。国民政府于1941年6月颁文规定，对县政府的文书档案人员进行培训，以文书处理和档案管理为主要课程。

第三种形式是在一些私立学校中开设档案管理专业。例如，1946年私立重庆崇实档案学校设置了文书处理科、档案管理科，两年多共招生近300人。在其他一些地方也有一些私立学校开办过培养文书档案管理人员的专业。

虽然国民政府对文书档案管理人员进行了一些培训，但是从全国范围看，真正接受近代文书档案管理方法培训的人员在整个文书档案管理人员中所占比例微乎其微，且文书档案管理仅仅是秘书工作的一项内容，因此，民国时期这些以文书档案管理为主要教学内容的教育，还算不上真正的秘书专业教育。

（三）建国以后的秘书教育

新中国建立前后，曾对参加新政权的秘书工作人员普遍进行过短期培训。这在当时是完全必要的。但是，这种短期培训不能从根本上解决秘书人员短缺和秘书人员素质较低的状况。

在"文革"之前，我国没有一所高校招收秘书专业学生，学科体系中没有秘书学的地位。虽然少数高校（如中国人民大学）开办了档案学专业并设置文书学课程，但它们的培养目标不是秘书专业人才，其毕业生主要分配到档案馆等专门的档案业务机构工作，因此可以说，秘书专业高等教育仍然是一片空白。当时各种类型的单位选拔秘书一般采用两种方式：一是从高等学校中文等专业毕业生中录用；二是从其他部门选调一些写作能力较强的人员充实秘书队伍。这些人走上秘书岗位后，一般又是用"师傅带徒弟"这种比较原始的方式接受秘书业务的指导。

"文革"中，我国的教育事业遭到严重破坏，高校多年停止招生，中小学教育的正常秩序也受到严重干扰。在这种形势下，各级秘书部门缺少受过正规教育的新鲜血液的补充，导致秘书队伍整体素质明显下降。

中共十一届三中全会后，大规模经济建设和管理现代化的发展趋势，使得原来"师傅带徒弟"式陈旧的培养秘书的方式越来越不能适应社会对秘书人才的需求。正是在这种情况下，我国高等教育中的秘书专业应运而生。

二、当前我国各类学校秘书专业的设置情况

自1980年上海大学文学院率先招收秘书专业学生以来，二十多年来我国秘书专业教育已经形成了多种层次、多种模式的教育体系。从学历层次看，目前我国秘书专业教育是以本科教育为主导，以专科（职业技术学院）教育为主体。除此之外，大多数中等专业学校和职业高中也设有文秘专业,研究生层次的秘书教育则正在酝酿探索之中。

（一）本科层次的秘书教育

据初步统计,到2007年我国已经有一百所左右的公办院校招收秘书专业本科生,其中包括许多211重点大学（如苏州大学、南京师范大学等）。由于我国高等教育专业设置滞后于文化、科技和经济的发展,所以秘书学尚未列入教育部全日制本科专业目录。各高校开设本科秘书教育的方式主要有：

一是设置与汉语言文学系（中文系）并列的"秘书学系"。例如,苏州大学文学院、南京师范大学文学院、广州大学人文学院、西北师范大学文学院都设置了秘书学系。

二是许多师范类院校设置了"文秘教育"专业。例如,福建师范大学、广西师范大学、沈阳师范大学等高校,都招收文秘教育专业（属于师范类）本科生。从理论上说,"文秘教育"专业的培养目标是中等职业学校的秘书专业教师,但实际上毕业生大多数最终走上了秘书岗位。

三是在汉语言文学专业中设立专门的"秘书学方向"。例如安徽师范大学、重庆师范大学、西北民族大学等高校,就设有与"师范方向"并列的非师范类的"秘书学方向"、"现代文秘方向"、"涉外文秘方向"等。

近年来,依托公立高校的师资力量和办学经验开办了许多民办性质的二级学院（本科）,这类"三本"高校中几乎都以各种名义招收秘书专业本科生。

除了文学院（中文系）外,有的高校的管理、经济、外语等院系也招收秘书专业的本科生。

（二）专科层次的秘书教育

仅从学生人数上看,专科层次的秘书教育构成了我国秘书教育的主体。根据华东某省2010年普通高校招生专业目录,这一年该省招收秘书专业的高校有40余所,占全省高校总数的一半以上,其中仅有3所院校招收本科全日制学生,其余均招收专科生。招收秘书专业专科生的高校,有的是兼招专科生的本科高校(多为近十年来由原来的专科学校升格为本科的),这类学校约占全省本科院校的一半,但大多数为公办和民办高等专科学校和职业技术学院。据检索,职业技术学院中很少有不设秘书专业的,有的有行业特色的技术职业学院也设有特色秘书专业。例如,公安职业学院设有"公安文秘"专业;医药高等专科学校设有"医学文秘"专业;外语职业技术学院设有"涉外文秘"专业,等等。

我国目前高等秘书专业的教学规模和本、专科生的比例,与美国20年前的情况极为相似。据有关资料,美国在1990年设置秘书学系(专业)的高校有1300多所,主要也是两年制大专技术学院或商学院,但1990年度四年制大学毕业获秘书学学士学位的也有2178人。美国的统计数据表明,越是市场经济发达的国家,高校秘书学教育也越发达。可以预测,随着我国经济的发展,我国秘书专业教育在招生人数上仍然有较大的发展空间。

(三)其他秘书教育

中等职业教育——我国中等职业教育在20世纪80年代和90年代发展很快,大多数职业高中设有与文秘相关的专业,如公关文秘、电脑文秘、商务文秘等。

研究生教育——由于秘书学没有被列入我国学科分类中二级学科的目录,到目前为止全国尚没有设立秘书专业硕士点,但已有个别高校在汉语言文学专业、管理专业中试招秘书学方向的研究生,其主要培养目标不是秘书工作者,而是秘书专业的教师。

成人继续教育——成人学历教育(函授、夜大等)中开设秘书专业的越来越多;高等教育自学考试自20世纪80年代起就开设了秘书专业。大批在职秘书人员和有志于秘书工作的青年通过自学考试接受秘书专业的系统教育和培训。

非秘书专业的秘书学课程——许多高校的汉语言文学、管理、法律、政治等专业，设有若干门秘书学课程。这是因为这些专业的毕业生有可能从事秘书工作。例如，某省一所"211工程"重点大学的中文系虽然不设秘书专业，也不设秘书学方向，但长期以来设有秘书学教研室，承担中文专业学生秘书学课程的教学任务。

三、我国高校秘书专业存在的问题及对策

作为一个新专业，我国高校秘书专业发展过程中也存在一些亟待解决的问题。其中，有的问题是一切新的学科在发展过程中的共性问题，有的则是秘书专业教学、科研和管理中存在的特殊问题。

(一)本科秘书学专业地位有待确认

我国教育管理体制滞后于社会发展需要，教育部1998年颁布的"普通高校本科专业目录"没有将秘书学列入。这样就无法在本科教育基础上招收秘书专业的硕士研究生，而一般高等院校(包括专科学校、职业技术学院)通常又将硕士学历作为聘用教师的前提条件，这就造成秘书专业师资队伍建设的一个难题：秘书专业的专业课教师，不是秘书学"科班"出身，他们不仅没有秘书学硕士学历，而且绝大多数不具有秘书专业本科教育背景，因此，难以形成一支既符合学历要求又热爱秘书专业的教学与研究的师资队伍。这一现状如果得不到扭转，将会严重阻碍高等教育秘书专业的发展。

近十几年来，秘书本科层次教育是适应市场经济发展对高级秘书人才的需要而创办起来，并且已经形成规模，因此建议教育部在下次修订专业目录时，将"秘书学"列入本科专业目录。在教育主管部门没有明确秘书学专业地位的情况下，高校可以采取设文秘系或秘书学方向等变通办法来确立秘书学实际上的专业地位。

(二)有些院校秘书专业课程设置不够合理

有的院校主要根据本校师资条件设置课程，而不是根据现代社会对秘书的知识、能力要求来安排课程和教学计划,结果在有限的教学时间里安排了过多的与秘书工作没有直接联系的课程,如古代汉语、文学概论等等,而对于秘书工作至关重要的秘书实务、秘书写作、办公自动化、行政管理学、企业管理学等课程,有的不开,有的虽然开课,也只是象征性地开一点,有的秘书学系竟然不开"秘书实务"这一至关重要的课程。

秘书专业不同于中文专业,也不同于管理专业,它的课程必须有自己的特色,本科秘书专业必须按照胜任中等以上企业和国家机关、事业单位秘书工作的要求来设置,不能仅仅在中文专业课程中加上两三门秘书学课程就认为解决问题了。秘书专业不宜将中国文学史、古代汉语等作为主干课程,而应该将秘书学概论、秘书实务、秘书写作、办公自动化原理及应用、文书学、档案管理学等作为主干课程。

(三)秘书学教材内容相对滞后

秘书学要与时俱进地进行理论创新,要根据社会发展的现实及时更新。虽然二十多年来出版了不少质量较高的秘书学教材,但多数教材所阐述的秘书工作任务、工作程序、工作规范以及对秘书个人素质的要求等等,仍以党政机关秘书为准,不能适应高校秘书专业主要为工商企业输送秘书人才的要求。例如,有一本国家级出版社1990年出版的秘书学教材,体例合理,适合教学,是一本优秀教材,但这本教材十几年不改版,至今仍保留着"我国从事秘书工作的都属于国家工作人员,即公职秘书"的观点。按照此观点,目前高校秘书专业培养的主要对象——商务秘书居然都不能算是秘书!

秘书学教材建设必须与时俱进,实际上秘书学教学和研究者在这方面已经作了很大努力,出版了多种优秀之作。但是,由于教育主管部门要求使用"国家级出版社"教材,甚至把"是否使用国家级出版社教材"列为教学评估的一项指标,使得一些学校不得不使用一些十多年前出版又没有修订的内容相对陈旧的教材,这给教学造成了极大的不便。因此,希望教育主管部门取消"使用国家级出版社教材"的限制,让多种教材并存竞争。教材出版社级别高,不等于教材质量高,尤其是那些内容明显陈旧的教材,即使在刚出版时很优秀,十几年不修订也难以保证其质量的先进性。优胜劣汰是学术竞争的规律,在自由选择的情况下,最受教师和学生欢迎的教材就是最优秀的教材。另一方面,也希望国家级出版社增强竞争意识,积极组编适应社会发展的新教材,至少也应该对十几年前出版的教材进行内容上的修订,否则必然滞后于社会的发展。秘书学是一门应用性学科,秘书专业是一个应用性专业,其教材修订的周期不宜超过五年。

(四)秘书学专业的师资结构有待改进

由于缺少秘书学专业硕士点,无法正规培养秘书专业高校师资,目前各高校秘书专业课教师一般由其他科目的教师转任或兼任。有些教师既缺少秘书工作实践经验,又没有秘书专业的教育背景,很难保证一些专业基础课程的教学质量。近几年高校扩招后,各高校陆续招聘一些其他专业的博士生或硕士生充实秘书学教师队伍,这些教师缺少秘书专业本科教育背景,原研修专业与秘书专业差别很大,其中多数人不安心秘书专业教学,有的准备考博,有的希望转岗,将主要精力用于原修专业研究,因此难以提高秘书学专业课的教学水平。

为提高秘书专业师资队伍的专业水平,解决秘书学师资队伍不稳定问题,希望教育主管部门尽快确立本科秘书专业的地位,设立秘书学硕士点;建议秘书学杂志增加理论研究性质栏目的容量,开辟"高校秘书学教学研究"园地,为高校秘书学教师提供更多发表学术研究成果的阵地,以促进高校秘书学专业教师开展学术研究和教学研究,不断提高自身的业务水平和教学水平。

第二节 秘书专业的课程设置

一、秘书专业课程设置的依据

尽管高等院校有自主设置专业课程的权利,但是,高校培养社会需要的专业人才的主要任务决定了各专业也应有一些大致相近的主干课程。目前,各高校的一些传统专业,如中文、数学、法学等,其主干课程是相同的,而秘书专业则由于是新办专业,主干课程存在很大的差异。因此,我们有必要探讨一下本专业主干课程设置的依据问题。

秘书专业主干课程设置的依据只能是它的培养目标,而不能是其他方面(如本校的师资、设备条件等)。各高校可以根据本校的师资条件开设一些具有学校特色的选修课程,但是由专业培养目标决定的主干课程,却不能因师资条件不够而不开。为了对学生负责,一些必修的专业主干课程是有条件的要开,没有条件的创造条件也要开。

本科秘书专业的培养目标是为社会培养具有现代公民意识,掌握现代秘书学基本理论和多项秘书业务技能,能够胜任县级以上机关和中等以上企事业单位秘书部门主要业务工作的德才兼备的秘书人才。

秘书专业本科生毕业时应达到以下基本要求:

1. 掌握秘书学及相关学科的基本理论、基础知识和基本技能,较好地理解秘书工作的规律,能够运用正确的世界观和方法论以及秘书学基本理论,认识、分析、解决秘书工作中可能遇到的各种问题。

2. 具备从事秘书工作所必需的文化基础知识和语言文化素养,有较强的政策理解能力、管理协调能力、综合处理信息能力、语言文字表达能力、公文写作能力以及交际应变能力。

3. 掌握一门外语(英语)。
4. 熟练掌握现代化办公技术。

以上是本科秘书专业的培养目标和对毕业生水平的基本要求。下面将要探讨的秘书专业主干课程和其他课程的设置所依据的就是上述标准。秘书专业专科教育的培养目标和要求应该低于这个标准,其课程应该精简,并突出应用性操作技能的训练。

二、秘书专业主干专业课程介绍

(一)秘书学概论

秘书学从总体上看是一门应用性学科,而秘书学概论则是其中理论性较强的一门课程(子学科)。秘书学概论的主要内容是介绍秘书学、秘书专业、秘书人员、秘书机构、秘书工作、秘书素质以及历史上和国内外秘书工作概况等基本知识,其中重点是当前秘书工作的性质、作用、要求、方法、规律以及现代秘书的基本素质。

秘书学概论课程的任务是系统介绍本学科的研究成果,阐述秘书学一般原理。它对秘书专业学生学习其他课程,全面提高综合素质具有重要的指导意义。通过对秘书学概论课程的学习,可以为学生今后从事秘书工作打下良好的理论基础。

考虑到高校秘书专业(主要是专科层次的学校)不一定开设秘书史和海外秘书概况课程,秘书学概论教材有必要对中国秘书史和海外秘书概况作一些简略介绍,这有利于读者通过纵向比较和横向比较,加深对秘书工作一般规律的理解。

(二)秘书实务

秘书实务课程分领导决策服务、秘书常规业务、机关日常事务三大板块全面介绍了各项秘书业务的主要内容、基本要求、工作规范操作程序以及注意事项等。由于我国经济体制、政治体制和行政管理体制正在进行深刻的变革,我国秘书工作的内容也随之正在发生巨大的变化。秘书实务的研究和教学必须顺应这种变化，探讨转型时期和市场经济体制下秘书工作的新内容、新规定、新要求、新手段。

秘书实务课程以培养学生从事秘书工作的实际能力为目的。秘书实务课程的教学必须坚持理论联系实际的原则，启发并要求学生动脑思考问题、动笔撰写文章、动口发表演讲、动手处理事务，切切实实提高从事各项秘书业务活动的能力。

（三）秘书写作

秘书写作是秘书学与写作学的交叉，在不严格的意义上也可以称为"应用写作"。秘书写作课程以秘书学和文章学理论为指导，阐述各类机关和企事业单位秘书部门常用应用性文章的写作规律，介绍各种公文以及其他应用性文章的文体特点、内容要求、格式规范、写作技巧等。

秘书写作课程以培养学生应用性文体的写作能力为目的。教学中必须坚持少讲多练的原则，学生应在老师的指导下，通过写作实践，获得写出内容充实、语言得体、格式规范的常用文体的能力。

（四）办公自动化原理及应用

办公自动化（office automation，简称OA）是一门综合应用技术，其应用范围远远超出秘书工作的范围，但是"办公"（即办理公务）的形式不外乎办文、办事、办会，而这"三办"正是对各项秘书业务的高度概括。办公自动化技术首先在秘书工作中得到了广泛的应用，所以，研究秘书工作中如何充分应用办公自动化技术的学科也就成为秘书学的重要分支之一。

"办公自动化原理及应用"作为高等秘书教育的一门重要课程，以培养学生应用计算机技术处理秘书业务的能力为主要目的。学生通过本课程的学习应该掌握常用办公软件的使用技巧，能够熟练应用计算机处理各种信息。

(五) 文书学和机关[①]档案管理学

文书工作是秘书部门诸项业务中的重头戏,因此一般都将以公务文书和文书工作为研究对象的文书学列为独立于秘书实务之外的一门课程。文书学主要介绍政府机关和企事业单位文书工作的性质、任务、组织和文书处理的程序、方法,公务文书的写作则是它与秘书写作交叉的内容。

档案管理学是档案学的分支,它的研究对象包括档案馆档案的管理和机关档案室档案的管理两个部分,后者是各单位秘书部门的重要业务之一。因此,机关档案管理学便成为秘书专业的单列课程。机关档案管理学主要介绍机关档案的收集、整理、鉴定、保管、利用等具体程序和要求。

(六) 中国秘书史

中国秘书史是研究我国秘书工作的产生、发展概况和发展规律的一门学科。研究中国秘书史的目的主要是通过对历史上秘书工作发展规律的探讨,总结历史上秘书工作的经验,吸取教训,为现实的秘书工作服务。正如文学专业要学习文学史、法学专业要学习法律史、经济专业要学习经济史一样,本科秘书专业学生有必要系统了解中国历史上的秘书工作,中国秘书史理应成为秘书专业的主干课程之一。

此外,我国港台地区和国外的秘书工作经验和秘书学研究成果对我国的秘书工作和秘书教育、秘书学研究有一定的借鉴价值,因此也应该有所了解。但是到目前为止,这方面的研究成果尚不足以开设专门课程,有关内容只能在秘书学概论中作简单介绍。

三、秘书专业的其他课程

以上课程仅仅是最具秘书专业特色的主干课程。现代秘

[①] 本书中"机关"一词,除前面加有"国家"一类限制的外,泛指一切社会组织的上层管理机构。

书工作是一项综合性工作,能胜任秘书工作的应该是复合型人才,仅仅靠几门专业主干课程的知识和技能是远远不够的。根据本科秘书教育的培养目标,秘书专业还应该有以下一些课程。下面列举的是安徽师范大学文学院本科秘书专业的教学计划中除上述主干基础课之外的其他专业必修课程和专业选修课程:

领导科学	现代汉语
行政管理学	逻辑学
企业管理概论	中国古代文学作品选
国家公务员制度	中国现当代文学作品选
公共关系学	外国文学作品选
市场营销学	现代社交礼仪
商贸英语	*美学
基础写作	*大众传播学
新闻写作	*公务员考试研究
演讲艺术	*汽车驾驶技术
行政法学	

(带*号的是选修课)

  这些课程大致可以分为两类,一类是现代秘书工作直接需要应用的知识。例如,秘书工作是为领导工作服务的,当然需要了解领导工作的有关理论,因此,领导科学是必须学习的。又如,秘书工作本质上是辅助管理,因此要开一些管理学方面的课程。另一类是根据秘书人员特殊的素质要求开设的课程,如现代汉语、逻辑学、文学作品选等。秘书说话、写文章,语言要规范、思维要合乎逻辑、文笔要有一定的文采,因此,这些课程也是应该学习的。

  以上列举的课程不包括我国高校各专业必修的公共课程,如政治、外语、计算机基础、体育等,也不包括可供所有专业学生选修的通识课程。

第三节 秘书专业的优势与不足

秘书学是一门年轻的学科,高校秘书专业虽然有近三十年的历史,但是全日制高校招收本科秘书专业学生也只有十几年的历史,社会上对秘书专业尚不够了解,有的甚至存在某种偏见。这些误解和偏见也会通过种种途径影响秘书专业的学生,让他们产生种种困惑。有必要将秘书专业的优势与不足如实地告诉他们,解除他们的困惑,以便于他们明确努力方向,更好地完成学业。

一、秘书专业毕业生就业情况良好

近几年来,普通高校毕业生的就业形势越来越严峻,但是秘书专业本科毕业生的就业形势却越来越好。以安徽师范大学秘书专业为例,2005年毕业生一次性就业率为92%,2006年为96%,2007年为100%,是就业率最高的专业。

秘书专业毕业生就业情况看好,并不是某一所高校的特殊现象,而是全国范围长期以来的普遍现象。其主要原因是这个专业适应社会经济发展和现代管理科学化的需要,社会对秘书人才的需求量非常大。这一点可以从全国秘书人数和教师人数对比中得到说明。

据《中国统计年鉴》(2005)提供的数据,2005年我国大陆地区中学(含中专、职高)、小学专任教师总数为1110580人(中、小学教师约各占一半),由于计划生育政策的实行,我国中小学生总数不再增加,教师总人数也不会有明显增加,而教师又是一个相当稳定的职业,已经在职的教师中途改行的比例不高。因此,在今后较长时期内,中小学接纳的新教师将主要用来补充因退休等自然原因减少的教师数,这个数字是非常有限的。

据国家工商行政管理局公布的数据,2005年底在中国工商行政管理机关登记的企业总数已达787.8万户,即使每家公司平均只有1名秘书,全国的公司秘书也有近千万人。2005年我国公务员总数达639.6万,其中秘书职位约100万。同年我国公办高校1553所,中小学48万所,即使每所学校平均仅有1名秘书,也需要50多万名秘书,加上医院、研究所、文化单位等等,全国事业单位秘书总数也应在100万以上。以上几项相加,全国秘书总数与教师总数大体相当。这里所说的秘书,还是狭义的秘书,不包括企事业单位的一般文职人员。另外,秘书是一个流动性很强的职位,一般人在秘书岗位取得一定的经验和资历后,或升迁,或调任,或改行,或自主创业,很少有像教师一样干一辈子的,因此,每年都需要大量新人补充秘书队伍。

再看一下全国高校师范类毕业生与秘书专业毕业生的人数比例。据教育部最新公布的数据,2008年我国高校招生总数为599万(本科生300万),其中约有三分之一是师范类毕业生,仅本科师范生每年毕业的就有100万;而目前全国招收秘书专业本科生的院校只有100所左右,每年毕业生总数不到1万人。全国教师和秘书从业人数相当,而师范类和秘书专业本科毕业生总数却相差100倍,两相比较,就可以知道为什么近年来师范类毕业生就业越来越难,而秘书专业毕业生的就业情况却始终很好。

事实上,秘书专业本科毕业生远远不能满足人才市场对秘书人才的需求,每年都有大量其他专业毕业生(包括师范生)去应聘秘书职位。

二、应用型专业更加重视能力的培养

秘书专业是一个应用型专业,纯粹理论性的课程相对较少,而以能力培养为目的的课程比较多。拿写作课来说,中文专业只开一门基础写作课,而秘书专业则不仅有基础写作课,还有秘书写作和新闻写作,因此,秘书专业毕业生应用性文体的写作能力就会明显比中文专业的学生高。而将来在绝大多数人的职业生涯中,真正有用的恰恰是应用性文章的写作能力,而不是诗歌、散文、小说等文学类作品的创作能力。

关于秘书专业开设课程的实用性,还可以从国家公务员录用考试的内容得到印证。

现在无论是国家公务员考试还是省一级的公务员考试,无论是《行政职业能力测试》还是《申论》,都基本不考纯粹记忆性的理论知识,文学欣赏和文学创作能力更是一分都不占,考核的主要内容是快速阅读能力、分析判断能力、逻辑推理能力、应用性文体的写作能力等等,而秘书专业所开的课程和所进行的训练,大多数对提高这些能力有直接或间接的帮助。以2006年中央和国家机关公务员录用考试《申论》试题为例:

该试卷提供了一则"丁部长与网友的谈话文字实录"的文字材料(1万余字),请考生根据材料解答:

(1)要求概括丁部长讲话的主要内容(500字)。

(2)根据六个网友发出的帖子,要求指出哪些网友的观点与丁部长讲话内容有矛盾,并说明理由。

(3)对提高政府应对突发事件的能力,提出自己的意见。要求写出一篇1000～1200字的文章。

这里考核的正是快速阅读文字材料的能力,提取并概括有用信息的能力,分析、解决问题的能力,以及将思考的结果形成书面文字的能力。这些能力恰恰是秘书专业的秘书实务、秘书写作、领导科学等等课程重点培养的能力。

实际上,除公务员考试外,正规的企事业单位招聘录用人员考试也存在类似情况。

由于公务员考试的考核内容大多与秘书专业开设的课程相关,因此,秘书专业毕业生在参加公务员考试(以及其他招聘录用考试)中就占有一定的优势。安徽师范大学自有本科秘书专业毕业生以来,每年都有数人被录用为国家公务员,录取率明显高于其他专业的毕业生。

三、学术性不强且没有秘书专业的硕士点

秘书学刚刚诞生二十多年,其学术性当然比不上经济学、法学、语言学、新闻学等学科。本科秘书专业培养的主要是秘书工作者,而不是秘书学研究工作者,而秘书工作又是一项综合性工作,需要具备多方面的知识和能力,为了适应培养目标的需要,秘书专业开设的课程就显得多而杂,它对学生掌握知识的要求主要是广博而不是精深,是能够灵活运用而不是理论探索。这一特点对于毕业生在职场上的适应能力来说是一个优点,但对于有志于从事学术研究的青年学生来说,又是一个不足之处。特别是到目前为止,全国实际上还没有一个秘书专业的硕士点,这让一些想报考研究生的秘书专业的学生感到困惑和失望。

这里涉及考研与就业的关系。许多资料表明,目前我国硕士研究生毕业后的就业形势不容乐观,如果不是出自对学术研究的兴趣,而仅仅为了找到一个比较好的就业岗位,是没有必要去报考自己本来并不感兴趣的专业的研究生的。由于秘书专业本科毕业生就业形势很好,本科毕业后就走上职场,经过三年的职业实践,积累了丰富的工作经验,这时或者在原单位发展,或者谋求新的职业或单位,或者报考公务员等,都具有很明显的优势。有三年实践工作经验的秘书专业本科毕业生,比那些本科毕业后又读了三年研究生刚刚毕业的硕士,更受各类机关和企事业单位的青睐,更容易进入好的单位或谋求好的职位。

对于那些有志于学术研究或酷爱读书的青年学生来说,当然应该鼓励他们报考研究生。那么,秘书专业没有本专业的硕士点是不是令他们失望呢?许多有报考研究生想法的一年级新生都会提出类似的问题。对此,我们可以给出以下几点回答:

第一,虽然我国现在没有秘书学硕士点,但已有个别高校在汉语言文学、管理学等专业中试招秘书学方向的研究生,并正在积极探索设立秘书专业硕士点的可能性,未来几年内秘书专业招收本专业研究生是完全有可能的。

第二,虽然秘书学不设本专业的硕士点,但是秘书专业开设的许多课程是有相关专业的硕士点的,如行政管理、企业管理、现代汉语、行政法学等等,如果本科阶段发现自己对某一类课程感兴趣,则可以报考相关专业的研究生。

第三,实际上,许多本科生毕业时报考的并不是本科所学专业的研究生。例如,中文专业毕业生历来都有许多报考新闻学、法学的研究生,而他们本科阶段并没有开过有关的专业课。秘书专业本科毕业生报考研究生根本不需要受本科所学专业或课程的限制,而应该选择自己真正感兴趣的专业。

第四,从作者所在学校近几年秘书专业毕业生报考研究生的情况看,本专业毕业生当年考取研究生人数占毕业生总人数的比例并不低于文学院其他专业。从录取人数与报考人数的比例看,还远远高于其他专业(秘书专业因为就业形势较好,报考研究生的人数相对较少),其中所录取的专业比较多的是行政管理学、新闻学、对外汉语教学、汉语言文字学、法学和文学。因此,有志于从事学术研究的同学没有必要为没有秘书学硕士点而苦恼。对不利因素只要有充分的认识,就能将其转化为有利因素。只要自己选准方向,坚持刻苦读书,秘书专业学生同样有读研深造的机会,而且选择的范围更大,因而也更有可能选择一个真正喜欢的研究方向。

复习思考题

1. 请找一本当年本省高等学校招生专业目录,查一查有多少学校招收秘书专业本科生?多少学校招收秘书专业专科生?招生人数各有多少?

2. 秘书专业课程设置的依据是什么?对照这个依据思考:

本章列举的专业主干课程和其他必修课程是否合理?

3.本科秘书专业有哪些专业主干课程?你所在学校的秘书专业教学计划中能够找到这些课程吗?

4.受学制限制,专科秘书专业不可能开设本章列举的全部课程。想一想:如果要减少一些课程,哪些课程是必须保留的呢?

5.试从专业特点和社会需要两方面分析秘书专业毕业生就业形势较好的原因。

案 例 分 析

小李和小陈是中学同班好友,高中毕业参加高考时,小李被一所省属重点大学的本科秘书专业录取,而小陈因为考试分数稍低进了同城市一所职业技术学院(专科)的文秘专业就读。两人因为在同一城市又是相同专业,因此经常有联系。二年级下学期放暑假的时候,两人相约到学校所在城市的一家公司打工,公司主管根据她们是文秘专业的学生,安排她们做文字输入工作。在打工过程中,小李发现小陈在文字输入方面的熟练程度明显比自己强,经询问得知小陈所在职业技术学院非常重视学生的操作技能训练,每学期还举办一次文字输入速度比赛,因此班上同学打字速度都比较快。而小李所在学校似乎不是很重视这方面训练,老师倒是反复强调夯实理论基础、提高人文素养。

小李原来读中学时成绩就比小陈好,上的大学也比小陈的学校层次高,本来内心还有种优越感,但当发现自己在文字输入速度上还不如专科生的小陈时,她感到很纳闷:为什么读了两年本科后在某些方面还不如专科生呢?是不是本科阶段开设的课程有许多是没有用的呢?本科生在某些操作技能(例如打字)方面并不比职业技术学院(专科)的学生占优势是不是一种正常现象呢?

你能与小李一道思考这些问题吗?

第二编
秘书人员与秘书机构

第三章 秘书的定义和类别

第一节 秘书的定义

一、"秘书"一词的含义

（一）"秘书"在古汉语中的意义

"秘书"一词最早出现在汉代。班固《汉书·刘向传》："诏向校中五经秘书。"这里的"五经秘书"，指的是图书秘文。秦始皇焚毁六国图书档案文献后，社会上的文献变得极为珍贵。西汉初年，统治者为政治需要，广泛搜集社会上遗存的档案图书文献，集中于宫中秘藏，故称"秘书"。可见，"秘书"一词最新出现时指的是物，而不是指人。

汉以后历代都设有秘书监、秘书郎、秘书丞等官职，其主要职责都是主管朝廷的档案、图书，只有东汉末年魏王曹操设置的"秘书令"统领王府整个秘书工作,类似于现代的政府秘书长。而"秘书令"一名仅存在几年时间,魏文帝曹丕废汉称帝后,就把"秘书令"改为"中书令",此后各朝直到清代末年,以"秘书"冠名的官职,都不是主要秘书官。

"秘书"一词在古代汉语中还有一种含义——谶纬图箓之书,即迷信的人用来预卜凶吉、对未来作出某种预测的书籍。作这种意义使用的场合不多。

古代"秘书"一词指的是书而不是指人是共通的,只有带上后缀"郎"、"监"、"令"、"丞"等,才具有官职的含义。

(二)国外"秘书"一词的含义

西方"秘书"一词源于拉丁文"secretaries",原意为"可靠的职员"。英语中秘书一词"secretary"由"secret"(秘密的)加上后缀"－ary"构成,意为"从事秘密工作的人",直译为"秘书"或"书记"。其实,"书记"一词在古代汉语中与"秘书"基本同义,直到今天中国军队中营级机关主管文书的人员、法庭上的文字记录人员仍然叫做"书记"而不叫"秘书",至于"某些政党和团体的各级组织的负责人"的含义则是后来的引申义。

俄语中秘书一词"секретдарь"是从英语音译而来,意义与英语"secretary"完全相同。

日语中"ひしょ"一词写成汉字就是"秘書",这是日本人借用古代汉语"秘书"一词来翻译英语"secretary"的结果。

(三)现代汉语中"秘书"一词的含义

由于"secretary"与古代汉语"秘书"一词意义上确有相合之处,20世纪初孙中山先生在日本主持同盟会工作期间选用宋霭龄、宋庆龄为自己掌管文书及其他日常事务时,便称她们为"秘书"。从此以后,"秘书"便成了现代汉语中的一个常用词。

《现代汉语词典》对"秘书"一词的解释是:"掌管文书并协助机关或部门负责人处理日常工作的人员。"

1999年版的《辞海》对"秘书"一词的解释是:"职务名称。掌管文件并协助领导人处理日常工作的人员。"此外,《辞海》还列出了一种特殊的指称意义:"使馆中介于参赞和随员之间的外交职员。"后一含义比较特殊,不属本书的讨论范围。

《现代汉语词典》和《辞海》对秘书一词的解释说明,"秘书"一词在现代汉语中已经不再指称事物(书籍档案),而是指称某一类人。

二、我国秘书学界关于"秘书"的各种定义及其分析

"秘书"是秘书学中最基本、最重要的概念,但是自秘书学产生以来,对这一基本概念的定义却存在着诸多争议。有人统计秘书学界对"秘书"的定义多达百种以上。这说明对"秘书"概念下定义并非一件容易的事,而作为秘书学研究的逻辑起点,对"秘书"的定义又是一个无法回避的问题。

定义是明确概念内涵的逻辑方法,它的主要作用是通过揭示一类对象的特有属性而将它与其他对象区别开来。逻辑学关于定义的第一条规则就是"定义项的外延与被定义项的外延必须相等",因此对"秘书"的正确定义应能将秘书与其他对象区别开来,即符合该定义的就是秘书,不符合该定义的就不是秘书。下面我们将根据这一标准来分析一些有代表性的"秘书"定义。

"秘书,在我国现代主要是指党和政府机关、企事业单位、社会团体、军队、院校内的一种行政职位。其主要职责是辅助管理,综合服务;主要工作是拟文撰稿、管理文书、接待来访、组织会议、调查研究、处理信息、办理事务、参谋咨询、联络协调等等。由于我们是社会主义国家,所以从事秘书工作的都是国家工作人员,即公职秘书"。[①] 这是袁维国先生 1990 年的定义。此前,王千弓先生于 1984 年也给出过类似的定义:秘书是"社

---

① 袁维国主编:《秘书学》,第 1 页,北京:高等教育出版社,1990。

会主义国家工作人员职务名称之一"①。这一定义在今天已经很不适用,因为正确的定义应该能把一类对象与其他对象区别开来,而上述定义把大量存在的企业秘书尤其是非公有制企业的秘书排除在秘书的范围之外。按照上述定义,民营企业的秘书、外资企业的秘书由于都不是"国家工作人员",当然也就不算是秘书,所以该定义违反了定义的规则,犯有"定义过窄"的错误。

"秘书是领导、专家、管理人员在履行其职务时的辅助人员"。②"秘书或秘书工作者是各级领导机关及领导人员的参谋和助手,主要职责是协助决策,承办业务,搞好行政工作"③。这两个定义也违反了定义的规则,不过所犯错误不是"定义过窄",而是"定义过宽"。前者无法把财会人员、技术人员、法律顾问等排除在秘书的范围之外,因为这些人员也完全符合定义;后者无法把副职领导、行政主管乃至各部门负责人排除在秘书范围之外。例如,20世纪30年代以后周恩来相对于毛泽东来说,其主要职责就是"协助决策,承办业务,搞好行政工作",但周恩来并不是毛泽东的秘书,也不是党中央的秘书,只有陈伯达、胡乔木、田家英、江青等人才算是毛泽东的秘书。

"秘书:从事办公室程序性工作、协助上司处理政务及日常事务并为决策及其实施提供服务的人员"。这是国家劳动和社会保障部颁发的《秘书国家职业标准》对秘书的定义。常崇宜先生指出,这个定义"是针对公务秘书而言的,如'办公室'、'程序性工作'、'政务'这些词语一般多应用于公务秘书。民间秘书特别是其中的私人秘书,有时是个体开展工作而不一定有办公群体,也不使用'政务'一词。所以,它对于市场经济下越来

---

① 王千弓等:《秘书学与秘书工作》,第2页,北京:光明日报出版社,1984。
② 张清明:《关于秘书定义的思考》,《武汉大学学报》1986(6)。
③ 詹银才:《涉外秘书学》,第1页,杭州大学出版社,1994。

越多的民间秘书来说,似乎也不很适用,尽管劳动部门培训的秘书主要就业方向是民间"。① 这实际上是指出了这一定义犯有"定义过窄"的错误,因为按照这一定义,许多企业秘书尤其是小型民营企业的秘书根本就不能算秘书。这一定义出现在劳动部门以培训企业秘书为主的《国家秘书职业标准》中,其不当之处就显得尤为突出。

如果将《现代汉语词典》和《辞海》对"秘书"一词的解释(本书 35 页)作为秘书的定义,也不是很严格的,它们都把"掌管文书(文件)"作为秘书的必须具备的条件之一,而社会上许多秘书并不一定掌管文书。例如,1956 年中共中央政治局决定任命毛泽东的"五大秘书",其中机要秘书叶子龙、日常秘书田家英固然为毛泽东掌管文书,但政治秘书陈伯达、胡乔木,生活秘书江青,并不承担掌管文书的事务。目前一般较大单位的秘书部门中,不直接承担掌管文书业务的人员更是普遍存在,因此,尽管掌管文书是一项典型的传统的秘书业务,但是把秘书定义为"掌管文书并……的工作人员"仍然存在"定义过窄"的缺陷。

三、国外有关文献对"秘书"的定义

"秘书"一词虽然是古代汉语的固有单词,但是现代意义上的"秘书"概念仍然是自英语"secretary"翻译而来。因此,我们有必要了解国外对"秘书"的定义,以作为我们探讨"秘书"定义的参考。

国际秘书联合会是这样来定义"秘书"的:"秘书应是主管人员的一位特殊的助手,她(他)掌握办公室工作的技巧,能在没有上司过问的情况下表现出自己的责任感,以实际行动显示出主动性和正确的判断力,并在给予的权力范围内作出决定。"②

---

① 常崇宜主编:《秘书学概论》,第 25 页,北京:线装书局,2000。
② 詹银才:《涉外秘书学》,第 2 页,杭州大学出版社,1994。

国际职业秘书协会对"秘书"的定义是:"具有熟练的办公室工作能力,不需上级敦促即能主动负责、积极进取、干练果断,能在授权范围内作出正确决定的经理助手。"①

美国出版的《韦氏秘书手册》指出:"今天的秘书决不再是单纯的接待员兼打字员,因为越来越多的经理希望自己的秘书成为行政管理的助手,以便自己有可能从繁琐的日常事务及专门工作中解脱出来……秘书已经成为决策者和执行者之间的一座桥梁……一个精干而可靠的秘书不仅是经理和工作人员之间的桥梁,而且还应当是协助经理的左右手。"②

这些"定义"都没有规定秘书"掌管文书",但都强调秘书是"助手",有的还特别强调秘书是"经理"的助手。可见,国外的"秘书"概念主要指称公司秘书。另外,上述对"秘书"的定义都强调了秘书的主动性和独立判断能力,这是对秘书较高的要求。虽然这些"定义"都不是典型的定义语言,也不是严格意义上的定义,但是,这些阐述对于我们理解秘书的职业特点仍然有一定的参考价值。

四、本书对"秘书"的定义

逻辑学提供的下定义的一般方法是"属加种差"定义,即先确定被定义项所属的大类(属概念),再揭示定义对象与大类中其他对象的差别(种差,又叫"特有属性")。因此,我们要给"秘书"下定义,就要先确定秘书属于哪一大类,然后再揭示这一大类中秘书与其他对象(非秘书)的差别。

(一)"秘书"所属的大类

先看秘书所属的大类,秘书学界对此有职业、职务、参谋、助手、工作人员等不同的理解。

"职业说"从长远看有一定道理。在西方发达国家秘书也

---

① 安忻:《秘书工作概论与实务》,第6页,北京:中国档案出版社,2000。
② 严华编译:《韦氏秘书手册》,第2页,北京:国际文化出版公司,1989。

早已成为一种与教师、医生、律师、技师等同的职业名称，一个外在的表现就是许多人愿意终身以秘书为业。我国劳动部也制定了《秘书国家职业标准》，说明随着市场经济体制的建立和完善，秘书正在向职业化转变，但到目前为止这一转变尚未完成，绝大多数公众尚不能坦然接受"干一辈子秘书"的观念。

"职务（或职位）说"有较大影响。《辞海》就明确规定秘书是"职务名称"。我国确有许多组织机构中设有由领导或组织人事部门正式下文件任命的秘书职务，有的还特地在括号中加上"正科级"、"副处级"之类的说明。但是，这种有正式任命文件的秘书毕竟只是一小部分，即使是在正规机关的秘书部门中，除了一些直接为领导撰拟文稿或管理文件的人员被正式任命为秘书外，大多数人员并没有正式的秘书头衔，甚至许多办公室主任也没有当过这种"正式秘书"，而一般人都把秘书部门的工作人员统称为"秘书"，把办公室主任称为"秘书首领"。可见，"职务说"存在"定义过窄"的缺陷。

"参谋说"是在1985年全国秘书长、办公厅主任座谈会强调秘书部门要充分发挥参谋助手作用的情况下提出来的。它强调秘书应是领导的参谋，有人甚至提出秘书是为领导出谋献策的"常备智囊"的观点。例如，某领导人在1990年1月的全国秘书长会议上还将秘书比喻为领导的"外脑"。我们认为，强调秘书部门的参谋作用本身并没有错，但不能要求秘书部门每一个工作人员都当领导的参谋，更不能要求企事业单位尤其是民营企业的秘书都来当领导的参谋。参谋毕竟是高层次的智力活动，只能是少数高级秘书人员才能胜任的职责。"参谋说"无疑拔高了对秘书的要求，不利于秘书队伍的建设，已经为秘书学界大多数专家所否定。

"助手说"是秘书学界较为流行的一种说法。秘书毫无例外都是领导的助手，即使是主要提供参谋咨询服务的高参型秘书，也可以说是领导的高级助手。上文所引的国外有关秘书的几种"定义"，也都将秘书说成是主管人员或经理的助手。但是,"助手"是一个相对概念,不能指代确定的对象,如在高校中助教是教授的助手,在医院中住院医生是主任医生、主治医生的助手,在手工艺劳动中徒弟是师傅的助手,在家庭中妻子可以是丈夫的助手(贤内助),丈夫也可以是妻子的助手,在航海中大副是船长的助手,在机关中副职领导是主要领导的助手。中共党史上,周恩来被人看做毛泽东"最得力的助手",林彪也一度被称为毛主席最亲密的战友和"最可靠的助手",但是没有人说周恩来、林彪是毛主席的秘书。将秘书归类于本身就没有确定外延的"助手",未免失之宽泛,难以揭示秘书群体的真正归属。

"工作人员说"("人员说")也是我国秘书学界较为流行的一种观点。翁世荣先生认为,"秘书是辅助领导层或个人实施管理和处理日常事务的人员"[1];陈合宜先生认为,"秘书是为政府机关、企事业单位、团体或个人提供辅助管理综合服务的人员"[2]。《现代汉语词典》对"秘书"的定义是"掌管文书并协助机关或部门负责人处理日常工作的人员"。《辞海》虽然说秘书是"职务名称",但接着指出这种职务是"掌管文件并协助领导人处理日常工作的人员"。"人员"也是一个外延极为宽泛的概念,从某种意义上说,工作就是劳动,因此任何劳动者都可以说是"工作人员",将它作为"秘书"的属概念,也有失于宽泛之嫌。

在以上几种归类中,"职业说"、"职务说"、"参谋说"都存在明显的缺陷,不符合我国当前的社会实际,且难以避免"定义过窄"的缺陷,因此,我们不予采纳。"助手说"和"工作人员说"都不尽理想,但两相比较,"工作人员"毕竟具有确定的可以把握的外延。社会上的秘书无处不在,上到执政党中央和最高国家机关,下到个体户或自由撰稿人,都可以任用或雇用自己的秘书。除了"工作人员"外,也确实很难找到更恰当的属概念能够

---

[1] 翁世荣:《现代秘书学》,第50页,上海人民出版社,1984。
[2] 陈合宜:《秘书学》,第18页,广州:暨南大学出版社,2001。

涵盖所有的秘书,因此,我们采纳"工作人员说"。

但是作为定义中秘书所属的大类(属概念),"工作人员"外延显得过于宽泛,因此,有必要根据秘书劳动的性质加以适当的限制。秘书自古以来就是典型的脑力劳动者。我国古代最早的秘书官职叫做"史官"。据传汉字的发明人仓颉就是黄帝的史官,夏商西周时代史官是统治阶级中文化水平最高的人。现代秘书为领导提供的服务也是以脑力劳动为主,在经常紧随领导的工作人员中,驾驶员、警卫员之所以都不能称为秘书,就是因为他们并非以脑力劳动为主。正因为秘书是脑力劳动者,所以,现代秘书必须具备较高层次的学历和良好的文化修养。因此,我们将秘书归类于"以脑力劳动为主的工作人员"。

(二)秘书与其他工作人员的差别

正确的定义应该能准确地揭示定义对象的特有属性。有人根据"秘书"的拉丁文词源"secretaries"有"可靠的职员"的意思,推演出"领导信任可靠"是秘书的特有属性之一,这是一种误解。从最高国家机关来看,对国防部长忠实可靠性的要求肯定不比对国务院办公厅主任的要求低;对一个企业老总来说,对财务总管、保镖甚至于个人司机的可靠性要求,也不会比对秘书的要求低。因此,虽然领导选用或聘任秘书必然要求忠实可靠,但这并不是对秘书的特殊要求,不能算是秘书的特有属性。

还有人将"具有一定的专业技能"列为秘书的特征之一,理由是秘书部门的许多工作内容包括接待、会务、谈判以及现代办公设备的使用等都需要一定的专业技能。这一观点也是缺乏充足理由的,因为现代社会任何复杂劳动都需要一定的专业技能,而"专"并不是秘书工作的明显特点,"杂"(综合性)才是秘书工作的重要特点。不妨将秘书人员与财务人员作个比较,在对专业技能的要求方面,对会计的要求比对秘书的要求更高。当然,这并不意味着对秘书的要求低,因为一个人要胜任秘书工作,必须是一个具有诸多才能的多面手和知识广博的通才,这比成为一个精通财会业务的专才要困难得多。

我们认为,秘书与其他工作人员相比,其特有属性主要体现在以下两个方面:

一是服务对象的特殊性。就机关各个部门而言,只有秘书部门可以公开宣称自己的工作就是直接为领导工作服务的。1985年全国秘书长、办公厅主任座谈会确立的我国秘书工作"三服务"的宗旨,也把"为领导工作服务"放在首位。当然,这里的"领导"是广义的,在一所院校中,党委正副书记和正副校长才算是校领导;在学校的一个业务部门(如教务处)中,主管人(处长)是部门领导;而对于受聘于个人(如作家)的秘书来说,雇主就是领导。①

秘书工作的直接服务对象是领导,这一点是没有必要加以回避的,因为一个单位之所以要建立秘书机构、一个部门之所以要配备秘书、一个雇主之所以要花钱雇请秘书,目的就是为自己的工作提供服务。

二是工作内容的特殊性。秘书在任何单位中都属于管理层,秘书的职责就是保证领导工作的正常进行,因此是一种辅助性的管理。秘书工作是直接为领导服务的,而且秘书提供的服务是综合性的,不是某一特定方面的专门性的服务。"辅助性"和"综合性"是秘书工作两个最重要的特征。根据是否具有这两个特征可以将秘书与其他管理人员区别开来。例如,领导(包括副职领导、部门主管等)也做管理工作,但他们所做的管理工作不是辅助性的,因此不能算秘书。又如,企业中的营销人员、技术人员、财会人员等,也提供服务,但他们的服务仅限于某一个方面,带有明显的专门性,不具有综合性,因此也不是秘书。

综合以上分析,我们对"秘书"作出如下定义:秘书是指直接为领导、主管或雇主提供辅助管理、综合服务,并以脑力劳动

---

① 本书下文所说的"领导"一词,一般作广义的理解。

为主的工作人员。

第二节 秘书的范围

虽然我们对"秘书"给出了相对明确的定义,但是,秘书的外延问题(即到底哪些人算秘书)并没有自然得到解决,这是因为对"秘书"概念有不同层次的理解。

一、严格意义上的秘书

这是狭义的"秘书",指有"秘书"头衔的职务秘书。在党政机关或国有单位中,秘书一职都列入正式的人员编制,如"××科设科长1人,副科长1人,秘书1人,科员3人"。担任这种秘书职务的人通常都由单位领导或组织人事部门正式下达文件任命。例如,陈伯达、胡乔木、田家英等人曾被中共中央任命为毛泽东的秘书。

随着社会经济的发展,近年来民间雇佣秘书的现象越来越普遍,报刊上经常看到"本公司急聘秘书1人,要求有本科学历和2年以上秘书工作经历"之类的招聘启事或广告。无论是商业公司、会计师事务所之类的民营组织,还是律师、作家等自由职业者个人,通过聘用合同录用的秘书也属于严格意义上的"秘书",不会有人对他们的秘书身份产生疑问。

二、一般意义上的秘书

如果以是否有任命其为秘书的文件或聘用其为秘书的合同来划定秘书的范围,虽然绝对数量也十分巨大,但作为秘书学理论研究的对象仍然显得过窄。例如,我国较高层领导机关一般设有政策研究室(或调研室),其中的工作人员大多不叫"秘书"而叫"调研员",他们实际上从事的主要是调查研究、信息分析、重要文件的起草等工作,均属于典型的秘书工作,实际上是领导的高级秘书。又如,办公室(厅)主任一般被认为是

"秘书的头头",但是有的办公室主任并不是由严格意义上的秘书提升任命的。

"一般意义上的秘书"除了包括严格意义上的秘书外,还包括那些虽没有秘书头衔但实际上从事秘书工作的人。例如,办公室(厅)、调研室、信访办、综合部等秘书机构中以脑力劳动为主的工作人员(如档案管理员、信访接待员、调研员、公关联络员、综合部经理、办公室主任等),各职能部门中虽然没有秘书职衔但分工办理文书、会务、接待、通讯等秘书性质的工作的人员。

三、广义的秘书人员

"广义的秘书人员"除了包括前述的"一般意义上的秘书"外,还包括那些一般人不称其为秘书,但从事的工作与秘书工作比较接近的人。主要有以下几种人:

一是党、政、军、群机关内或事业单位管理机构中既不担任领导职务,又不承担专项业务(如新闻、侦查、审判、财会、统计、质检等)的一般办事员。这类人员在公务员队伍和事业单位管理层中占有相当大的比例(有人认为占三分之一左右)。

二是企业管理层中有别于专业技术人员的一般文职人员,简称"公司文员"。他们分散在公司各职能部门中,如大公司人力资源部的人事管理人员、公共关系部的公关工作人员、市场营销部的市场调查人员等等。

三是商业性信息、调查、咨询公司的从业人员。随着市场经济的发展,信息服务市场化在我国已经启动。目前在我国的大城市中已经出现了一些调查公司、信息公司、咨询公司,这些公司提供的服务项目,有的就是秘书部门业务的市场化,只不过他们没有固定的服务对象而已。

四是提供打字、复印、文档制作等项服务的个体劳动者。近二十年来,挂有"××电脑打字、复印"招牌的个体服务网点在全国城镇遍地开花,他们提供的实际上是低层次的秘书服务。虽然对这类劳动者的文化层次要求不是很高,但是这类服务总体上还是属于脑力劳动的范畴。假如一个秘书专业的本科毕业生从事这类个体经营,相信一定能够大大提高服务的规格和质量。

讨论秘书的范围,有助于正确理解秘书学中"秘书"这一最基本的概念的定义。本章第一节提供的"秘书"定义,实际上是对"一般意义上的秘书"的定义,因为,哪些领导、哪些部门需要配备专职秘书(狭义的秘书)是人事管理中所关注的问题,而且是否有任命文书,仅仅是一个外在的标志,并不具有理论意义。而"广义的秘书人员"又是一个十分模糊的概念,不可能划出清晰的边界,因此无法给出准确定义。从秘书专业的培养目标看,也只能对"秘书"作"一般意义"上的理解,因为他们是秘书学主要研究对象"秘书工作"的主体。如果一个人具备"一般意义上的秘书"的基本条件,一纸任命文书或一份聘用合同就能使他们成为"狭义的秘书"。从另一方面看,胜任"一般意义上的秘书"的人不需要再经过专门培训就能胜任"广义的秘书人员"的一般工作。

第三节 秘书的类型

分类在逻辑上叫做"划分",是一种通过把一个概念所反映的对象分为若干个小类以明确概念外延的逻辑方法。对"秘书"(这里当然指的是"一般意义上的秘书")进行分类,不仅有助于进一步明确秘书的边界,而且有利于科学合理地设置秘书机构和秘书岗位,有利于"因才施用"地考核和聘任秘书人员,有利于秘书人员或即将成为秘书人员的青年有针对性地扩展知识、增长才干。

根据不同的标准,可以将秘书分为不同的类型。

一、根据服务对象和薪酬来源的划分

根据这个标准,可以将秘书分为公务秘书和私人秘书两大类。

公务秘书是指为国家机关、社会团体、事业单位、公有制企业或股份制公司的领导工作服务,由组织人事部门考察选用,由国家或单位支付薪酬的秘书。

私人秘书是指为个体企业主或其他雇主服务,由个人聘用并由雇主本人支付薪酬的秘书。

以上分类从字面上看是很明确的,但由于我国经济体制和人事管理体制的特殊性,仍然有一些问题需要加以特别说明。

首先是集体企业的秘书是不是公务秘书的问题。有一本发行量很大的秘书学教材在提出"公务秘书泛指为各级机关、企事业单位……服务,从国家或集体领取薪酬的秘书"的同时,又将"为民办集体企业……服务"的秘书归入私人秘书的范围。[①] 之所以出现这种明显的自相矛盾现象,就是因为混淆了"国有"和"公有制"、"民营(民办)"与"私有制"的差别。按照传统的理论,我国的公有制包括全民(国家)所有制和劳动群众集体所有制两种形式。因此,集体所有制单位(包括乡镇企业以及集体创办的学校、医院、演出团体等)虽然都是"民办",但也属于公有制单位。我们认为,集体企业的秘书应属公务秘书。

其次是民营股份制公司的秘书是不是公务秘书的问题。常崇宜先生认为,"规模较大的私营企业或企业集团……大多仿照国有企业秘书体制",但它的秘书人员也属于私人秘书。[②] 而司徒允昌先生认为,"企事业单位(包括公有制和私有制)聘用的秘书人员"都属于公务秘书。[③] 我们认为,民营股份制企业

---

① 陈合宜:《秘书学》,第20页,广州:暨南大学出版社,2001。
② 常崇宜主编:《秘书学概论》,第35页,北京:线装书局,2000。
③ 司徒允昌:《秘书学综论》,第18页,上海文化出版社,2001。

的秘书属于公务秘书。理由有四：一是民营股份制企业究竟是公有制还是私有制在经济学界尚存在争议。有人认为，股份制是集体所有制的一种实现形式。我们不能将民营股份制公司简单归为"私有制企业"。二是随着国有企业公司化改革和民营企业股份化的发展，一个公司究竟属于公有制还是私有制将难以区分，国有企业民间资本可以参股，民营企业国有资产也可以参股，没有必要将国家控股51％的公司的秘书归入公务秘书，而将国家控股49％的公司的秘书归入私人秘书。三是股份制公司秘书在"由组织人事部门考察选用"和"单位（而不是企业主个人）支付薪酬"这两点上，与国家机关和国有单位的秘书相同。四是从公司秘书机构的设置、秘书人员的职责和工作方式看，民营股份制公司与公有制企业没有多少本质的差别，因此将他们归为公务秘书有利于秘书学对秘书工作一般规律进行理论探讨。

再次是私人秘书的范围问题。如前所述，公务秘书与私人秘书的界限在秘书学界存在很大的分歧。根据我们对"私人秘书"的定义，私人秘书主要包括以下两类人：第一类是纯粹由个人聘用的秘书，不管雇主是商人、作家、学者、律师、演员、球星，还是富裕起来的农民或其他个体劳动者。个人一般不会同时聘请几位秘书，个人聘用的秘书通常只有一个，他们还要承担一些其他事务，如驾驶小车、管理财务甚至当保镖等，但既然聘请的是秘书，他们的主要工作就具有综合服务和以脑力劳动为主的特征。这类私人秘书目前在我国人数不是很多，但将来人数可能会有较大的增长。第二类是小型私营企业或个体企业（两者差别在于是否雇用多名员工）聘用的秘书，与第一类私人秘书的不同点是，他们的工作主要是为企业经营活动服务而不是为雇主个人事务服务。私营企业与股份制企业不同，企业资产就是企业主个人的财产，企业的利润就是企业主个人的收入，企业性质属私有制也不存在任何争议。他们雇用秘书完全由个人负责，并不需要经过公司人事部门的考察录用程序，秘书的薪酬也完全由企业主个人支付。需要提示的一点是,这里所说的"小型企业",指的是员工人数,而不是指资产总数或经营总额。有些员工人数很少的私营企业,可能拥有相当多的资产和经营总额。

最后是某些高级领导干部或重要工程技术专家、著名学者所配备的专职秘书是否属于私人秘书的问题。在日常语言中,我们常常称这些人是私人秘书,如"田家英给毛泽东当了十几年私人秘书"、"××公司不但为他们的总工程师配备了司机,还配备了私人秘书",这些说法在日常语言中并没有大错。但从理论上说,他们不是私人秘书,而是公务秘书,因为这些专职秘书具有公务秘书的全部特征:为高级领导干部或专家的公务活动服务而不是为他们的私人事务服务、聘任前经过组织人事部门严格考查审核而不是由个人任意指定、由国家或单位而不是由专门的服务对象个人支付薪酬。这些专职秘书的工作必须对国家或单位负责,而不是仅仅对领导或专家个人负责。

二、根据秘书的具体分工的划分

基层机关(如街道办事处)、小型企事业单位(如小工厂、小学等)或私人雇主往往只聘用一个秘书,他们要处理所有的秘书业务,不存在分工问题。但是,稍大一点的单位秘书机构(如办公室)都有多位秘书,他们一般都有明确的分工,单位越大,秘书人员越多,分工也就越细。因此,根据具体分工究竟能将秘书分为多少类别就难有定论。下面列举的是一般单位中通用的分类:

(一)文字秘书

文字秘书是指以拟文撰稿为主要职责的秘书,即通常所说的"笔杆子"。在中等以上机关(如省辖市政府)的办公室中,文字秘书集中在"秘书科(处、局)"工作,有的还设有"秘书一科"、"秘书二科"等。

（二）政务秘书

政务秘书是指直接为领导决策提供服务，以信息、调研、督查、协调、提案、信访等为主要工作内容的秘书。他们分布在诸如"信息科"、"督查科"、"提案科"、"信访办"等科室中。高层机关的政策研究室（或调研室）中的工作人员，承担的是调查研究、信息分析、起草重要文件等职责，兼具政务秘书和文字秘书双重特点，是领导机关的高级秘书。办公室主任总领各项秘书工作，也可以归入政务秘书的范畴。

（三）事务秘书

事务秘书是指以办理文书（不含文稿撰拟）、筹办会议、接待来宾以及机关日常事务为主要工作内容的秘书。他们分布在诸如"综合科"、"行政科"、"接待科"、"文档室"等科室中。高层机关中为领导人配备的生活秘书（如江青曾被中央任命为毛泽东的生活秘书），也可以归入事务秘书类的范畴。

（四）其他秘书

由于单位职能和级别的不同，有的单位配有一些专门的秘书。例如，县、团级以上党政军机关中配有处理机要文件和通信的机要秘书；大学院系和中等学校中设有教学秘书；科研所和高校院系中设有科研秘书；涉外单位中设有外事秘书，等等。

三、根据秘书的才智特长的划分

1986年，李欣同志首先提出了对秘书按"型"分类的思想，指出秘书有三种型：一是办事精明型，二是"秀才"型，三是技术能手型，另外还提出了"参谋型"的概念。此后又有一些学者对这一思想进一步加以补充、完善。

我们认为，李欣同志实际上提出了一个新的分类标准，即按秘书人员本人的才智特长进行分类。综合诸多学者的观点加上自己的观察调查，我们认为，按照个人的才智特长，大致可以将秘书人员分为以下几种类型：

（一）参谋型秘书

这类秘书的特点是：具有较强的收集信息的能力和分析、综合、判断能力，能在错综复杂的事物中迅速抓住主要矛盾，并作出准确的判断，能及时为领导决策提供可行方案，经常向领导提供有价值的信息和建议，辅助领导进行正确的决策。这类秘书往往被单位内群众称为"领导的高参"，他们通常是领导的候选人，如果授予他们一定的权力，他们就能独当一面负责某一方面的工作。

（二）文字型秘书

这类秘书的特点是：有较强的文字表达能力和良好的语言文学修养，能迅速、准确地将已经决策的领导意图转换成文字信息，并根据不同文种、不同读者对象写出语言得体而风格不同的文章。除了起草各种文件外，他们还经常为领导撰写发言提纲、报告文稿，或以机关名义或领导名义在报刊上发表文章。这类秘书往往被单位内群众称为"单位的笔杆子"或"秀才"。

（三）事务型秘书

这类秘书的特点是：办事精明，调度有方，能协助领导将已经决策的事项迅速予以贯彻落实，使办公室乃至整个机关的工作有条不紊地进行，有效地维持机关日常工作高效率的运转。这类秘书往往被单位内群众称为"领导的大管家"，是办公室主任的理想人选，但不一定适合担任主要领导职务。

（四）公关型秘书

这类秘书的特点是：有较强的口语表达能力，反应机敏，富有幽默感，懂得心理学，对内能用诙谐、风趣的语言协调领导之间、部门之间、上下级之间的关系；对外能有效地联络、沟通各方领导或其他人员，建立起良好的协作关系。在信访、接待、谈判等特定的工作中，他们往往能起到其他类型的秘书难以代替的作用。这类秘书往往被单位内群众称为"机关的外交家"。

（五）专业型秘书

这类秘书的特点是：有自己的一技之长，或者是精通外语，或者是熟悉法律,或者是长于文字记录,或者是懂得电脑和其他现代办公设备的使用或维护,乃至具有书法、摄影、录像等等专项技能。在特殊的机关单位和特定的场合,这些专长有时能起到非常重要的作用。

由于每个人的才智特长存在很大差异,因此,上述各种类型的秘书并不是互相排斥的,如果一个秘书同时具有其中两个或更多特长,可以称为"综合型"秘书,群众称之为"多面手";如果一个秘书一无所长,仅仅靠漂亮的脸蛋或娇美的身材谋得秘书职位,在办公室只能干干端茶倒水等简单的接待工作,就可能被群众称为领导的"花瓶"。

各"型"秘书并没有统一的划分标准,而且存在着交叉现象,因此它不是科学意义上的严格分类。但按"型"分类意义不可低估:它便于领导机关按照优化群体的要求组建秘书机构,充分考虑人才的优势互补;也便于秘书人员根据"型"的理论对自己作出客观的评价,明确自己的优势和不足,调整自己的努力方向。

复习思考题

1. 简述"秘书"一词词义的演变。
2. 比较我国秘书学界对"秘书"所下各种定义的优劣。
3. "严格意义上的秘书"、"一般意义上的秘书"、"广义的秘书人员"各包括哪些对象?
4. 公务秘书和私人秘书的分类标准是什么?为什么说高级领导人的专职秘书是公务秘书而不是私人秘书?
5. 根据秘书的才智特长分类有何现实意义?

案例分析

1. 20世纪90年代末,某报纸刊载一则消息称:有一个省在机构改革中决定今后"省长在工作中将不再使用秘书,改用专家"。这一报道后来被人们当做一则"笑话"。

请问上述报道为什么会被当做笑话？如果真的有这么一项决定，它能行得通吗？

2. 阎振利原来在北京市财政局工作，因为表现恶劣，违规乱纪，差点被开除公职。但这样一个劣迹斑斑的人，却被当时的北京市委副书记、常务副市长王宝森（大贪官）看中，他以阎振利精明能干、能写会说为由，要求把阎调到自己身边当秘书。当时负责考核选调工作的部门，认为既然是领导人选调自己的私人秘书，应该充分尊重领导个人的意见，相信领导的眼光不会错，于是按照王宝森的要求将阎振利从市财政局调到市政府办公厅，让其任王宝森的秘书。阎振利后来成了王宝森进行违法犯罪活动的得力助手，他可以随便扣压请示报告，甚至代替王宝森发号施令，被市政府机关的干部私下评判为"最次的秘书"。

后来，北京市一位领导在评论上述情况时说："这是选调关没有把好造成的漏洞。"

试分析：负责选调工作的部门对"领导的秘书"的理解是否正确？为什么？

第四章　秘书的社会地位和行业特点

第一节　秘书的社会地位

"社会地位"是一个可以做多种解释的词。按照1999年版《辞海》的解释,社会地位是人们在各种社会关系网中所处的位置,也即权利和义务的综合,是对决定人们身份和地位的各种要素综合考察的结果。

本章所说的"社会地位",指的是某一职业群体在一般公众心目中的地位(即公众对他们的总体看法和评价),而不是指某一特定个体的公众形象的好坏。例如,尽管某些贪污腐败的高级官员或学术不端的专家学者为人们所不齿,但并不影响作为群体的高级行政官员或高级知识分子具有较高的社会地位。人们在自身条件具备和客观条件许可的情况下是否愿意成为这个群体的一员,可以作为考察这个职业群体的社会地位高低的参照标准。

目前有一部分公众对秘书存在着一些偏见和误解,如"小蜜"一词被许多人用来指代年轻的女秘书,对男性秘书则有人戏称为领导的"应声虫",还有人将局部的秘书腐败现象夸大为社会普遍现象,更有甚者将秘书行为不端看成是官员腐败的重要原因。这些偏见和误解的存在有其复杂的社会原因,但与秘书学没有从理论上解决"秘书的社会地位"问题也密切相关。

一、领导的助手和参谋

在一般公众的心目中,秘书就是领导的助手,而能够为领导决策出谋划策的高级秘书则被称为"领导的参谋"。

我们不同意将秘书定义为"领导的助手",因为"助手"是一个相对概念,并没有明晰的、确定的外延,而且领导的"助手"也不限于秘书人员。"领导的助手"虽然不是秘书的特有属性,却是一切秘书的共有属性。在我国,任何秘书,无论是国家最高领导人的专职秘书,还是村委会的兼职秘书,无论是党政机关的秘书长,还是私营企业的经理秘书,都是领导、主管人或雇主的助手,没有任何例外。

不是每个秘书都具有"参谋"的地位,即使是较高的秘书职务如办公厅主任,也并不天然具有"领导的高参"的属性。秘书只有在实际的工作过程中展示出自己的才华,经常为领导决策和管理提供智力服务,"想办法、出主意、提建议、拟方案",并经常被领导采纳,才会成为群众心目中的"领导的高参"。

由于我国社会官本位意识根深蒂固,因此,"领导的助手和参谋"实际上是对秘书社会地位的一种充分的肯定。

二、公司的高级管理人员

一位成绩不错的本科大学生在回顾她当初为什么会报考秘书专业的时候说道:"我从初中开始就梦想当一名'白领丽人',当我发现本科招生专业目录中有'秘书学专业'时,想都没想就将它定为第一志愿。"像这样对刚出现不久的本科秘书专业情有独钟的年轻人大概不是很多。但是,人们将"白领丽人"这个富有浪漫色彩的社会形象与秘书联系起来,则是再自然不过的事情了。

"白领丽人"是人们对公司高级管理人员中职业女性的统称。这类人员最典型的形象就是公司秘书,因为秘书在公司为经理、主管提供以脑力劳动为主的综合服务,是典型的"白领"。

广义的秘书还包括公司中有别于专业技术职务的一般文职人员。这类人员数量很多、收入稳定，因此，秘书也就成了许多人羡慕的社会职业。在经济比较发达的美国、日本、韩国乃至我国的台湾地区、香港特区，秘书都是青年女性首选的职业。可以预想，随着我国市场经济的发展，在就业压力越来越大的情况下，秘书职业将会得到越来越多的青年尤其是女性青年的青睐。

三、增长才干的理想职位

秘书贴近领导，直接为领导决策和管理服务，参与决策全过程，熟悉领导机关的运作程序，因此是积累经验、增长才干、获取领导工作基本能力的理想职位。据调查，我国党政机关各级领导人中大多数人有过从事秘书工作的经历。以建国后党中央历任"一把手"为例，毛泽东、华国锋、胡耀邦、赵紫阳、江泽民、胡锦涛，还有虽然名义上没有担任过党中央主要领导职务，但实际上是党的第二代领导核心的邓小平都曾经当过秘书。台湾地区领导人、国民党主席马英九先生，也曾经是蒋经国先生的专职秘书。

在商界，在经理秘书的职位上取得商务管理的经验，然后被提拔重用或独立经商而成为企业家的例子也不胜枚举。

四、警惕秘书腐败的产生和蔓延

十几年前，曾任河北省委书记秘书的李真因索贿受贿数额巨大最后被判处死刑的案件一度引起强烈的社会震动。近年来，秘书腐败已经成为人们常谈的一个话题。这反映出党政机关和国有企事业单位中的秘书利用职务之便谋取私利已经成为一种常见现象。秘书腐败现象的出现与秘书的地位有关。

秘书工作在领导身边，是领导的重要助手或参谋。有人说，秘书是"人微言重、官小权大"的特殊公职人员。一些缺少自律的秘书利用这种特殊身份谋取私利，一步一步走向犯罪深渊。秘书腐败往往是领导腐败的伴生现象,这与某些制度漏洞有关,有人径直将其归结为制度腐败。但是,也有的秘书仅仅利用正常的工作关系和便利条件就能谋取不当利益。下面是一个典型案例:

某私营企业主为了开发一项新的专利成果,急需申请一笔贷款作为发展基金,但一两年都没得到解决。他决定走"上层路线"试试。经过曲曲折折的打探"攻关",终于和主管此类新产品开发的某部门主管领导的秘书搭上了关系。中间人如此这般地斡旋了一番,某领导的秘书答应将其报告送给首长看看,但此后久久没有音讯。中间人称,你不烧香菩萨哪能显灵?这位企业主是个"明白人",他便探得了这位秘书的一点小爱好,立即选购了一台进口原装的摄像机,开上秘书姓名的发票,一并送到了秘书家中。不用说,报告很快就送到了首长那里。这位企业主如愿以偿,从此他尝到了走"秘书路线"的甜头。后来,他大力开展"秘书外交",投入当然不少,而收益更是巨大。据说,他现在已经成为一方财主,神通广大,自称"没有办不到的事"。①

以上案例中,秘书所做的仅仅是将企业主贷款申请直接交给了有权审批的领导。领导可能只是从扶持民营企业的政策出发正常地予以批准。如果说这里有什么制度漏洞的话,那也仅在于民营企业为什么难贷款,而领导为什么有权决定民营企业的存亡发展。秘书只是做了他本来应该做的事,可却从中得到了巨大的利益,所以将这样的秘书腐败行为简单归结为领导腐败的衍生现象是不确切的。

秘书腐败是一个复杂的社会现象,仅仅强调道德自律不能从根本上解决问题。但是,秘书个人所能够做到的也仅是守住道德和纪律的底线。重要的是,秘书人员和将要成为秘书的青年,千万不能将秘书可能具有的不当得利机会当做秘书的社会

---

① 方华:《要警惕秘书腐败》,《是与非》2003(7)。

待遇,否则,不但自己可能得到与李真相同的可耻又可悲的下场,而且还玷污了秘书这个本来应该令人羡慕的职业。

五、防止秘书负面形象的形成

在人民群众(在企事业单位中就是普通员工)的心目中,除了腐败的秘书外,还有几种负面秘书形象。

一是缺少主见的秘书。他们只会机械地服从上级和领导,实际上对上级的政策和领导的意见并不真正理解,不能灵活、主动地开展工作。这种秘书思想水平不高,又缺少自知之明,还常常以领导自居,典型的口头禅是"领导要你们如何如何",因此常被群众讥为"领导的传声筒"。

二是专拍马屁的秘书。这种秘书不一定有腐败行为,但是在行为习惯上表现出较为典型的奴性。他们对领导的态度和行为与对待下级、人民群众的态度和行为存在极大的反差,有人描述他们在领导面前是颔首哈腰,而在群众面前则挺胸凸肚。在一些官僚主义严重、领导与群众关系处理得不好的地区和单位,这种专拍领导马屁的秘书也被人民群众所鄙视。

三是"花瓶"式秘书。这种秘书既缺乏真才实学,也无一技之长,仅仅凭娇美的长相或窈窕的身材获得秘书的职位。近年来,"小蜜"一词已经成为年轻漂亮的女秘书的代名词,而秘书也被某些人误解为一种只能吃"青春饭"的职业。其实,爱美之心人皆有之,美貌绝对不是罪过,长相漂亮的人在就业中占有一定优势,也能被人们所理解。"花瓶"也好,"小蜜"也好,绝不是对美貌的批评,而是对缺少真才实学和实干精神的女秘书的批评。

就像任何社会群体包括高级干部、教授学者中都存在负面典型一样,秘书群体中存在一些负面形象并不影响秘书群体总的社会地位。秘书人员只要具备良好的操守、独立的人格和真才实学,就能得到社会的尊重。

秘书应该用自己良好的品行和勤奋的工作来珍惜、维护、提升自己的社会地位。

第二节 秘书的行业特点

人们通常将社会分工称为"行业"或"行当"。由于各行各业的每个单位都设有秘书部门或配有秘书人员，所以很难把秘书归入某一个行业，因此，人们将秘书称为"现代社会的三百六十一行"。当前，我国市场经济体制正处于逐步完善阶段，社会管理体制也正在进行改革，秘书这个既不同于"三百六十行"中的任何一行，又渗透于每一行业之中的特殊行业，正呈现出一些既不同于其他行业，又不同于本行业其他时期的明显特点。探讨这些特点有利于秘书学理论与时俱进地自我完善，有利于社会各界对秘书工作和秘书群体形成公正、客观的认识，也有利于秘书工作者充分认识自身工作的价值和个人的努力方向。

一、秘书工作职业化

所谓"职业化"，是指从事某项工作的人形成了相对稳定的社会群体。一项工作成为一种稳定的社会职业的外部标志是：是否有许多人终身以此为业。教师、律师、医生、会计、技师、公务员等都是社会职业，而党委书记、总经理、处长、办公室主任等，则仅仅是社会职务。

秘书工作职业化是社会发展到市场经济阶段的必然产物。在市场经济发达的国家和地区，秘书职业化的过程早已完成。在我国大陆，秘书工作职业化起步很晚，但发展很快。改革开放前，秘书一直被当做一种行政职务，1999年版的《辞海》对"秘书"一词的解释是："职务名称。掌管文件并协助领导人处理日常工作的人员。"这里仍然说"秘书"是"职务名称"，而不说它是"职业名称"。近二十年来，随着行政机构的改革、政府职能的转变，以及公司秘书人员数量的急剧增长，我国党政领导机关秘书人员占整个秘书队伍的比例正在逐步缩小，并且淡化了官位级别，出现了职业化趋势。随着市场经济体制的逐步建立、企业公司化改革和民营经济的发展，社会对商务秘书的需求成倍增长。在报刊、网络招聘广告中和人才市场上，各类工商企业和事业单位、自由职业者，都公开招聘秘书。近十多年来，各地还相继成立了秘书事务所、信息调查公司、文秘公司、电脑打字复印社等等面向全社会提供秘书性质商业服务的网点。越来越多的人认识到，秘书不仅是行政管理系统中的一种职务分工，而且是整个社会中的行业分工。因此，长期从事秘书工作，甚至终身以秘书为业，正在逐步被人们所接受。

以上情况表明，我国秘书正在实现从行政职务到社会职业的转化。

二、秘书业务专门化

秘书工作是一项综合性工作，这是秘书学界的共识。但是，有的人将秘书工作的综合性与秘书业务的专业性对立起来，一味强调秘书是"杂家"，是"通才"，强调一个好的秘书只需要具有较强的写作能力和一定的工作经验就行了。有的人在承认秘书正逐渐成为一种职业的同时，否定秘书业务的专门性，这种看法是没有任何道理的。香港公司秘书协会一位资深顾问断言：毫无专业知识的漂亮宝贝，将来在办公室里可能找不到秘书工作；没有语言能力及电脑相关操作能力的秘书，在办公室里不出三年一定被淘汰。

随着科学技术的进步和决策科学化、管理现代化的发展，领导对秘书工作的要求越来越高。现代秘书业务不仅要求秘书人员具有良好的写作能力，而且要求秘书掌握信息处理、调查研究、会务管理、信访接待、协调督查等多方面的业务知识和现代化办公技能，而这些理论修养和业务技能的获得，必须经过专业训练。从近年人才市场的需求看，有些单位招聘秘书，包括党政机关的秘书职位公务员招考，明确要求应聘者要具有秘书（文秘）专业教育背景。许多单位的领导从过去的用人实践中感觉到,经过严格的秘书业务训练的秘书专业的毕业生,走上秘书岗位后能很快进入角色,熟悉办公室业务,而其他专业的毕业生则往往需要较长时间的适应过程,才能胜任公文撰写、会务组织、公关协调、文档制作和立卷归档等主要秘书业务。

三、选拔方式公平化

随着我国人事制度改革的深化和市场经济的发展,20世纪90年代中期以来,我国秘书选拔方式发生了明显的变化。

一是党政机关的秘书职位一律通过公务员公开招考的方法录用。由于报考公务员必须具备相应的学历条件(如县级以上一般要求本科学历),并且报考人数远远多于录用人数,因此选拔出来的秘书人员一般都具有良好的素质。

二是大中型企事业单位(包括三资企业和民营企业)招聘秘书也逐步采用公开招考、公平竞争、择优录用的方法,基本上制止了暗箱操作中可能存在的猫腻行为。一些业绩较好、待遇较高的公司在招聘秘书时,往往要求应聘者要接受过秘书专业的严格训练或者具有秘书工作的实践经验。

三是为数众多的民营小公司通过广告招聘、双向选择、现场考核的方法聘用秘书,虽然程序较为简单,但是由于是市场运作,企业主为了公司的生存和发展,也基本上能够做到择优录用。

秘书选拔方式的市场化、公开化、公平化变革,保证了秘书职业队伍新成员的基本素质。

四、资格认定制度化

秘书作为一项专业性很强的社会职业,必然要求对从业人员进行资格认定。为适应社会各界对高质量、高水平的秘书人才的广泛需要,1997年8月20日中华人民共和国劳动部颁发了《秘书职业技能标准(试行)》,并于1998年9月在全国10省、市、自治区举行了首次秘书资格鉴定工作。这标志着我国秘书任职资格审查开始走上了制度化轨道。秘书职业资格全国统一鉴定每年进行2次,到2003年底共进行了11次。

2004年上半年,秘书职业全国统一鉴定试点正式启用新的《秘书国家职业标准》。新的标准规定,秘书职业共设四个等级,分别为五级秘书(国家职业资格五级)、四级秘书(国家职业资格四级)、三级秘书(国家职业资格三级)和二级秘书(国家职业资格二级)。对各等级报考者规定的条件不是很高,但有一个共同要求,就是报考四级以上秘书职业资格者必须经过秘书专业的培训;取得大学本科毕业证书,并连续从事秘书工作2年以上,可申报三级秘书职业资格认定;取得大学本科毕业证书,并连续从事秘书工作4年以上,可申报二级秘书职业资格认定。

秘书资格认定制度化对秘书职业从业人员提出了更高、更具体的要求,促使秘书人员不断地进修业务,全面提高能力,努力构建更为合理的能力结构。当然,这个资格认定所规定的条件是否合理、考核程序是否科学、操作过程是否规范,以及资格证书的权威性是否能很快被社会广泛承认,都还有待于社会实践的检验。秘书学界也有责任通过理性客观的分析探讨,使秘书资格认定工作进一步走上科学化、规范化的轨道。常崇宜先生曾在其著述中对《秘书职业技能标准》中的"秘书"定义提出过批评。[①] 但是,秘书资格认定制度化的趋势是不可逆的,这应该说是没有疑问的。

五、从业人数扩大化

在市场经济发达的国家和地区,秘书在整个社会中是从业人数最多的职业之一。据美国劳工统计局的报告,1990年美国秘书人数为535.7万,这个数字还不包括120万打字员、速记

---

① 常崇宜主编:《秘书学概论》,第25页,北京:线装书局,2000。

员。据估计，2000年美国的秘书总数已经超过600万，占全国总人口（2.5亿）的四十分之一左右。这一人数与教师、医生等职业人数不相上下，是律师人数的十几倍。美国的统计数据表明，越是市场经济发达的国家，秘书人员在总的从业人口中所占比例越高。

目前，我国的市场经济正处于迅速发展阶段，2005年全国注册公司已近800万户（这一数字不含个体工商户2000多万家）；全国各类学校、医院、研究所、文化服务等事业单位总数也超过100万。即使每家公司或事业单位平均有1名秘书，全国企事业单位秘书也有上千万人。

从党政领导机关来看，随着现代科学决策和科学管理水平以及办公技术现代化水平的提高，领导人在决策过程中将越来越离不开秘书部门提供的准确信息和综合服务。我国行政系统在20世纪末自上而下进行了大规模的机构改革，对各级政府职能部门的数量总体上作了比较大的压缩，公务员编制数量减少了20%左右，但各级政府的办公厅、调研室、信访办等秘书机构的人员编制数量不仅没有减少，反而略有增加。这一情况说明，随着现代行政管理效率的提高，秘书部门的作用正在持续加强。即使在党政领导机关中，秘书人员的数量也呈增长的趋势。

六、商务秘书女性化

无论是在经济发达的美国、欧洲、日本，还是我国的香港、台湾地区，女性化早已成为秘书职业的一个普遍现象。有资料显示，在美国国家机关秘书中，女性秘书占到90%以上，而在公司秘书中，更是清一色女秘书的天下。

女性从事秘书工作具有明显的优势，她们语言表达能力强，善解人意，心细手巧，在文档管理、通信打字、接待来访等秘书常规事务中，能够起到男性雇员无法代替的作用。由于秘书成为女性就业的首选职业，在美、欧、日和我国港台地区，都有许多专门培养女秘书的学校。

近十几年来,我国企业秘书尤其是三资企业和民营企业的秘书,人数急剧增加,公司秘书中女性早已超过男性。这除了体现女性在秘书职业中的优势外,还有两个客观原因:一是我国高等教育的发展使女性上大学的机会比过去大大增加。1980年前后,我国高校中女生的总比例不到20%,而2000年这个比例是45%;在一些文科专业中,女生的人数已经超过男生,在秘书、英语等专业中的女生比例,更是高达四分之三以上。女性受教育程度的提高使她们具备了从事具有脑力劳动特征的秘书工作的主观条件。二是三资企业的大量出现,境外投资人和经理人员很自然地将商务秘书女性化这一用人模式带到了这些外资公司中,国内民营企业也纷纷效法,任用女秘书一时成为商界时尚。

在我国党政机关秘书中,到目前为止仍然是男性略占多数,但这种现象正处于迅速改变之中。有统计资料表明,在近几年的公务员招考中,秘书职位的报考者和录用者女性都占80%以上。预计在2020年之前,党政机关公务员中女性秘书的人数将超过男性秘书。

七、劳动成果隐蔽化

秘书的从属地位和秘书工作的辅助性,决定了秘书的劳动成果总是以组织的名义或领导的名义公布于世。例如,秘书经常为领导出主意、提建议、拟方案,为此要付出很多的时间和艰苦的劳动,但是当这些建议或方案被领导采纳,变成了组织的决策或领导的决定后,秘书的劳动也就被隐蔽了。秘书经常撰写公文,但是没有一篇公文是以秘书的名义发布的;秘书有时以领导的名义撰写文章,但是当它们正式发表时署名的却是领导。人们常常说,"领导作出了一个英明的决策",或"领导机关及时发布了一个正确的政策文件",而很少有人意识到秘书或秘书部门在其中付出了大量的劳动。

1956年9月15日,中国共产党第八次全国代表大会在北京隆重召开。在暴风雨般的掌声中,毛泽东致开幕词。开幕词很短,不过两千多字。根据当时记录,在毛泽东致开幕词时,曾被热烈的掌声打断34次。其中有5次是"长时间的热烈鼓掌",足见开幕词在代表心中引起了极其强烈的反响。开幕词中有的段落后来被人们作为"毛泽东格言"反复引用:"即使我们的工作得到了极其伟大的成绩,也没有任何骄傲自大的理由。虚心使人进步,骄傲使人落后,我们应当永远记住这个真理。"而这个充满"毛泽东风格"的开幕词的起草人正是毛泽东的秘书田家英。直到今天,"虚心使人进步,骄傲使人落后"仍然被当做毛泽东的格言广为流传。①

这个例子非常典型地说明,秘书虽然无法享受成功的荣誉,却能够感受到创造的快乐。

附录　秘书全国统一鉴定简介

（根据劳动和社会保障部职业技能鉴定中心发布的资料缩写）

一、背景

秘书职业是指从事办公室程序性工作,协助上司处理政务及日常事务,并为决策及其实施提供服务的人员,包含了从企业基础文书、专职文秘,到高级行政助理等一个完整的行政辅助人员体系,是实行就业准入的职业之一。

随着社会的高速发展,各领域各层次的人员分工愈加细化,以往单纯的管理工作需要多人分工合作才能保证其高速和有效,决策活动已经在决策者层面上逐步与相关的信息加工处理等辅助性活动相分离,作为行政管理协助者性质的秘书职业

---

① 逄先知:《毛泽东和他的秘书田家英》,第26～27页,北京:中央文献出版社,1995。

已经在各个工作领域中发挥重要的作用。

秘书职业是一种具有综合性和辅助性特点的职业，要求具备较强的文字与语言表达能力、综合协调与合作能力、逻辑思维与分析能力等。劳动和社会保障部1997年颁布了《秘书职业技能标准（试行）》，2003年又颁布了新的《秘书国家职业标准》，并于2004年起正式启用。该标准是培养和考核秘书职业领域从业人员的基本依据。

按照全国统一标准、统一教材、统一命题、统一考务、统一证书的质量控制原则，自1998年起，劳动和社会保障部统一组织了秘书职业的全国统一鉴定，在职业培训、鉴定实施、考务管理、证书核发等主要工作环节进行了统一规划与组织管理，保证了秘书职业资格认证的质量，大大提高了秘书国家职业资格证书的含金量。

作为劳动和社会保障部推出的第一个全国统考职业，秘书职业资格全国统一鉴定工作在社会各界，尤其是在企事业单位，引起了强烈反响，受到了考生与用人单位的普遍欢迎。从全国统考反馈的情况看，秘书职业已成为一个影响越来越大、社会化愈来愈明显的职业领域。

二、组织实施

1. 劳动和社会保障部培训就业司领导。

2. 劳动和社会保障部职业技能鉴定中心负责组织命题、考务管理、质量督导和发放证书等工作。

3. 省级职业技能鉴定指导中心在同级劳动保障行政部门指导下，负责组织实施本地区报名、考前培训辅导、鉴定考核、考务管理、证书办理以及统计分析等工作。

4. 根据各省规定，省级职业技能鉴定指导中心批准的鉴定所（站）具体负责报名、考前培训辅导、鉴定考核等工作。

三、培训教材

该职业培训鉴定使用《秘书职业技能培训鉴定教材》,该教材由劳动和社会保障部中国就业培训技术指导中心组织编写。

四、职业等级

本职业共设四个等级,分别为五级秘书(国家职业资格五级,原初级)、四级秘书(国家职业资格四级,原中级)、三级秘书(国家职业资格三级,原高级)、二级秘书(国家职业资格二级)。

五、鉴定要求

1. 适用对象:从事或准备从事秘书职业的人员。
2. 申报条件:

——五级秘书(具备以下条件之一者):

(1)经五级秘书正规培训达规定标准学时数,并取得结业证书。

(2)在本职业连续见习工作2年以上。

——四级秘书(具备以下条件之一者):

(1)取得五级秘书职业资格证书,连续从事本职业工作2年以上,经四级秘书正规培训达规定标准学时数,并取得结业证书。

(2)取得五级秘书职业资格证书,连续从事本职业工作3年以上。

(3)连续从事本职业工作4年以上。

(4)取得经劳动和社会保障行政部门审核认定、以四级秘书技能为培养目标的中等以上职业学校本职业(专业)毕业证书。

——三级秘书(具备以下条件之一者):

(1)取得四级秘书职业资格证书,连续从事本职业工作4年以上,经三级秘书正规培训达规定标准学时数,并取得结业证书。

(2)取得四级秘书职业资格证书,连续从事本职业工作5年以上。

(3)取得大学本科毕业证书,并连续从事本职业工作2年以上。

——二级秘书(具备以下条件之一者):

(1)取得三级秘书职业资格证书,连续从事本职业工作4年以上,经二级秘书正规培训达规定标准学时数,并取得结业证书。

(2)取得三级秘书职业资格证书,连续从事本职业工作6年以上。

(3)取得大学本科毕业证书,并连续从事本职业工作4年以上。

六、鉴定方式

秘书的鉴定考核包括理论知识考试和操作技能考试,全部采用闭卷笔试方式。

七、鉴定时间

每年两次,上半年和下半年各一次,具体时间见每年初劳动和社会保障部鉴定中心发文。

八、证书颁发

鉴定合格者按照有关规定统一核发《中华人民共和国职业资格证书》,证书上加贴"国家题库统一命题鉴定合格"证签,并实行统一编号登记管理和网上查询。

复习思考题

1. 我国秘书的社会地位如何?
2. "秘书腐败"现象是如何产生的?怎样防止这种现象的发生和蔓延?

3. 为什么说我国秘书正在实现从行政职务到社会职业的转化？

4. 我国秘书行业正在发生哪些变化？

5. 怎样理解秘书"劳动成果隐蔽化"这一现象？

案 例 分 析

1.《报刊文摘》2005年7月20日一篇文章的开头这样介绍报道对象的经历："李××今年62岁，出生在四川南充一个贫穷的农民家庭。1967年7月，学中文的李××大学毕业后被分配到四川阆中县一所普通中学任教。1971年夏天，阆中县政府将他调到了县政府办公室当秘书。喜好写作的李××工作之余开始创作。他创作出了《平原春天》、《残阳冬雪》、《鬼谷情冤》等多部作品。1987年10月，44岁的李××被上级任命为地委秘书长。1993年2月，李××又当选为遂宁市市长。"

类似的从教师转行当秘书的现象绝不是个别。但是有一本2001年再版的秘书学著作却这样描述"基层秘书队伍的现状"："队伍不稳，人心思走"；"工作负担重，生活待遇差"。并引述一位作者的材料说，"笔者是从教师转行的，现在月收入比从事教师工作时还要少"。

虽然"生活待遇"不能与"社会地位"简单等同，但是以上材料中对秘书状况的描述是否还符合今天的现实？您所了解的人当中是教师转行当秘书的多，还是秘书转行当教师的多？秘书的实际待遇真的比教师低、付出的劳动真的比教师多吗？为什么会有许多教师去报考公务员中的秘书职位、而很少有政府秘书愿意辞去报考教师编制？

2. 先阅读《本不该有的"仕途快速通道"》一文，再讨论后面的问题。

从9月17日的《每周文摘》上看到一条新闻，叫做《绵阳90名领导秘书转岗》，读后就觉得如鲠在喉。在此分段摘录，略加评点,以求教于有关方面的专家以及广大读者。

原文:尽管中组部对县级党政领导配备秘书问题有严格的规定,但实际上,全国县级党政领导班子成员中,配备秘书已是比较普遍的现象。四川绵阳市委于8月13日印发了《中共绵阳市委关于县(市、区)党政领导班子成员配备秘书问题的通知》,明确规定县级党政领导不得配秘书,这是我国地方党委第一份落实中组部关于秘书配备相关规定的文件。

评点:这里有两个规定,一个是中组部的规定,叫做"严格的规定";一个是绵阳市委通知中的规定,叫做"明确规定"。看来两个规定的内容是一样的,中组部作了规定之后,需要绵阳市委再作规定,并不是中组部的规定不够"明确",而是中组部的规定没有"落实",而且,这还是"比较普遍的现象",因而绵阳市委的"规定"才能有幸成为"第一"。但这样一来,就有一点使人费解,各地党政领导都说要不折不扣地落实党中央的指示与精神,怎么碰到这种事情偏偏"落实"不下去?难道中央及中央有关部门有了"严格的规定"的事情,都要地方党委再来一个"明确规定"?

原文:随着领导干部知识化、年轻化,秘书的作用已发生根本性变化。尤其是在区县一级,由于在工作手段、思维境界和眼界上与领导存在全面差距,许多秘书已不能在工作中充当助手角色。由于摸不准脉,秘书撰写的稿子往往假大空,不仅缺乏鲜活事例,也没有高屋建瓴的观点。由于"工作秘书"作用的萎缩,导致了"生活秘书"内容的加重。

评点:秘书作用的"根本性的变化",恐怕是不能归结为"领导干部知识化、年轻化"的。实际上,不少"知识化、年轻化"的领导干部也依然在讲台上念着别人写的那些"往往假大空,不仅缺乏鲜活事例,也没有高屋建瓴的观点"的稿子,区别只在于以前当"拐棍"的是领导的秘书,现在当"拐棍"的往往是一个临时拼凑的"秘书班子",而领导的秘书却去从事"'生活秘书'的工作"了。或许,他们"在工作手段、思维境界和眼界上与领导存在全面差距",但能把领导侍候得舒舒服服,就可大大地拉近与领导的距离,这可能正是许多县级党政领导干部宁可视中组部的严格规定于不顾也舍不得割爱的主要原因。

原文:关于秘书从政的捷径似乎已是公开的秘密。一个县(市、区)级党政领导的秘书,一般的去向是乡镇级党政副职干部……安县县委副书记……的(一位)秘书,毫不掩饰对秘书工作的留恋,理由不仅是"喜欢为领导写发言稿",还为了"能开阔眼界、锻炼能力、学会思考"等等。作为这位副书记的第三任秘书,他很坦率地承认,一条他本该继承的"仕途快速通道"现在已经堵住了。

　　评点:从县级党政领导秘书的"一般去向",可以推测省、市级党政领导秘书的"一般去向",从而加深对"秘书从政的捷径"这一"公开的秘密"的感性理解。看来"生活秘书"比"工作秘书"更受领导的宠爱,有更多得到提拔的机会,因而就有许多人热衷于秘书职位,说是"喜欢为领导写发言稿"或为了"能开阔眼界、锻炼能力、学会思考"未免矫情,把这当做"本该继承"的"仕途快速通道"才是实话。这也是中组部的严格规定很难落实的原因之一。然而,领导秘书的这种"一般去向"毕竟使人感到忧虑:他们都上了"仕途快速通道",会在"仕途快速通道"中占多大的份额暂且不说,由领导秘书"快速"走上"仕途"的频频出事,也可窥知这"通道"乃是当今官场之一大毒瘤。

　　(原载:2002年9月30日《南方周末》;作者:宋志坚)

　　报刊上的文章仅仅是一家之言,不一定完全正确,当然也不一定完全不正确。请结合你所了解的社会现实,谈谈对秘书是"仕途快速通道"的看法。

第五章 我国的秘书机构

第一节 秘书机构的设置原则

领导工作离不开秘书工作的辅助,因此,领导需要秘书,社会组织要设立秘书机构。秘书机构可以定义为秘书工作人员共同工作的部门。设置秘书机构必须遵循一定的原则。

一、适应性原则

所谓"适应性原则",是指秘书机构的设置必须适应领导工作和机关管理的实际需要。这是秘书机构设置的总原则。

一个机关之所以要设置秘书机构,就是要为领导的决策和宏观管理提供综合性服务,所以适应性原则是不需要论证的。但是,过去在秘书机构中曾出现的因人设岗的现象,就明显违反了这一总原则。县长外甥的女朋友大专毕业了,没有找到合适的工作,便被安排到县政府办公室。"编制已满吗?没关系,编制是人定的嘛,不就添张办公桌吗?反正吃的是皇粮。""没有什么特别的能耐吗?没有关系,端茶倒水搞搞接待总可以吧。"于是,办公室的编制越来越多,而办事效率却越来越低。

适应性原则绝不是一句空洞的话。首先,它体现在一个机关或部门必须根据需要来决定是否设立秘书部门。凡具有独立法人资格的单位必须设立秘书部门,即使是很小的公司,即使只有一个秘书,也必须设立办公室。而非法人单位,如一所大学的学生处,则不一定必须设立办公室——如果学校规模大,处内秘书业务比较多而必须配备两个以上秘书,可以设立"××处办公室",如果秘书业务量比较少,则配备一名"处长秘书"即可。其次,它体现在秘书机构的内部层次和人员编制应根据需要来决定,如在中央机关办公厅设厅、局、处、科四层机构,而省辖市的办公室则只需室、科两层机构。秘书机构的规模大小、人员多少、是否设副职主管以及需要几位副职主管,都取决于机关、单位领导工作的需要,而不能仅仅根据领导个人的意愿。

二、分级管理原则

秘书工作要为领导服务,这个领导主要指所在组织的领导,而不是指上级机关的领导。例如,中央办公厅当然要为中央领导服务,而一个县委的办公室则并不需要强调为中央或省委领导服务。由于秘书机构的直接服务对象是本机关领导,因此,任何一个秘书部门都只对直接领导负责,受直接领导指挥,并主要为直接领导服务。秘书部门的设置,当然要遵循分级管理的原则。中央领导机关必须设置中央一级的秘书机构,省、市领导机关必须设置省、市一级的秘书机构,县级领导机关必须设置县一级的秘书机构。上级机关的领导无需对下级机关的秘书机构实施具体管理。

相同的道理,一所高校的校长办公室和党委办公室如何设置(如分开办公还是合二为一)、办公室设几个科、配备几个办公室副主任等,均只能由学校党委、校长根据本校领导工作的需要来确定,而无需得到省委或省教育厅等上级机关的批准。

根据分级管理原则设置秘书机构,能够有效地保证秘书机构行使自己的职权,为领导工作提供高效率的服务。

三、精简、高效原则

现代科学管理要求任何机构都力求用最少的人办好应干的事。在秘书机构的设置上,必须在适应领导工作需要的前提下,尽量精简人员,减少机构数量和内部层次。

有的人认为,既然秘书部门任务繁重,那就应该增加编制,因为"人多好办事"。这是一种误解。我国历史上曾经出现过几个以效率高而闻名的秘书机构,例如清代的军机处、蒋介石的侍从室、抗战后期成立的党中央书记处办公处等,都是人员精干的秘书班子。

英国著名的行政学家诺斯古德·帕金森在1958年出版的《官场病》一书中,对当时英国行政机关工作作风作了入木三分的剖析,揭露和嘲讽了英国官场的种种弊病。由于这些弊病是各国行政组织的通病,所以在读者中引起了强烈的反响,使"帕金森定律"这个概念成了官僚主义的代名词。帕金森所概括的官场通病主要有以下几种:第一,职员人数与工作量毫不相关,不管工作量如何变化,职员人数总是成倍地增加。这是因为,行政主管喜欢增加部属,而不是对手;新增加的部属之间彼此又会制造出许多工作来做。因此,不管工作量是增多还是减少,行政人员是注定要增长的。第二,现代政府机构如委员会之类的组织日益膨胀。在委员会内部必然出现非正式的核心委员会,过一段时间,这个核心组织又会扩张起来。如此周而复始,机构就越来越庞杂,人员就越来越多,工作效率却越来越低。第三,组织的低效、无能根源于自发的嫉妒病。机关成立的年代愈长,人员的素质就愈低,因为行政主管大多不喜欢比自己能力强的人,以免树立未来的职位竞争对手。二流水平的领导只能领导三流水平的下级,三流水平的领导又会找来四流水平的下级。这样,用不了多久,整个组织就会面临垮台的危险。第四,豪华的办公大楼和考究的办公环境是组织衰退的征兆。当一个机关趋于腐败时,其建筑和办公用品才达到华丽壮观的顶点。因此,华丽的建筑可作为推测机关正趋腐败的证据。[①]

帕金森描述的官场通病在我国也一度存在。1990年12月20日《讽刺与幽默》(《人民日报》主办)有一篇《机关人与事》的小品文：

> 一些事没人干,一些人没事干。
>
> 一些没事干的人盯着干事的人,议论干事的人,品评干事的人所干的事,使干事的人只想少干事,使干事少的人开始不干事。
>
> 不干事的人总是不干事,总是干不了事。
>
> 一些没事干的人总是没事干,一些干事的人总有干不完的事。
>
> 一些没事干的人滋事闹事,让干事的人干不成事,干不好事;使简单的事变成复杂的事;使很快能办好的事变成长期也干不好的事。
>
> 事情本不多,人多才多事。

可见要提高秘书机构的工作效率,首先要精简机构。我国行政机关在20世纪90年代以来进行了以转变职能为中心的机构改革,机关人浮于事的现象有所好转,但官多人杂、效率低下的现象仍然相当严重。报载,西部某省一个贫困县的县政府办公室,竟然有7个办公室副主任,这样的秘书部门的办事效率可想而知。据说,这个数字对应的是该县副县长的人数。

值得指出的是,无论是在西方,还是在我国,人浮于事的官场通病仅存在于行政、党委机关和国有企事业单位。在民营企业中,由于企业主要追求利润最大化和成本最小化,他们在设置秘书机构时会自觉地贯彻精简、高效的原则。笔者近几年曾经对两家大型工业企业的秘书机构进行了对比研究,发现在生

[①] 傅明贤主编:《行政组织理论》,第76~77页,北京:高等教育出版社,2000。

产规模相当的情况下,那家国有企业的秘书机构的人员总数是民营企业的近10倍。这难道不发人深省吗?

四、相对稳定原则

秘书机构一旦建立起来,就应当保持相对稳定的状态。虽然机构改革必然导致秘书机构的变动,但是按照某些正确的原则经过论证建立的秘书机构,必须在稳定的状态下才能充分发挥作用。

有人强调秘书机构要适应领导工作的需要,常常按照领导尤其是主要领导的人事变动来调整秘书机构,这是很不严肃的。例如,某高校党委办公室和校长办公室原是两套班子,后来,党委书记退休,原校长兼任了党委书记,为了让秘书部门提供所谓的"一元化服务",学校通过必要的程序将两个秘书机构合二为一,改名"××大学办公室"。这种做法是否合适暂且不论,但是几年以后,该校主要领导调整,新一届党委书记和校长(党外著名学者)又分别由两个人担任,于是校领导又决定将秘书部门分为党委办公室和校长办公室。这一合一分明显违反了秘书机构设置的相对稳定原则,对秘书部门的正常工作造成了很大的干扰。

第二节 典型的秘书机构——办公厅(室)

一、办公厅(室)的机构性质

在一个较正规的机关内部,一般设有若干中层机构。这些内部中层机构可以分为两大类:业务部门和综合部门。

业务部门又叫"专项职能部门",是指有明确而有限的职责范围、专门管理某项具体业务的部门。例如一家公司中的销售部、财务部、人力资源部等,一所中学中的教务处、政教处、总务处等,各级党委机关中的组织部、宣传部、统战部等。

综合部门又叫"综合职能部门",是指在全局范围为领导的决策和宏观管理提供调查研究、信息沟通、参谋咨询、综合协调、督促检查,以及办理文书、筹办会议、处理日常事务等等多项服务的部门。与此同时,它也从组织的整体利益出发,为各业务部门提供从资料查询到办公用品的发放等具体服务。在大多数组织中,这种综合部门只有一个——办公厅(室)。

二、办公厅(室)的枢纽地位

每一个机关实际上都是一个管理系统,这个系统的权力中心当然是领导。尽管领导也可以通过会议等方式直接将思想、意图传达给各职能部门和下级机关,也可以直接听取各职能部门和下级机关的汇报,但是在更多的情况下,领导是通过办公厅(室)用文件、电话等方式来布置工作,了解情况,获取有用信息。即使是开会,会前准备(包括信息资料的准备)、会间服务、会后文件起草和制作等,也必须依靠办公厅(室)来完成。正如李欣先生指出的,"秘书工作就处于领导以及与之发生关系的社会人群之间的枢纽地位","是核心要害部门"。[①] 办公厅(室)在机关中的枢纽地位可以用下图来表示:

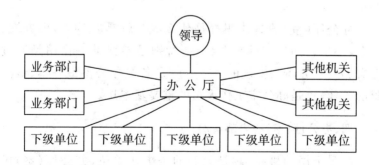

如图所示,办公厅处于管理系统中心,当然它不是权力中

---

① 李欣:《秘书学导论》,第18页,北京:高等教育出版社,1993。

心,而是信息中心。办公厅(室)在机关运转过程中起着上传下达、左右沟通、内外联络的作用,这是任何业务部门都不能替代的。

三、办公厅(室)的基本职能和具体职责

关于办公厅(室)的基本职能,不同的秘书学读本说法不尽一致。常崇宜先生将它概括为六项:后勤保障、办理文书、信息管理、督促检查、综合协调和"不管部"的职能。[①] 司徒允昌先生将秘书部门的职能概括为五项:辅助决策、处理信息、参与协调、协助控制、管理事务。[②]

前中央主要领导人1990年1月在全国党委秘书长座谈会上强调,办公厅要发挥好三个方面的作用:"一是参谋助手作用,二是督促检查作用,三是协调综合作用。"这里所说的办公厅应发挥的三个作用,可以理解为秘书部门的基本职能,因为所谓"职能",就是指"人、事物、机构应有的作用"。

在参谋助手、督促检查、综合协调三项职能中,参谋助手是最基本的职能,因为督促检查和综合协调实际上是秘书部门发挥参谋助手作用的两个重要方面,是实现参谋助手职能的必然要求。

办公厅(室)的具体职责是什么呢?就是"三办",即办文、办会、办事。办公室的重要作用,特别是参谋助手作用是通过办文、办会、办事来实现的。"三办"是各级办公室最基本、最大量的工作,也是办公室工作人员的重要基本功。

四、办公厅(室)的内部层次

越是上层的机关、越是大型的企事业单位,办公厅(室)机构的规模越大,内部层次也越多。以行政机关办公厅(室)

---

① 常崇宜主编:《秘书学概论》,第60～73页,北京:线装书局,2000。
② 司徒允昌:《秘书学综论》,第10页,上海文化出版社,2001。

为例:

国务院办公厅下设若干局,如秘书局、机要局、保卫局等。一个局下又设若干处。一个处根据人员的多少和分工的需要,有的又设若干科。

省、自治区、直辖市政府办公厅下分设若干处,如秘书一处、秘书二处、信息处、行政处等。每个处下又设若干科。

省辖市、县政府办公室下设若干科,如秘书科、信息科、督查科等。

乡镇、城市街道办事处等基层机关中的办公室没有必要再设二级机构。

我国企事业单位大多也设有办公室,其中高等院校等重要事业单位和大型国有企业,也比照政府办公厅(室)设置内部机构,但中小企业或民营企业中很少再在办公室下设置二级机构。

第三节 其他秘书机构

除办公厅(室)外,我国还有其他一些秘书机构。

一、政策研究室(调研室、研究室)

政策研究室是我国党政机关和大型国有企事业单位设置的一种高级秘书机构。

新中国成立初期,中央人民政府政务院于1951年7月作出的《关于各级政府机关秘书长和不设秘书长的办公厅主任的工作任务和秘书工作机构的决定》中规定:"大行政区和各省(行署、市)人民政府的政策研究机构,应视各地具体工作情况和干部条件建立……"这个《决定》是专门规范秘书工作的纲领性文件。说明当时就明确了政策研究室是秘书机构之一。

在1980年前,政策研究室在大多数机关是办公厅(室)中的二级机构。从80年代开始,各省、地(市)、县党政领导机关办公厅(室)中的政策研究室陆续从办公厅(室)中分离出去,成为与办公厅(室)平行的机构。研究机构的独立说明调查研究在秘书各项业务中相对地位的提高。

作为秘书常规业务之一的参谋咨询,在上层机关中就是由政策研究室来承担的。尽管调研机构不再隶属于办公厅(室),但它所承担的主要业务——调查研究、信息分析、政策建议、起草重要讲话或文稿(包括政府工作报告)等,全都是典型的秘书工作。因此,各级领导机关的调研机构与办公厅(室)一样,也属于典型的秘书机构。

政策研究室从人数编制上看比办公厅(室)要少得多,从工作内容上看都是参谋性质的,是领导机关的"参谋部"。政策研究室的主要功能是辅助决策,因此,其中的工作人员虽然不叫"秘书",实质上都是高级秘书。

二、信访办公室(信访局)

信访工作自古以来就是秘书工作的一项重要内容。早在1951年6月7日政务院发布的《关于处理人民来信和接见人民工作的决定》中就规定:"县(市)级以上人民政府,均须责成一定部门,在原编制内指定专人,负责处理人民群众来信,并设立问事处或接待室。"在县级以上党政领导机关设有专门的信访部门,如中共中央办公厅和国务院办公厅都设有信访局,省、地(市)、县各级信访部门也曾经是隶属于办公厅(室)的二级机构,而基层行政机关和一般企事业单位的信访工作一直以来都由办公室承担。由于信访工作的特殊性,十一届三中全会以后,省、地(市)、县党政机关设立了独立于办公厅(室)的信访办公室(或信访局),直接由党委和行政首长领导,但信访部门的秘书机构性质没有改变。

2005年5月1日起施行的国务院《信访条例》规定,县级以上人民政府应当设立信访工作机构;县级以上人民政府工作部门及乡、镇人民政府应当按照有利于工作、方便信访人的原则,确定负责信访工作的机构（以下简称"信访工作机构"）或者人员，具体负责信访工作。

县级以上人民政府信访工作机构是本级人民政府负责信访工作的行政机构，履行下列职责：

（一）受理、交办、转送信访人提出的信访事项。

（二）承办上级和本级人民政府交由处理的信访事项。

（三）协调处理重要的信访事项。

（四）督促检查信访事项的处理。

（五）研究、分析信访情况，开展调查研究，及时向本级人民政府提出完善政策和改进工作的建议。

（六）对本级人民政府其他工作部门和下级人民政府信访工作机构的信访工作进行指导。

三、综合部

综合部是近几年在一些社会团体、企事业单位中出现的一个新的机构名称。建立综合部的组织内部机构设置相对简单，与综合部并列的中层职能部门较少。例如，广东省环境技术中心下设技术部、咨询部、综合部；吉林省德惠市团市委下设综合部、学少部、工农部；华南农业大学后勤集团设物流部、经营部、财务部、监控部、综合部。

设综合部的组织一般不再设办公室。综合部除承担组织的全部秘书工作外，还要承担该组织主要业务以外的其他一切杂务，如机关的人事工资管理、财务管理等。广东省环境技术中心综合部的"职责范围"是"在中心领导下，当好中心的参谋和助手，负责中心的秘书、行政、人事、劳动工资等管理事务，承上启下，联系左右"；德惠市团市委综合部的职责第一条就是"协调机关日常事务，起草有关重要文件，负责机关的文秘、会务、机要、保密、档案、财务、信访、统计、信息、社会治安综合治理和计划生育工作。负责与有关部门联系，完成团市委领导班子交办事宜"。

从综合部的主要职责看,它与办公室一样是典型的秘书机构。如果把"综合部"三个字换成"办公室",并没有什么不妥之处。各级党委机关的中层部门也只有宣传部、组织部、统战部、办公厅(室),其中办公厅(室)的职责也像上面所说的综合部一样宽泛。

四、机关事务管理局

中央人民政府政务院于 1951 年 7 月作出的《关于各级政府机关秘书长和不设秘书长的办公厅主任的工作任务和秘书工作机构的决定》规定的"秘书工作任务"第七项是:"掌管机关事务工作(包括机关财务、生活管理、学习、文化娱乐活动等事项;但不设秘书长的机关,如在办公厅之外专设管理机构管理机关事务工作者,此项工作可不由办公厅主任掌管)。"这说明自建国起,机关事务管理就是我国各级机关秘书工作的常规内容。事实上,直到 20 世纪 90 年代初,还是很少有领导机关"在办公厅之外专设管理机构管理机关事务工作"。在市场经济体制确立后开始的机构改革中,根据中央关于后勤服务机构改革的要求,一些省、市和国务院才相继成立独立于办公厅(室)的机关事务管理局。例如,国务院机关事务管理局就是根据第九届全国人民代表大会第一次会议批准的国务院机构改革方案和《国务院关于机构设置的通知》(国发[1998]5 号)而设置的。

机关事务管理局的职责比较庞杂,有的属于典型的秘书工作,如国务院机关事务管理局职责第十项是"承办国家重大活动和国务院召开重要会议的总务工作;负责到国务院办理公务的各省、自治区、直辖市人民政府领导同志的接待服务工作";也有一些很难说是秘书工作,如国务院机关事务管理局职责第九项是"负责中央国家机关及其在京单位住房制度改革工作,拟定实施方案和具体政策;管理住房基金和住房公积金"。

根据海南省编制委员会 1994 年 2 月 25 日下达的《关于成立海南省直属机关事务管理局的通知》,该机构是在撤销省委办公厅、省人大办公厅、省政府办公厅、省政协办公厅的四个行政处和两个保卫处的基础上整编成立的。可见机关事务管理局替代的是办公厅的部分职能,因此,这个机构也是秘书机构。

五、秘书处(科)

秘书处(科)是典型的秘书机构是没有任何异议的,但不同组织中这个秘书机构名称的含义是有区别的。

在辛亥革命后成立的南京临时政府中,"总统府秘书处"是当时中央政府的总秘书机构。1926年中共四届三中全会决定设立"中央秘书处"。它是党中央的总秘书机构。在中央办公厅组建后,尤其是我国党政机关综合性秘书机构的名称统一为"办公厅(室)"后,"秘书处(科)"成为办公厅(室)内处理典型秘书业务(如文字工作)的二级机构的名称。例如,中央办公厅设有秘书局;省政府办公厅设有秘书处(有的分设一处、二处、三处);市、县政府办公室内设秘书科。

在各级政府职能部门中,还设有一些本身名为"办公室"的部门,如国务院华侨事务办公室、台湾事务办公室、新闻办公室等。江苏省政府下设的机构中有外事办公室、侨务办公室、法制办公室等。这些部门虽然名为"办公室",但分管业务明确、职责单一,属于业务部门,不是秘书部门。但是,这些部门本身也存在办文、办会、办事的秘书业务,当这些业务需要有一个常设的机构来负责时,就要设立自己的秘书机构。由于整个组织名为"办公室",因此,它的秘书机构不能再叫"办公室"(否则会出现"××办公室办公室"这种不伦不类的机构名称),而叫"秘书处"。例如,江苏省侨务办公室下设人事秘书处、侨政处、外联经科处、文化宣传处四个处,其中"人事秘书处"的职责是"负责以及综合协调机关秘书、文档、信息、财务、人事、办公自动化以及后勤保卫等日常工作"。

秘书处另一个常见的使用场合是大型会议的临时秘书机构。成立大会秘书处来组织会议,始于中共"五大"(1927年4

月),由大会主席团设立大会秘书处,负责会议的会务工作,起草和印发大会文件。此后,大型会议设立大会秘书处成为惯例,不但各级党代会、人代会、政协全体会议,而且一些学术组织的会议甚至运动会、文艺会演等活动也成立临时的"秘书处"。

在一些民间学术组织中,通常也设有秘书处。例如,"中国语言学会秘书处"被学会定为"中国语言学会的常设机构";中国金融学会也设有"理事会秘书处"。学术组织秘书处在学会秘书长主持下为理事会和广大会员服务。

第四节 秘书机构之间的关系

一、上下级机关秘书机构之间的纵向联系

我国秘书机构实行分级管理原则,某一级机关的秘书机构只受本机关党委、首长领导,上下级机关秘书机构之间不存在领导和被领导关系。一个省辖市政府要确定办公室主任的人选,无需得到省政府办公厅的批准。但是,秘书工作不仅政策性很强,而且许多业务带有很强的专业性。上级机关秘书部门有义务对下级机关秘书部门进行工作业务上的指导。业务指导一般通过以下几种方式进行:

制定工作规范。例如,国务院办公厅制定并数次修订《国家行政机关公文处理办法》,就是对全国文书工作最权威的指导。这个文件最新修订本2000年以"国务院"名义发布后,省、市政府办公厅(室)一般根据本省、市的实际情况,制定"实施细则",所辖范围内的秘书部门必须严格执行。

综合性业务培训。例如,由总公司办公室举办秘书业务培训班,组织各分公司和厂矿单位的秘书新手学习秘书业务;或由市政府办公室对本市范围内各机关秘书进行业务培训,等等。

专项性业务培训。例如,国务院新的《信访条例》对原来的信访政策作了较大的调整。省一级信访部门应该及时组织市、县信访部门的工作人员集中学习,必要时可邀请有关专家对新的《信访条例》进行讲解,帮助各级信访工作人员全面理解它的精神实质,以便更好地贯彻执行。

业务检查。对文书处理、档案管理、保密等业务性较强的工作,上级秘书部门可以定期或不定期进行检查。检查可以是全面性的普查,也可以针对存在问题较多的单位进行重点检查。对明显不符合国家有关规定的,可以要求限期整改。

组织经验交流、现场参观、外出进行业务考察等,也是业务指导的常用形式。某高校办公室在对全校各院系的文档保管工作进行检查后,发现不少问题,除分别指出存在的问题并要求改进外,还组织各院系办公室秘书到此项工作做得较好的院系进行现场参观和座谈,取得了良好的效果。

二、不相隶属的机关秘书机构之间的横向联系

不相隶属的机关秘书部门之间,既不存在行政上的领导和被领导的关系,也不存在业务上的指导和被指导的关系。它们之间应该建立工作上的协作关系。

现代社会任何社会组织都是一个开放的系统,任何机关要实现其基本功能,都必然要与其他机关发生横向联系,而这种横向联系主要是通过秘书部门来进行的。不同机关秘书部门之间建立良好的协作关系,不仅有利于社会系统的整体协调,而且有利于秘书具体业务的开展。例如,某市为解决征地拆迁的矛盾需制定具体措施,急需其他城市处理类似矛盾的相关参考材料,市政府办公室了解到邻近城市办公室作过该项调研,便很快通过他们得到了所需要的材料。

三、同一机关不同秘书机构之间的联系

一般单位只有一个秘书部门——办公室(或综合部)。但

是，上层领导机关或大型企事业单位往往有办公厅、政策研究室、信访办公室、机关事务管理局等几个秘书机构并存的情况。这些秘书机构共同接受机关党委和行政首长领导，相互之间不存在领导与被领导的关系，也不存在业务上的指导与被指导的关系。它们分工明确，各自承担某一方面的秘书业务，在秘书长的统一协调下共同为领导工作和机关工作服务。

复习思考题

1. 我国秘书机构设置应遵循哪些原则？
2. 为什么说要提高秘书机构的工作效率，首先要精简机构？
3. 我国秘书机构的名称有哪些？
4. 上下级机关秘书机构之间有何关系？

案例分析

下面是在互联网上看到的大同煤矿集团公司机关设置的机构：

董事会秘书处

董事会财务审计室

董会法律事务部

党委办公室

组织部

宣传部

纪委（监察）

工会

团委

信访处

总经理办公室

人事部

劳资部

第五章　我国的秘书机构

生产技术部
财务部
企划部
通风处
安全管理监察部
非煤产业部

　　请指出这些机构中哪些属于秘书机构,并用"google"或"百度"检索"公司机构设置"或"机构设置",找出十家单位的机构设置情况,看看是否存在不设秘书机构的组织。

第三编
现代秘书工作

第六章 领导和领导工作

第一节 领导和领导工作的概念

一、领导和领导者

秘书工作是为领导工作服务的,因此在具体讨论秘书工作之前,需对"领导"和"领导工作"有一个正确的认识。

"领导"是个常用词,《现代汉语词典》对"领导"一词有两种释义:一是率领并引导朝一定方向前进;二是担任领导的人。看来领导的本义是动词,如"领导我们向前进"。但是在日常语言中,领导更多被用做名词,即领导者,如"这件事要等我们领导回来才能决定"。

作为动词的"领导"是一种社会活动,领导者和被领导者都必须是人。猴王只有在比喻的意义上才被称为猴群的"领导

(者)"，人们一般也不会把牧羊人称为羊群的"领导(者)"，因为其活动不是人对人的社会行为，不属于领导活动。

作为名词的"领导"(者)是一个相对概念。有领导者必有被领导者，而且除了国家最高领导人外，所有其他领导人本身也是被领导者。省长相对于全省大大小小的官员和普通民众来说是领导者，但是相对于国务院总理来说，他又是被领导者。

可以给"领导"(者)下这样一个定义：领导(者)是社会组织中拥有决策权力并负有明确责任的人。这一定义揭示了领导者的三个特征：第一，他必须存在于一个相对稳定的社会组织中，在家庭居于支配地位的家长，或游戏(如拔河比赛)中临时产生的指挥者，都不能算是领导者。第二，他必须拥有法定的或被公众普遍承认的决策权，而不管他是否能有效地行使它。占山为王、自封为帅的狂妄之徒在没有得到公众认可之前，不能算是领导者。第三，他对所在组织负有法定的或公众普遍期待的明确责任，而不管他主观上是否负得起相应的责任，不称职的领导也是领导，三国时蜀国的皇帝阿斗就是一个典型。

以上定义完全符合人们对"领导"(者)的理解。媒体上通常所说的"党和国家领导人"包括中共中央政治局委员、国家正副主席、国务院正副总理和国务委员、人大常委会正副委员长、政协正副主席；一所学校的领导仅指校长、副校长、党委正副书记；一家公司的领导仅指正副董事长、正副总经理。至于学校教务处处长、公司销售部经理、董事长办公室主任等，则不能算是学校领导或公司领导，因为他们对学校或公司事务没有决策权；处长、部门经理、办公室主任等一般称为"部门主管"，他们对本部门的事项有决策权并承担相应的责任，因此也可以称之为"部门领导"。

领导者通常是指个人，但很多时候它也用来指起领导作用的集体或机构，如领导班子、领导集团、领导机关等。

二、领导工作

领导工作是领导人、领导集体、领导机构为实现组织的既定目标所做的工作。

人们常常用"日理万机"来形容国家领导人工作的繁忙。可见,领导的工作内容非常丰富,但是归纳起来就是两大项:决策和宏观管理。前者是领导的基本职能,后者是领导的一般职能。

领导工作具有以下特征:

（一）方向性

"领导"的本义是"率领并引导朝一定方向前进"。因此,领导工作也就是创造条件使整个组织朝着某一目标前进。目标有长期、短期之分,有正确、不正确之分,但是绝不能没有任何目标。如果一个组织的领导人并不明确组织的目标是什么,整天浑浑噩噩,疲于应付,或者他虽然明确组织的目标但行动上却以个人目标（如升迁）为准则,或仅仅满足于在自己任内不出事故,那么,他就不可能做好领导工作。从长远来看,他也当不成领导者。

（二）主导性

这是相对于被领导者而言的,是指领导在工作中必须把握主导权。领导者要"率领并引导"被领导者,而不要总是被别人推着走。在组织的重大问题上,领导者应该有自己的主导性意见,但主导性并不是主观性,不是说领导人在一切问题上都要首先发表自己的意见;相反,领导者应该首先听取别人的意见,只有充分发扬民主,才能保证自己主导性意见的正确性,避免片面性。如果领导者缺乏主见,面对不同意见无所适从,或对某位"高参"言听计从,那么,他就不可能做好领导工作。从长远来看,他也当不成领导者。

（三）综合性

综合性是相对于单一性而言的。任何领导人总是对本组织的全面工作负责,因而领导工作都是综合性的。领导者在作出决策时必须综合考虑各方面因素,综合权衡各地区、各下级单位的利益,在全面听取各种意见后加以分析和综合。领导工作的综合性要求领导者要具有广阔的知识面和全面的综合协调能力。

(四)全局性

领导工作的全局性有两方面含义:一是领导作出决策时必须考虑全局的利益。例如,某汽车生产厂家的研发人员设计出一款新车型,从技术角度和市场预测可以立即投入生产,研发人员也希望尽快投产,但是公司决策层必须考虑新车投入生产对原有车型的影响,从全局利益出发决定是否投产或何时投产。二是领导决策的事项和管理的事务应该是全局性的重大问题,领导者不能事无巨细都要过问,不能连办公室是否购置饮水机这样的鸡毛蒜皮的小事也要开常委会讨论。

三、领导观念

领导观念是指领导者自己对领导行为相对稳定的看法。下面列举的不是当今所有领导人已经具备的观念,而是现代领导应该形成的观念:

(一)法治观念

现代市场经济从本质上来说是法治经济,因此现代社会无论是党政领导,还是企业领导,都必须牢固树立法治观念,真正做到依法办事。法治是与人治相对而言的。我国是一个有着根深蒂固的封建文化传统的国家,有的领导以"老百姓的父母官"自居,还自认为是"亲民"的表现,这折射出他们法治观念的淡薄。因此,当今必须强调法律的权威性,要真正做到法律面前人人平等,不允许任何人(当然包括领导者)有超越于法律之上的特权。

(二)系统观念

系统论是把对象放在系统中加以研究和处理的理论。它认为任何系统作为整体都是由部分(子系统)按一定层次组成的,整个系统的功能并不是部分功能的简单相加,只要组合适当就会产生新的功能。现代领导者应该掌握系统论的基本理论,把自己所领导的组织看成一个系统,协调好各子系统之间的关系,追求系统整体功能的最优化。

（三）竞争观念

我国已经初步建成社会主义市场经济体制。有市场就有竞争,现代社会到处充满了竞争。竞争既给人们造成巨大的压力,也给人们带来强大的动力。领导者不但要使本地区、本单位参与更大范围的竞争,而且要在自己领导的范围内营造公平竞争的氛围,提倡和鼓励在法治前提下开展有序而公平的竞争。

（四）效益观念

没有一个领导会公开说他只做工作不讲效益,过去那种只算政治账、不算经济账的愚蠢行为已经不多见。在效益问题上存在两种片面的观念,一是只注重经济效益而不注重社会效益;二是忽视经济效益而只注重社会效益。生产经营等经济工作需要讲求经济效益这是众所周知的,因此,经济领域的领导者容易忽视的是社会效益。但是必须强调的是,社会效益应该是对社会真正有益的实实在在的东西,而不能以社会效益为名,搞一些具有"轰动效应"的政治作秀活动或劳民伤财的政绩工程。

（五）未来观念

随着知识经济时代的到来,现代领导者必须面向未来,预测未来。领导者要有面向未来的战略思想,领导工作要有远景目标和长期规划。领导者要提高科学预见性,避免盲目性。那些主政一方的党政领导和实行任期制的国企领导,尤其要杜绝为追求任期政绩和企业短期效益而牺牲长远利益、根本利益的行为。

第二节 领导的基本职能——决策

决策是领导人和领导机关的基本职能,是一切领导活动的中心环节。秘书为领导服务,首先是为领导的决策服务。

一、什么是决策

(一)决策的定义

决策就是人们对未来的实践活动作出的寻求最理想预定目标的决定。决策的内容包括做什么和怎样做两个方面。

(二)决策的特征

决策总是为了解决一定的问题,问题的产生或发现是决策的动因。"文革"造成的社会混乱和经济凋敝促使十一届三中全会作出了"将党的工作重心转移到经济建设上来"的重大决策,而西部经济发展的相对滞后和东西经济发展的不平衡促使党中央在21世纪初作出开发西部的决策。

决策总是为了达到某一确定的目标。希望出现某种结果的目标是积极性目标,如建造三峡水电工程;希望避免某种结果的目标是消极性目标,如在党员干部中开展防腐反腐教育。

决策总是从多种方案中作出某种选择,如果没有比较和选择,就不叫决策。如果从A地到B地只有公路而没有铁路、水路和航线,那么在如何到达B地问题上就不需要决策。只有唯一方案的决策不是真正的决策,正如只有一个候选人的选举不是真正的选举。

决策总是面向未来的,如果是对过去的历史作出某种评价性决定,即使它非常重要,也不能算是决策。例如,1981年党的十一届六中全会通过的《关于建国以来党的若干历史问题的决议》虽然意义重大,但是没有人说这个文件作出了"重大决策"。

(三)决策的两个环节

决策包括"谋"和"断"两个环节。"谋"就是"决策研究",从发现问题、确定目标到拟制可供选择的方案为止,它是在领导主持下由参谋咨询机构进行的。"断"就是"决策行为",指从选择方案到确定方案的过程,它只能由领导人和领导集团来完成。

(四)决策和政策的关系

有人把"政策"与"决策"相混淆,认为政策就是政治决策,这是一种误解。政策是国家或政党为实现一定历史时期的路线而制定的行为准则,如经济政策、外交政策、农业政策等等。它与决策有明显区别:政策是决策的结果,而决策不仅指结果也包括决策过程;决策并不都是为了制定政策,如三峡工程、京沪高速铁路的建设都需要中央政府决策,但它们都不是政策;政策必须由政府或政党制定,而决策则可由一般领导(如公司总经理等)作出。另外,政策必须是在相当长的时期内和相当大的范围内相对稳定的统一的行为准则,而决策则没有这些限制。

二、决策的分类

根据不同的标准可以对决策进行不同的分类。

(一)常规性决策和非常规性决策

这是根据决策事项是否为经常发生的问题进行的分类。常规性决策是例行决策,是为了解决规律性出现的事项进行的决策,如学校每年要制定招生计划、股份制公司每年要确定分红方案等等。非常规性决策是对偶然发生或首次发生的新问题进行的决策,每次决策都有特殊的原因和不同的内容,又包括规划性决策(如开辟经济特区)和应急性决策(如专项打击车匪路霸)。

(二)宏观决策和微观决策

这是根据决策事项所涉及的范围进行的分类。宏观决策又叫"战略决策",它关系到全局范围的重大战略问题,如国家大政方针的制定、重大战略行动的实施。微观决策又叫"战术决策",它是为了解决某一具体问题而作出的决策。

(三)民主决策和个人决策

这是根据决策主体和决策程序进行的分类。民主决策又叫"集体决策",它是由领导集团通过民主讨论最后采取表决方式进行的决策。民主决策并不是现代才有的决策方式,历史传说中尧舜时代的部落联盟会议就经常采用这种决策方式,古希腊的城邦议会、古罗马的元老院也通过民主表决进行决策。个人决策是没有经过民主表决程序而由掌权者进行的决策,又叫"独裁"。个人决策在任何社会、任何单位都不可完全避免,它的正确与否取决于领导者个人的智慧、经验和品德,取决于他们是否尊重事实、尊重科学,因此难以保证决策的正确性。

民主制度不健全时,可能出现徒有集体形式的个人专断,如无相应的制度约束,领导者错误的决策会给国家和人民造成巨大的灾难。

(四)科学决策和经验决策

这是根据决策的依据进行的分类。科学决策是指领导者依据全面可靠的信息,充分尊重专家学者的意见,并有严格论证程序的决策。经验决策是领导者凭借个人的经验和智慧进行的决策,决策过程中缺乏科学论证。虽然现代社会提倡先进的科学决策方法,但是经验决策在一定范围内仍有不可替代的作用,尤其是在微观决策或对重大突发性事件的处理上。

科学决策与民主决策不是完全对应的关系,而是交叉关系。民主决策不一定是科学决策,大家都根据自己的经验对决策事项进行表决就是经验性的民主决策,而主要领导人在听取专家意见的基础上,比较各种方案的论证意见后作出的决策则是科学的个人决策。

现代领导在重大的全局性问题上,应该提倡民主的科学的决策。在一般的非全局性问题上,可以由相关领导个人进行科学的决策;经验决策虽然不乏成功的范例,但失败的例子更多,因此不值得提倡。只有在情况紧急无法进行科学论证的情况下才能显示出它特有的价值。

三、科学决策的原则

(一)信息准全原则

准确、全面的信息是科学决策的依据,专家论证也必须依据可靠的信息数据。另外,各方面专家的意见对于领导者来说也是十分重要的信息。有研究者指出,80%以上的错误决策是由于信息不充分或不准确造成的,只有少数决策的失误是因为领导人的政治品质和判断能力较差所致。

(二)可行性原则

科学决策要进行可行性研究,因为理论上的最佳方案,在实践中不一定能够施行。美国管理学家、1978年度诺贝尔经济学奖获得者赫伯特·西蒙提出了一种"满意决策"理论。他指出,在现实的决策活动中,由于最优方案缺少可行性,因而往往不被采纳,决策者更多采纳的是具有可行性而又基本满意的方案。

(三)系统性原则

科学决策要求把决策对象和决策目标的实现过程看成一个系统,决策时要分析系统内部和外部的各种联系和相互作用。例如,人民币汇率是否调整以及如何调整,必须充分分析汇率调整对整个国民经济系统的影响。

(四)对比优选原则

科学决策必须在若干备选方案中进行对比选择后才能作出。只有一种方案,只能叫做"批准",不能叫做"决策"。美国政府在重大问题决策时,要求智囊机构至少要提供三个以上备选方案;而我们有些领导者却习惯于就一到两个方案进行表决。这就谈不上是真正的科学决策。

(五)动态原则

科学决策不是一锤定音。决策在实施过程中可能会发现一些缺陷,要根据反馈作出必要的调整,使之更为合理、成熟、可行。当然我们对决策的调整应该严肃,而且同样要进行科学论证,不能给人以朝令夕改的感觉。

四、科学决策的程序

科学决策通常分为发现存在问题、确定决策目标、拟定备选方案、选择确定方案、实施完善决策五个程序。

(一)发现存在问题

发现问题是决策过程的开始。决策学中所说的"问题"指的是应有状况和实际状况之间的差距。例如,农民工应该按时拿到工资,而实际上却拿不到,于是便出现了"拖欠民工工资"问题;政府官员应该廉洁,而实际上不廉洁,于是便有了官员腐败问题。领导机关一般通过常规统计数据、调查研究、人民来信来访、媒体报道、学者建议、下级报告等途径发现需要解决的问题。

(二)确定决策目标

决策目标就是解决问题所要达到的结果。决策目标要实事求是,必须是经过努力能够达到的,而不能定得太高。在东部城市可以提出"五年内普及高中教育"的目标,但是对西部农村地区,提出这一目标就毫无意义,因为这是不可能实现的。决策目标必须明确具体,不可笼统模糊,如"在较短时间内使市民居住条件得到明显改善",多少时间算"较短","居住条件"是专指人均住房面积还是包括小区环境和住宅质量,改善到什么程度才算"明显",都存在很大的模糊性。

(三)拟定备选方案

备选方案是准备提供给领导者最终抉择的,其数量和质量直接影响到决策的结果。对于一般决策来说,要设计三至五个方案,至多不超过六七个。备选方案要有排斥性,方案之间具有原则性的差异,执行了A方案就不能同时执行B方案。拟定方案是一个复杂的创造性思维过程。领导应将任务明确交给相关部门(如政策研究室),而后者在拟定方案过程中要广泛征求各方意见,尤其是征求相关专家的意见。方案基本完成后,要组织专家论证,然后将方案和论证材料整理后一并送领导选择。

(四)选择确定方案

这是指领导者对智囊机构提供的各种方案进行比较鉴别,选择其中最为合理的方案。这个过程不是简单的举手表决,领导者除了要认真研读方案文本外,必要时可以听取方案起草人的详细汇报,或者请有关专家一起进行探讨,还可以对方案进行补充、修改。宏观政策性的决策可以考虑在若干地区或单位进行试点,在实践中检验各种方案的优劣,然后再作出最后的决策。

(五)实施完善决策

领导决策作出后,就要付诸实施。实施前要制定实施计划,并通过会议、发文等方式让有关人员理解领导的决策意图,以便准确执行决策。对于全局性的重大决策,领导者要分解决策目标,使系统内每一个地区、每一个单位甚至每一个人,都明确自己的目标。决策实施过程中,领导机关要建立信息反馈渠道,及时了解决策实施中可能出现的问题,以便在适当的时机对原来的决策进行调整,纠正决策偏差,必要时可作出新的决策。

第三节 领导的一般职能——宏观管理

一、什么是宏观管理

"管理"有多种含义,如"管理企业"、"管理财务"中的"管理"是"负责某项工作使顺利进行"的意思;而"管理档案"、"管理文件"中的"管理"则是"保管和料理"的意思。按照《世界百科全书》的解释,"管理就是对工商企业、政府机关、人民团体以及其他各种组织的一切活动的指导。它的目的是要使每一行为或决策有助于实现既定的目标"。这一解释比较符合领导科学当中所说的领导的一般职能——"管理"。

领导的管理是宏观管理,即对组织内部涉及全局的重要事项的管理。它是一个通过对组织所拥有的资源(包括人、财、物、信息等)进行合理配置和有效使用,以实现组织预定目标的过程。

宏观管理是相对于微观管理而言的。例如,一个大公司的总经理不需要直接过问某地售后服务网点的布局问题,因为这对于整个公司来说属于微观事项,应由销售部去管理,但是同样的问题对于销售部经理来说,可能又算是一个宏观问题。

一种西方管理学观点认为,"管理就是决策,决策程序就是全部的管理过程"。我们认为,两者的关系可以这样来概括:宏观决策的实施过程就是宏观管理,而宏观管理又体现为一系列微观决策。例如,"用人"显然属于宏观管理,但重要岗位(如开发部主任)的人选确定,则必须由领导来拍板,这无疑又是微观决策。宏观决策本身不能归于管理,但决策制定过程中又离不开管理,如合理分配调研任务等。

二、宏观管理的原则

(一)分层管理原则

管理系统层次分明,组织每一个层次的负责人都有明确的管理职责。机关领导对下级机关或部门管辖的事项不宜越级直接发出指令,而应该由下级机关或职能部门处理所发现的问题。一个喜欢越俎代庖的领导不是好的领导。我国有些领导人容易出现的问题是:如果认为所发现的问题是重要的或全局性的问题,常常直接过问,叫做"一竿子插到底",这往往导致系统内上下关系的不协调。

(二)分工协作原则

首先是党政领导要有明确分工,尤其是有两个"一把手"的单位,必须根据党政分开和"党要管党"的原则明确各自分管的事项,否则容易造成党政不分的现象。

其次是领导人之间要有明确分工。一般机关都有一正几副多位领导,正职领导负责全面工作,副职领导各有明确的分管范围。分工越明确,领导之间的关系越容易协调。

再次是部门之间要有明确分工。机关领导对各职能部门的职责范围要有成文的明确的规定,否则可能会出现互相扯皮或"踢皮球"现象,从而严重影响整个机关的办事效率。

在分工明确的基础上,才能实现真正意义上的协作。各负其责的副职领导和各管一行的部门主管,首先要完成分工范围内的任务,而主要领导和秘书部门则要更多注意他们之间的协调,以形成整个组织良好协作的关系。

(三)目标管理原则

目标管理既是一种方法,也是一条原则。

作为管理的一种方法,它通过划分组织目标与个人目标,将许多关键的管理活动结合起来,实现全面、有效的管理。

作为一条管理原则,它指的是管理者对被管理者只规定(或共同确定)明确的目标(任务),而不过问达到目标的具体方法。领导者在宏观管理中贯彻目标管理的原则,可以极大地调动被管理者的积极性和创造性,满足他们实现自我价值的需要。

三、宏观管理的主要内容

(一)组织和用人

组织是指按照单位的主要功能和明确的目标,合理设置机关内部机构,配备中层机构的负责人,建立有效的管理体制,科学地分配权力和职责。

用人包括制定引进和稳定人才的政策,科学合理地使用人才,优化人才结构,建立合理的考核奖惩机制,以极大地调动各类人才的积极性。

(二)计划和指挥

计划包括两种,常规的工作计划(如生产计划、招生计划等)和决策目标的实施计划。

指挥就是运用领导的权威推动下属为实现本单位的基本功能和决策目标而努力。领导指挥的方法主要有命令和指示、说服动员、典型示范(包括推广成功经验)等。

(三)协调和监督

协调就是指领导者采取各种措施和手段使有关部门和人员围绕一个共同目标互相配合,和谐地进行工作,在各自的岗位上为同一个目标使劲出力。协调包括关系协调、利益协调、行动协调等内容。协调的目的是消除"内耗",化解矛盾,以求得整个系统最佳整体效益。

监督包括行为监督和纪律监督。行为监督就是经常检查下属执行决策、任务的情况,及时发现问题,排除干扰,纠正偏差,确保决策目标的实现。纪律监督是指检查下属是否执行党纪政纪,一旦发现违法乱纪苗头,及时给予警示或批评,这也是对干部的爱护。

(四)教育和培训

教育主要是指思想品德教育。对于成年人来说,法制教育和职业道德教育尤为重要。教育不能采用僵化的道德说教或思想控制的方法,而应通过企业文化建设等方式进行。领导机关要经常对组织成员进行思想教育和纪律教育。

培训是指业务技术培训,其目的是帮助在职人员及时实现知识的更新和技能的提高。

<h2 style="text-align:center">复习思考题</h2>

1. 试述领导工作的特征和领导观念的内容。
2. 简述科学决策的程序。
3. 科学决策各个程序中秘书部门应该做哪些工作?(本章没有现成答案,请自己思考,可参考本书后面的内容)
4. 试述宏观决策、微观决策、宏观管理、微观管理之间的关系。为什么不宜笼统地说"领导的一般职能是管理"?
5. 领导宏观管理的主要内容有哪些?

案 例 分 析

1. 先阅读《科学决策"打折扣"必然遗祸无穷》一文,再思考、讨论后面的问题。

因为在环保方面受到数名院士的质疑,近日,青海省政府下令暂停建造已完工70%的青海湖豪华游轮,并准备作再次论证。

对于这一拟投资7000万元的豪华游轮,中国科学院院士蒋有绪指出,青海湖是高原内陆湖泊,只有入水口,没有出水口,游轮产生的污染物无法以流动的方式排出湖体,从而会造成永久性污染。这些将会"把青海湖给毁了"。

开发容易治理难。云南滇池污染严重,已投资30多亿元治污;淮河污染,目前国家投入数百亿资金来解决难题。在国际上,日本的琵琶湖被污染后,花了27年时间,投入185亿美元才将水质恢复到Ⅲ类。现在青海湖豪华游轮被叫停再进行科学决策,这无疑是明智之举。

当前在我国西部,已存在一种令人担忧的现象。在西部大开发的名义下,一些地方搞开发饥不择食,喜欢玩"大手笔"、上大项目,而忽视西部自身脆弱的生态环境,以牺牲子孙后代的生存环境追逐短期效益。东部的垃圾企业趁机大举西进。

从青海,经甘肃、宁夏,至内蒙古,黄河沿岸能源、重化工、有色金属、造纸等高污染的工业企业林立,致使工业污染成为黄河水污染的"祸首"。某些地方甚至主动引进东部的高污染项目,形成了高污染的"化学城"、"陶城"、"造纸城"、"芒硝城",害苦了地方百姓。

目前,一些地区不可救药的污染,已令当初的决策者们长嘘不已,后悔不尽。面对今天"中国镍都"甘肃省金昌市的污染状况,副市长高东生日前对媒体直言,高污染企业是我们招商引资的败笔。

科学决策事关广大群众的切身利益,无论西部还是东部,对科学决策都打不得折扣,否则将会遗祸无穷。

完善科学决策,我们要建立和完善重大问题集体决策制度,事关人民群众切身利益和长远利益的公共决策,必须由集体讨论决定。我们要建立专家咨询制度,通过专家对决策方案的可行性或不可行性进行研究,尽量避免或减少决策失误;要建立和完善社会公示、社会听证制度,这是中共"十六"大明确提出的要求;要建立决策责任制度,避免决策者"拍脑袋决策、拍胸脯保证、拍屁股走人"现象的发生。

科学决策直接决定着我们政府的执政能力,考验着我们的执政水平。科学发展观的伟大力量,就体现在我们各级政府一步步严谨细致的科学决策上;一个负责任政府的形象,也必然体现在它守土有责、科学决策、造福于民的具体工作上。

(材料来源:新华网青海频道2004年9月24日)

(1)请根据以上报道,说明坚持科学决策的意义。

(2)设想一下,领导实行科学决策对秘书工作的内容会有哪些影响?(请与经验决策相比较,并请参考本书后面的内容)

2.下面是某报纸上的一篇报道《总理为民工讨工钱》,请认真阅读后完成后面的作业。

2003年10月24日,温家宝总理在三峡库区考察途中,深入边远的云阳县龙泉村了解民情。村民反映,在修建新县城中心广场的过程中,包工头拖欠村民们的工钱达一年之久,影响到他们的正常开支。温总理当场表示,一定跟县长说,欠农民的钱一定要还。

据报道,云阳县委当晚召开紧急会议,查明拖欠工钱的建筑公司,当即责成这家公司将拖欠的2240元工钱连夜送到村民熊德明家中。目前,云阳县已经责令建筑商兑付了农民工被拖欠的3.64万元工钱。

国家总理日理万机,还亲自为农民追讨工钱,中央领导时刻关心群众冷暖,深入细致的工作作风,真让人敬佩。

(参见"央视农业频道网"2003年12月15日)

(1)你认为"总理为民工讨工钱"是否属于一种正常现象?假如你是总理,你在听到村民的反映后会采取什么行动?

(2)请以"总理为民工讨工钱"为主题词,到互联网上搜索一下,看看对这件事有哪些不同的议论,并思考这些观点的合理性和片面性。

第七章 秘书工作的内容

第一节 秘书工作的界定

一、界定秘书工作的依据

"秘书工作"顾名思义就是"秘书所做的工作"。虽然我们前面已经对"秘书"作了明确的界定,但是,每个秘书承担的工作千差万别,所以上述解释对秘书学理论研究没有什么价值。

虽然秘书与秘书之间的工作内容差别很大,但是,各种性质机关中秘书部门的职责却基本相同,而且所承担的具体事务也比较接近。因此,我们将秘书工作定义为"为实现秘书部门的基本职能而必须完成的具体工作"。

本章下面将分节列举并简单介绍各项具体的秘书工作(在本书的配套教材《秘书实务》中将对它们进行详细阐述)。我们之所以将它们列入秘书工作的范围,是基于以下几项依据:

第一是1951年7月中央人民政府政务院作出的《关于各级政府机关秘书长和不设秘书长的办公厅主任的工作任务和秘书工作机构的决定》所规定的七项"工作任务":

(一)协助首长综合情况,研究政策,推行工作。

(二)协助首长密切各方面的工作联系。

(三)协助首长掌管机关内部统一战线工作。

(四)协助首长掌管保密工作。

(五)掌管机要工作。

(六)主持日常行政事务(包括公文处理、会议组织、检查与督促政府决议的执行等事项)。

(七)掌管机关事务工作(包括机关财务、生活管理、学习、文化娱乐活动等事项;但不设秘书长的机关,如在办公厅之外专设机构管理机关事务工作者,此项工作可不由办公厅主任掌管)。

虽然这个文件发布时间已很久,但是这七项内容除"机关内部的统战工作"今天已经不再算秘书工作外,其余各项仍然是今天政府秘书长或办公厅主任的职责。

第二是前中央主要领导人1990年1月在全国党委秘书长座谈会上强调的办公厅的三个作用:"一是参谋助手作用,二是督促检查作用,三是协调综合作用。"这实际上规定了秘书部门的基本职能。

第三是我们(安徽师范大学文学院秘书学教研室)通过1996年下半年和2004年下半年两次对安徽省省直机关和合肥、芜湖、马鞍山三市共130多家机关、公司、学校、医院所作的调查,得出的大多数单位秘书机构实际承担的工作(其中仅"议案、建议和提案工作"为人大、政协、政府办公室特有)。这个调查数据比前述文献材料更有价值。

综合以上三项材料,并参照相关的秘书学原理,我们将秘书工作的内容分为"领导决策服务"、"秘书常规业务"、"机关日常事务"三大类,共二十多项具体工作。

二、秘书工作内容的变化

秘书工作的内容是随着社会的发展而变化的。

最典型的秘书工作是指那些自古以来就被人们公认的、将来也不会有任何异议的工作,如公文起草、文书档案管理、会务工作、信访工作、接待工作等等。

有些工作过去秘书部门一直也在做,但它们的重要性没有被充分认识,也没有成为一项常规业务。例如,建国初期规定的秘书长、办公厅主任的工作任务中，没有出现"信息"的字样，仅"综合情况"这种笼统的提法似乎能与"信息"沾上边，说明当时人们尚未意识到"信息工作"的重要意义。直到改革开放后，随着西方信息科学的传入，信息在决策过程中的重要性才被我们所认识。现今，信息工作已经成为秘书部门最为重要的常规工作之一。

市场经济体制的建立对我国秘书工作内容产生了很大影响。例如，谈判事务、公共关系工作等就是受市场经济的影响而成为办公室重要业务的。计划经济下不需要商务谈判，当然也不存在谈判事务，但是现在谈判已经成为企业领导甚至地方政府领导最经常的公务活动之一。因此，为谈判提供服务便成了当前秘书工作的一项重要内容。

秘书工作的变化与现代科学技术的发展也有直接的联系。1996年，我们作"秘书工作内容"的调查时，一般单位还不存在自己的互联网站（或网页），而2005年下半年我们作该项调查时，"网站（网页）管理"已经成了秘书部门一项重头工作，有些企业招聘秘书还要求应聘人员懂网络管理技术。

三、"秘书工作"外延的模糊性

（一）"秘书工作"与"非秘书工作"的交叉

如果单独问"公共关系工作"是秘书工作吗？恐怕大多数人会给出否定的回答，因为"公关小姐"、"公关先生"在公众的心目中并不属于秘书，一些大公司中设"公共关系部"或"公关广告部"，也不隶属于办公室（或综合部）。但是，一般单位尤其是不设公关部的单位，公共关系又确实是秘书部门的一项常规业务，我们从一些职业技术学院设置的"公关文秘"专业的名称，还有正式出版的《公关文秘》读本，也能够体会到对公共关系与文秘工作很难作出严格区分。类似的工作还有资料工作（秘书工作和图书资料工作的交叉）、调查研究和协调工作（领导工作和秘书工作的交叉）等等。

(二)"秘书工作"与"共有性工作"的交叉

"共有性工作"是指现代一般管理人员都要处理的工作。一个最普遍的现象是每个工作岗位都会处理大量的"公务电话"。我们不能说"公务电话是销售部的工作之一",但可以说"处理公务电话是秘书的职责之一"。其原因在于秘书是代表机关或领导处理电话,而销售部的电话则是自身业务往来的电话。打公务电话对于业务部门来说是一种手段,而对于秘书部门来说则是一项任务。类似的工作还有公务写作。销售人员要写销售报告,中层干部要写述职报告,这都不算秘书工作;而秘书为领导起草报告或为机关起草文件却是最典型的秘书工作。因此,当我们将文稿撰拟列为秘书的主要工作之一时,并不能说其他工作人员也在做秘书工作。除非某人被抽调去为单位起草材料,才能说他临时承担了秘书工作任务。

(三)"秘书工作"与"秘书部门负责的工作"的交叉

机关在设立职能部门时,只有达到一定的工作量,才会设立一个专门机构。工作量如果不大,往往就归办公室(或综合部)处理。因此,秘书部门可能会处理一些明显不属于秘书工作范围的事项。例如,中央办公厅设有保卫局,辖有警卫部队,负责保卫中央首长的安全。这种军事性质的工作无论怎么看也不属于"秘书工作"。又如,有的办公室还管理机关人事、财务,甚至还负责计划生育工作,这些工作只能在"领导交办事项"的意义上才算是秘书部门的职责。在秘书学中,我们没有必要把它们列入"秘书工作"的范畴。

第二节 领导决策服务

领导决策服务是指直接为领导决策(不限于党政机关的政治决策,也包括企业的商务决策)服务的综合性工作,包括调查研究、信息工作、参谋咨询、协调工作、督查工作、议案建议提案工作、文字工作。

一、调查研究

调查研究是一种获取第一手信息最直接、最可靠的方法。调查研究包括调查和研究两个方面。调查是指通过各种途径，运用各种方式方法，有计划、有目的地了解事物的真实情况；研究则是指对调查材料进行去粗取精、去伪存真、由此及彼、由表及里的思维加工，以获得对客观事物的本质和规律的认识。调查是研究的前提和基础，研究是调查的发展和深化。

调查研究是"实践第一"的认识论在工作方法上的具体运用，是做好领导工作和进行科学决策的基本前提。

调查研究是秘书部门一项独立的工作，秘书部门既要经常参加领导人的调查研究活动，也要经常单独完成各种调查研究任务。调查研究又是秘书部门做好其他具体工作的基础，因为秘书部门的许多具体工作（如人民来信的处理）都离不开调查研究。

常用的调查方法有开调查会、现场观察、个别访谈、问卷调查、统计调查、专家咨询和论证。对调查材料进行研究的常用思维方法有归纳和演绎、比较和分类、分析和综合、定性研究和定量研究、系统研究。优秀的秘书工作者应该掌握调查研究的基本功。（参见本书第十章第二节"秘书一般工作方法"）

二、信息工作

狭义的"信息"是指接受者原先不知道的、有用的消息。准确而全面的信息是科学决策的前提。信息工作是秘书部门的一项重要业务，包括信息的收集、筛选、分类、加工、输出、反馈、贮存等程序。

秘书部门做好信息工作，可以为领导决策提供可靠的信息根据，为机关实行科学管理提供良好的条件。信息工作也是秘书部门做好其他工作的重要条件。例如，秘书经常要为领导或机关起草各种文件和材料，其内容必须依赖于平时的信息积累,而写作过程实际上就是信息的加工处理。可以说,秘书部门的任何具体工作都离不开信息,信息工作既是秘书部门一项独立的工作,也贯穿于秘书其他工作过程之中。

秘书部门信息工作的一般要求是准确完整、及时高效、适用适量。

秘书部门收集信息的渠道主要有:信息网络、文件资料、报纸杂志和广播电视等媒体、会议、调查访问、信访工作等。

三、参谋咨询

自1985年全国秘书长、办公厅主任座谈会将秘书的参谋作用提到助手作用之前以来,参谋咨询就成了秘书部门的一项常规工作。参谋咨询可能渗透在信息工作、调查研究、信访工作等其他工作之中,也可能在平时随时提出建议或谏诤。为领导的决策事项提供可行性备选方案是最典型的参谋工作。作为常规业务的参谋咨询,在上层机关中是由政策研究室来承担的。

下面是北京市政府政策研究室各分支机构及其职能:

农村处——职责是对全市农村经济发展方面的重大问题进行调查研究,提出政策性建议;起草或参与有关重要讲话和文稿的编写。

综合处——职责是负责《政府工作报告》和市政府主要领导同志的重要讲话、报告和文稿的起草工作。

科教文处——职责是对全市教育、科技、文化、卫生、体育等方面的重大问题进行调查研究,提出政策性建议;起草或参与有关重要讲话和文稿的编写。

经济处——职责是对全市经济发展的重大问题进行调查研究,提出政策性建议;起草或参与有关重要讲话和文稿的编写。

对外处——职责是对全市对外经济贸易、对外交往等方面的重大问题进行调查研究,提出政策性建议;起草或参与有关重要讲话和文稿的编写。

城建处——职责是对全市城市建设方面的重大问题进行调查研究,提出政策性建议;起草或参与有关重要讲话和文稿的编写。

社会处——职责是对全市社会保障、劳动就业、人口、治安、社区服务等方面的重大问题进行调查研究,提出政策性建议;起草或参与有关重要讲话和文稿的编写。

七大处的工作内容涉及社会各个领域。可见,秘书部门对领导的参谋作用是全方位的。

四、协调工作

综合协调是秘书部门的基本职能之一,也是领导宏观管理的一项内容。协调工作是秘书部门的一项常规业务。秘书部门的协调工作,就是在其职权范围内或领导授权下,组合和调节各地区、各单位、各部门以及各项工作之间的关系,促使整个系统的工作同步化、和谐化、有序化,以实现组织的整体目标。协调能化解矛盾,理顺关系,保证政令畅通,提高管理效率。在决策的实施过程中,协调是绝不可少的一项工作。

协调工作很难说有什么基本的程序,但有一些常用的方法,如文件会签法、会议座谈法、信息交流法、个别沟通法等等。要做好协调工作需要有较高的政策水平和较丰富的社会经验。(参见本书161～163页"协调的方法")

五、督查工作

督查工作就是对领导已经决策的事项(包括方针政策、重大工作部署等)的贯彻落实情况进行督促检查的工作。它在1990年后成为秘书部门的专项业务之一,各级办公厅(室)中都设立了督查处(科)来承担繁重的督查业务。

因为"上有政策,下有对策"现象在我国普遍存在,如果没有督查工作,任何正确的决策都将成为一纸空文。督查是实现决策目标的重要手段,是克服官僚主义的重要措施,也是秘书部门获取反馈信息的重要渠道。

督查工作不是党政机关特有的秘书业务,在企事业单位中,对领导的决策事项也需要及时进行督促检查。

六、议案、建议和提案工作

秘书学所讨论的"议案、建议和提案工作"指的是秘书部门应该承担的与议案、建议、提案的提出、通过和办理相关的具体工作。它总体上包括两个阶段:一是提出和通过阶段,这主要是人大和政协机关秘书部门的工作;二是办理阶段,这主要是政府、法院、检察院等机关秘书部门的工作。

根据《吉林省人民政府关于办理人大代表建议和政协提案工作规定》,各级人民政府及其部门承办人大代表建议和政协提案的范围包括:

(一)上级人大代表建议和政协提案。

(二)同级人大代表建议和政协提案。

(三)上级和同级人大代表、政协委员在视察和参观考察中提出的建议和意见。

(四)上级和同级人大代表、政协委员与政府负责同志在座谈中提出的建议和意见。

(五)上级和同级人大代表、政协委员以来信来访或其他形式对政府工作提出的建议和意见。

(六)本级民主党派、团体和政协专门委员会以党派、团体及专门委员会名义提出的提案。

该文件第八条还明确规定:各级人民政府办公厅(室)是本级人民政府承办建议和提案工作的主管部门。其办理建议和提案工作的主要职责:

(一)部署和组织本政府系统承办建议和提案。

(二)对承办建议和提案工作进行督促、检查和指导。

(三)对两个或两个以上部门共同承办的建议和提案,在主办部门与协办部门意见不一致时,做好协调工作。

(四)定期或不定期地组织承办部门走访代表和委员。

（五）组织办理并负责答复上级人大代表建议和政协提案。

（六）传达贯彻上级人民政府有关建议和提案办理工作的政策和规定，总结、推广办理工作的经验。

（七）开展对各承办部门承办人员的政策和业务培训，提高承办人员的政策水平和业务素质。

可见，对于政府秘书部门来说，人大代表建议和政协提案办理是一项十分严肃而又艰巨的任务。

七、文字工作

文字工作包括文稿撰拟和文字记录两大项，其中前者是重点。由于重要文稿多与领导机关决策的形成和实施密切相关，所以，文稿撰拟属于典型的领导决策服务工作；而文字记录相对来说难度低一些，技术要求单一而规范，带有业务性工作的特点。

写作是秘书最基本、最重要的能力。文字工作是最典型的秘书工作。虽然中央不止一次提出"各级领导干部要亲自动手起草重要文件，不要一切由秘书代劳"的要求，但实际上，各级各类机关单位中文件起草的任务仍然主要由秘书来承担。秘书经常撰写的文稿包括法定公文、商务文书、领导讲话稿、各类署名文章、新闻报道稿、总结汇报材料等等。

第三节 秘书常规业务

秘书常规业务是指带有专业性质的常规工作，主要有文书工作、档案工作、资料工作、会务工作、信访工作、保密工作、网站管理、谈判事务、公关工作。

一、文书工作

文书工作历来是秘书部门最重要的业务之一，主要是指公文从起草到归档或销毁全过程的处理工作。非公文的其他公务文书可以比照公文处理办法予以处理。其中,公文起草又属于文字工作。

国务院颁发的《国家行政机关公文处理办法》对公文的处理程序作出了明确而严格的规定,要求公文处理应坚持实事求是、精简、高效的原则,做到及时、准确、安全。

下面是公文处理程序示意图:

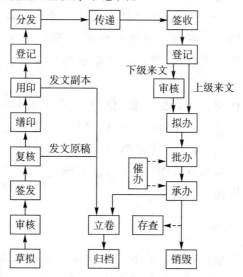

二、档案工作

档案工作可以分为档案馆工作和档案室工作两类。机关和企事业单位秘书部门的档案工作主要是指本机关档案室的档案管理工作。机关档案工作内容主要有:

1. 对本机关文书部门或业务部门的文书归档工作进行指导和监督。

2. 负责管理本机关的全部档案;积极提供可利用信息,为机关各项工作服务,并为国家档案馆积累史料。

3. 根据本地区、本系统、本单位的管理体制,制定本机关档案工作制度、条例。

4. 确保档案和档案机密的安全。

三、资料工作

资料工作是指根据使用者的需要，通过一切有效手段和方法，有目的、有计划地收集、积累资料，充分掌握和有效利用资料，为需要者提供资料服务的工作。

秘书部门为领导的决策和管理服务，必须经常依靠资料来开展工作。"巧妇难为无米之炊"，没有资料，许多工作就因缺乏应有的根据和材料而难以顺利开展。所以，资料工作是秘书工作中的一项重要内容，建立资料库被列为秘书部门的一项基本任务。

资料工作包括资料的收集、整理、保管和有效地提供利用。资料利用的对象除了本单位的资料以外，还包括社会或高校图书馆、档案馆的资料以及其他单位或个人的资料等。当领导决策需要某一方面的资料作参考时，秘书部门要千方百计地为领导查找并提供相关资料。

四、会务工作

会务工作是指直接为召开会议或举行集会服务的工作，从时间看，包括会前准备、会间服务和会后处理三个阶段；从内容看，包括文字工作和事务工作两个方面。

会前准备的主要工作包括制定会议预案、准备会议文件材料、发送会议通知、落实后勤保障、布置会场、制作会议证件、接站与报到等。会间服务包括会场签到和统计人数、安排会议发言、会议记录、编印会议简报、起草或修改会议文件、会间生活服务等。会后处理包括会议文件的制发、会议文书材料的收集和归档、会议后勤服务的善后工作、会务工作总结等。

五、信访工作

信访是人民群众通过书信、电话、上访等向领导机关或社会组织提出要求、批评、建议，或揭发、申诉、控告的一种社会活动。

信访工作就是处理人民来信、来电,接待人民群众来访的工作,是一项政策性很强的秘书业务。县以上党政机关通常设有专门的信访办公室,而基层机关和企事业单位的信访工作都由办公室处理。

做好信访工作有着十分重要的意义:它是保障公民充分行使民主监督权利的必要形式,是了解社会情况、获取反馈信息的重要途径,也是领导机关或社会组织密切联系群众的桥梁。

2005年5月1日起施行的国务院新的《信访条例》,是做好信访工作的政策依据。

六、保密工作

秘密就是不能公开的事项。国家秘密是指关系到国家的安全和利益,依照法定程序确定,在一定时间内只限一定范围的人员知悉的事项。保密工作是为达到保密目的所采取的一切手段和措施,包括积极防范和认真追查两个方面的工作。

秘书部门保密工作的重点环节有:文书保密、会议保密、通讯保密、经济情报保密、人事保密以及计算机网络信息保密。

秘书部门需要具体办理的保密工作实务有:建立健全保密制度、开展保密教育、进行保密检查、处理失密事件。

七、网站管理

互联网作为信息双向交流的现代化工具,被称为继广播、报纸、杂志、电视后的第五种媒体——数字媒体,目前已经被各机关和企事业单位普遍使用。许多单位还建立了自己的网站或网页,作为内外联络的窗口和信息交流的平台。

网站和网页的作用是多方面的。地方政府可以把它作为宣传阵地和信息沟通的渠道;企业可以通过它来展示企业风采、传播企业文化、树立企业形象、提高企业知名度,也可用它直接发布产品信息。网站的管理包括技术层面的管理和信息层面的管理两个方面,两者都需要运用专门技术。秘书部门主要负责信息层面的管理。

八、谈判事务

谈判是市场经济条件下普遍存在的社会行为,是现代领导人一项经常性的公务活动。秘书应该为领导的谈判提供良好的服务,有时秘书还被授权直接参加谈判,因此谈判事务就成了秘书的常规业务。

谈判前的准备工作包括谈判信息的收集、谈判目标的确定、谈判议程的安排和审议、谈判对策的设计、谈判班子的组织等;正式谈判阶段叫做"磋商",这时要注意谈判技巧的运用;谈判结束后的主要工作有协议书的拟定和签字仪式的安排等。谈判要追求双赢结果。

九、公关工作

公共关系是一个社会组织运用传播手段使自身与公众互相了解、互相适应以达到和谐的一种管理职能。一次典型的公共关系活动包括形象调查、活动策划、策动传播、评估结果四个基本程序。

在市场经济条件下,企业及其品牌的形象直接关系到自身的生死存亡和持续发展,因此一般企业都重视公共关系工作,在不设公关部的单位,公关工作由秘书部门来承担。

公共关系工作必须坚持以事实为基础,以公众研究为依据,以公众利益为出发点,以科学理论为指导。

秘书部门是机关的窗口,秘书即使不从事公共关系工作,也应该树立公共关系意识,将公共关系的基本原则化为自觉习惯和行为规范。

第四节 机关日常事务

机关日常事务是指一些专业性不强、主要依靠经验和责任心来处理的机关具体事务，主要包括领导日程安排、随从工作、通信联络、接待和礼仪、值班和突发事件处理、印信管理、机关环境和办公条件的管理等。

一、领导日程安排

领导日程安排是秘书部门协同领导对下一阶段所要进行的工作按时间顺序做出合理的计划，并使计划得以顺利实施的工作。它是秘书部门一项重要的事务性工作，通常由秘书部门负责人或有经验的秘书来承担。做好这项工作有利于领导科学地利用时间，提高领导工作水平；有利于秘书部门主动做好各项辅助性工作，更好地为领导服务；有利于各位领导、各职能部门互相配合，协调行动，提高整个机关的工作效率。

日程安排一般要制成一目了然的"日程表"。在安排领导活动日程时要注重实效，不搞形式主义的活动；要注意使领导人张弛相间，劳逸结合；要注意保守秘密。

二、随从工作

随从就是跟随领导出差。随从工作是指在跟随领导外出期间及其前后，为保证领导顺利开展工作所从事的一切服务工作。随从工作的基本要求是工作主动、办事细心、说话谨慎。

由于是一个人单独随行为领导提供服务，因此对陪同出差的秘书的素质要求一般比较高。

三、通信联络

通信联络包括公务电话的处理、邮件的收发、公务信件的往来等。

这些事情看似简单，实际上有很多值得注意的事项。以公务电话为例，办公室接到的电话中，可能会遇到各种意外电话，如纠缠电话、匿名电话、推销电话、恐吓电话、性骚扰电话等。秘书如何恰当地处置各种意外电话，还真有一定的"学问"。

四、接待和礼仪

接待工作就是一个社会组织对公务活动中的来访宾客迎送、接洽和招待活动，是社会组织间人员相互交往的常用方式。接待是秘书工作的一项重要内容。接待工作要遵循热情周到、平等尊重、适度节俭、安全保密的原则。对外宾和少数民族客人的接待，还要注意对方的民族习惯或宗教习惯。

礼仪工作不是指秘书的礼仪修养，而是指筹办、主持各种典礼和仪式，其中有许多问题值得注意，如座次排列顺序就不能随意安排。拜访、慰问、探视、吊唁等公务也属于此项工作。

五、值班和突发事件处理

值班是一种按时间分工的工作方式，从参与值班的人员看，有领导值班、中层干部值班、秘书人员值班等；从值班承担的责任看，有机关值班室值班、特定岗位的专门性值班（如防汛抗洪值班）。秘书部门的值班工作主要是安排领导、中层干部值班和机关值班室值班。

突发事件的处理包括对地震、火灾、台风、洪水等自然灾害的处理，对食物中毒、重大交通事故、重大安全事故（如矿难）等人为事故以及突发性群体事件的处理。

六、其他日常事务的管理

其他日常事务的管理包括机关印章和介绍信、各种凭证的管理，公务用车的管理，机关环境管理，办公资源的管理等等。

我们把二十多项秘书业务分为领导决策服务、秘书常规业务、机关日常事务三大类，这只是根据每项工作的主要特点而作的大体划分,实际上绝大多数工作都兼有其他方面的某些特点。例如,调查研究固然是一项综合性很强的决策服务工作,但调查过程中必然要处理许多具体事务,如开调查会就有会务工作,而会务工作就是一项常规业务工作。又如,信访工作属于常规业务,但信访工作中得到的重要信息可能成为领导决策的依据,因此,信访工作又带有决策服务工作的某些特点。

复习思考题

1. 为什么说"秘书工作"的外延是模糊的?
2. 何为领导决策服务? 它包括哪些具体内容?
3. 何为秘书常规业务? 它包括哪些具体内容?
4. 何为机关日常事务? 它包括哪些具体内容?
5. 试对三家以上不同性质单位的秘书部门进行一次调查,看看它们的秘书工作内容与本章所介绍的有哪些不同。

案 例 分 析

下面是一个县政府办公室、一家独立法人企业办公室、一家医院院长办公室的"工作职责"。

河北省正定县县政府办公室工作职责

办公室是协助县政府领导处理政务、开展工作并负责管理政府机关行政事务的县政府组成部门和综合办事机构,行使参谋助手、公共服务和综合协调职能。其主要工作职责如下:

一、围绕县政府中心工作和重点工作,加强调查研究,及时了解、掌握经济和社会发展动态,向政府提供信息服务,为政府决策、部署和指导工作发挥参谋助手作用。

二、负责县政府各种会议的筹备工作,协助政府领导组织和召开各类会议。

三、负责县政府及办公室文件的起草、审核把关和政府机关的文书处理工作;负责县政府及办公室机关的档案管理和保密工作。

四、负责组织县政府工作报告、工作总结、领导讲话及其他重要材料的起草、修改工作。

五、协调各乡(镇)人民政府和县政府各部门之间的工作关系。负责各乡(镇)人民政府和县政府各部门政务信息、工作调研工作的指导、培训、检查评比及其向县政府及办公室请示、报告的承办工作。

六、负责本县及上级人大代表建议、批评、意见和政协委员提案的收转承办工作。

七、督促检查县政府各部门、各乡(镇)人民政府对县政府重要文件、县政府会议议定事项及领导重要批示的执行、落实情况。

八、负责县政府机关值班和印信及车辆管理工作,协助县政府领导组织处理突发公共安全事件的预警演练、协调调度、应急处置等工作。负责人民群众通过县长公开电话等渠道反映问题的承办落实。

九、负责县政府行政规章的起草和审核,负责行政执法监督检查工作,负责指导、代理行政复议和行政诉讼以及法制宣传、咨询工作。

十、负责全县党政机关、企事业单位因公出国人员的初审工作,负责指导涉外单位的接待及审查各单位的接待计划,负责涉外保密纪律和接待常识的宣传培训。

十一、承担县政府本级政务公开涉及内容的搜集、整理、公布工作。

十二、负责县政府文告及新闻发布工作。

十三、负责人民防空的正规化建设,管理人防经费和物资。

十四、负责全县诚信体系建设工作和诚信政府、诚信企业、诚信公民的组织、推广、管理工作。

(材料来源:互联网 http://www.zd.cn/new3w/)

富龙化工有限责任公司办公室工作职责

(本公司是严格按照现代企业制度要求建立的独立法人企业)

一、公司总结、汇报、讲话稿及有关材料的起草工作。

二、总经理办公会议及相关会议的组织、记录、文件、纪要的起草、印发和保管。

三、来文收发、呈阅、督办。

四、负责考察团组、来宾的接待。

五、负责公司办公大楼的设施、卫生及物业管理工作。

六、负责机关新增办公设施的计划、审批、调配管理。

七、公章、介绍信的使用管理。

八、公司办公费、公共招待费、公共交通费的控制、审批。

九、负责车队管理,公司领导的用车安排,公共用车派车单的审批。

十、完成总经理或分管副总经理交办的其他工作。

(材料来源:互联网 http://www.chifeng.gov.cn/cfflchem/)

苏州大学附属第一医院院长办公室工作职责

院长办公室是医院行政综合部门,主要职责有:

一、负责了解掌握院内各方信息及重要动态,为院长决策提供有关调查报告。

二、贯彻落实医院党委和行政的决议、决定,检查了解各部门的贯彻执行情况,督促和协调行政各部门的工作。

三、负责起草医院行政工作计划、总结、报告等文字材料;负责组织拟定全院性规章制度;负责审核、报送以医院名义发出的行政文件及有关文字材料;做好行政公文的收发、交换和批阅工作。

四、组织安排或协调各种行政会议及全院性活动,检查督促会议决定的贯彻执行情况。

五、负责接受和处理院内各单位呈报的请示与报告。健全行政信息网络,负责校内信息的收集、整理,编发信息简报。

六、做好上级机关和兄弟医院各级行政领导的来访接待工作。

七、负责医院对外联络工作。

八、接待、受理群众来信来访。

九、负责保管使用院印及正、副院长印鉴,负责行政各部门及学院行政印章的刻制、管理,开具对外行政介绍信。

十、负责全院的日常行政事务管理以及全院的信息统计,做好全院性综合统计报表工作。

十一、负责医院外事接待、考察出访手续办理等工作。

十二、完成医院交办的其他工作。

(材料来源:互联网 http://www.sdfyy.cn/wh/jgsza/jgsz.asp)

请对以上三份文件材料加以比较,然后完成下面的作业：

(1)以上三份文件中列举的各项"职责"实际上就是办公室工作的内容。请将各项工作与本章所列举的"领导决策服务"、"秘书常规业务"、"机关日常事务"的各项具体内容对照,找出其中的对应关系。

(2)政府机关、公司企业、事业单位办公室的工作职责有哪些共同的地方,又有哪些不同的地方？

第八章 秘书工作的性质、特点和作用

第一节 秘书工作的性质

秘书工作的性质是秘书学界最为众说纷纭的话题。有人统计，秘书学著作中对于秘书工作的性质"××性"的名词多达30种以上。下面列举的是几部著作关于秘书工作性质的概括：

王绍龄(1988)：辅助性、政治性、服务性。

李　欣(1989)：从属性、政治要害性、事务性、被动性。

董继超(1993)：文牍性、机密性、事务性、政治性、受动性、补偿性、潜隐性。

王　永(1999)：从属性、政治性、事务性、被动性、综合性。

常崇宜(2000)：工作位置的政治性、工作地位的从属性、工作作用的辅助性、工作内容的综合性、工作效果的潜隐性、工作方式的被动性、工作范围的赋予性。

陈合宜(2001)：政治性、辅助性、被动性、综合性、事务性。

任　群(2001)：综合性、服务性、事务性、从属性、政治性、机要性。

司徒允昌(2001)：从属性、综合性、机要性、事务性。

以上八部著作没有两本观点是完全一致的，也没有一种性质是所有著者认同的。现按认同人数多少排列如下：政治性(7)、事务性(6)、综合性(5)、从属性(5)、被(受)动性(5)、辅助性(3)、机要(密)性(3)、服务性(2)、潜隐性(2)、文牍性(1)、补偿性(1)、工作范围的赋予性(1)。

我们认为,要科学合理地概括出秘书工作的性质,应把握以下几点原则:

第一,列出的性质必须符合实际,即符合所有秘书工作或至少大多数秘书工作的实际。例如,"政治性"对党政机关的秘书工作而言是不言自明的,但对企业(尤其是三资企业、民营企业)的秘书工作来说则并不明显。在秘书学刚刚诞生的20世纪80年代,我国党政机关秘书还是秘书队伍的主体,这种概括基本符合当时的实际;在企业秘书人数已远远超过党政机关秘书的今天,还将"政治性"作为秘书工作的性质,就不太符合事实。我们认为,"政治性"应改为"政策性"(下文将略加论证)。

第二,所列举的性质应该具有独立的内涵,而不应该互相包容。例如,"从属性"和"辅助性"就很难区分。我们注意到,除常崇宜先生将两者并列外,其他学者只列举其中一项,说明这两种属性在很大程度上是可以互相包容替代的。另外,我们认为,"被动型"与"从属性"也只是角度不同而已,没有必要列为并列的两种性质。考虑到"辅助管理"已经写进了"秘书"的定义,我们认为秘书工作的性质保留"辅助性"可矣,没有必要再并列"从属性"和"被动性"。

第三,理论的价值在于指导实践,作为应用性学科的秘书学理论更应如此,因此对秘书工作性质的理论概括应考虑它是否有助于秘书人员指导自己的工作。有的性质如"文牍性"按董继超先生的解释就是指"秘书活动都与文书和文书工作密不可分"。这也许符合大多数秘书工作的实际,但指出这一点并没有什么实际价值,所以他把文牍性列为秘书工作的第一性质,至今没有得到其他学者的认同。秘书工作的"服务性"也是符合实际的,但是不具备实际意义,因为理论上说任何工作(如领导工作、财会工作等)都是服务。与其他工作不同,秘书工作的特殊点在于它直接服务于对象,这一点可在"秘书工作的宗旨"中加以强调。因此，大多数学者也没有将"服务性"列为秘书工作的性质。

根据以上原则，我们将秘书工作的性质概括为辅助性、综合性、政策性、机要性、事务性五点。

一、辅助性

辅助性是相对于主导性而言的。在任何机关单位中，领导总是处于主导地位，秘书部门或秘书总是处于从属地位。领导的职能是决策和宏观管理，而秘书的职责则是在决策和管理中给领导当助手和参谋，提供辅助。秘书工作的内容十分庞杂，但其中任何一项工作，都是为领导活动提供直接或间接服务。没有领导就没有秘书，没有领导的决策和管理活动，也就不需要秘书工作。秘书部门没有独立于领导工作需要以外的工作任务。秘书工作对于领导工作的服从性是任何其他工作不可比的。因此，可以说，辅助性是秘书工作特有的也是最主要的性质。

秘书工作的辅助性要求秘书人员要摆正自己和领导的关系，任何情况下都不能越权行事。只有领导才有决策权和指挥权，秘书只能给领导当参谋和助手，提供辅助性服务，不能代替领导决断和指挥。当秘书与领导在某些问题上有不同看法时，秘书在工作上不能按自己的意愿自行其是，只能按照领导的授权和指示去办文、办会、办事。秘书无论是办理常规业务，还是完成领导直接交办的事项，都必须准确领会领导的意图，遇事多请示、多汇报，这样才能当好领导的参谋和助手。

二、综合性

秘书工作的综合性首先是由领导工作的综合性决定的。任何机关单位的领导，总是对一个地区、一个组织、一个部门的全面工作负责，因而领导工作都是综合性的。秘书工作是直接为领导工作服务的，秘书工作必须与领导工作高度配合，凡是领导工作所涉及的范围，秘书工作也必然要涉及，这就决定了秘书工作也是一项综合性的工作。其次，秘书工作的综合性是由秘书部门在机关中的分工决定的。领导机关中的秘书部门和各专项职能部门的作用是不同的。专项职能部门的业务比较单一，即所谓的各司其职，各负其责；而秘书部门则是一个综合性的办事机构。它虽然并不分管某一方面的具体业务，却要和各专项职能部门发生经常的联系。因为作为综合性的办事机构，它要综合处理来自各部门各方面的信息，要了解各个部门各方面的工作情况，要综合协调各部门各方面的关系，还要处理机关的许多行政杂务，包括一些临时性、突发性而又不属于哪个专项职能部门管的事务。

秘书工作的综合性对秘书提出了两方面的要求：第一，秘书工作人员应该具备较广的知识面和多种技能，因为在综合处理各种事务时，必然要运用多方面的知识和技能。秘书不仅在文字处理上应该是专家，还应该是具备多种知识和技能的"通才"。第二，秘书要善于从领导的角度观察问题、考虑问题，心中要有全局，要对整个机关的总体情况做到心中有数。因此，秘书虽然不必精通各职能部门的业务，但应该熟悉各职能部门的工作内容和特点，这样才能更好地为领导和机关工作提供综合服务。

三、政策性

秘书工作具有很强的政策性，秘书部门的大多数工作都关系到党和国家的方针政策。例如，秘书经常为领导起草文件，这些文件的内容必须符合党和国家的方针政策；作为秘书经常性的工作之一的调查研究，其目的主要是为制定政策做准备，或者为贯彻落实政策收集反馈信息；许多文件本身就是发布政策或解释政策的，因此文书处理大多是为贯彻落实政策服务的；信访工作必须严格按政策办事，而信访工作中收集到的许多重要信息又是领导制定政策和调整政策的重要依据；信息、督查、协调等项工作也都是为了辅助领导制定政策和贯彻执行政策。

不仅党政机关的秘书工作具有政策性，企事业单位包括三资企业、民营企业的秘书工作也都具有政策性。因为企业行为必须符合政府制定的政策。企业秘书如果想为领导出谋划策，就必须熟悉国家的相关政策，如金融政策、拆迁征地政策等等。国家法律制度和企业内部制度（如奖惩制度）也都属于广义的政策。因此，秘书工作具有政策性是没有任何例外的。

秘书工作的政策性要求秘书具有较高的理论水平和政策水平，熟悉国家法律、法规，能正确理解执政党和政府的各项方针政策。

四、机要性

机要就是"机密而重要"，其意义偏于机密。因为机密的事项都是重要的，而重要的事项不一定是机密。可见"机要性"与"机密性"、"保密性"是同义词。秘书的工作内容决定了秘书能够比其他工作人员了解到更多重要的秘密事项。因此，秘书工作的机要性程度要远远高于其他部门。

秘书工作的机要性要求秘书人员应具有高度的责任感、严格的纪律性和牢固的保密观念。秘书对自己所知晓的秘密事项必须做到守口如瓶。有人认为，只有党政机关的秘书工作才有保密的要求，一般企事业单位无密可保。这是一种糊涂观念。因为任何企事业单位（哪怕是一个小企业、一所小学校），领导在决策和管理活动中都会有一些暂时不宜公布的事项，如果提前泄露出去，就会使工作陷于被动，给领导工作造成损失。因此，保守机密是对各类机关单位秘书工作的一项普遍要求，没有任何例外。

五、事务性

秘书部门的大多数工作是一些很具体的工作，秘书部门每天都要处理大量繁重而又琐碎的事务。除了随从、接待、通信、值班、机关后勤保障等明显属于事务性工作外，其他具有决策服务性质和常规业务性质的工作实际上也包含大量具体事务。例如，准确的信息是领导进行科学决策和有效管理的依据，因而信息工作是一项政务性工作；但是信息的收集、筛选、输出、贮存等基本环节，又无疑是非常具体的事务。又如，文书处理是一项需要专门技能的常规业务性工作，而文书工作中许多程序也是非常具体的事务，诸如公文的缮印、校对、用印、分发、签收、登记、保管等，完全是一些琐碎的事务。

秘书工作的事务性是由秘书工作的辅助性和秘书部门的从属地位决定的。秘书的助手作用主要是通过办理大量的具体事务来实现的，因为领导的决策、管理活动中必然有大量的事务性工作，这些事务必须由秘书来处理。只有这样，领导才能集中精力考虑决策和指挥大事。秘书工作人员应该充分认识到事务性工作的意义，乐于承担繁重、琐碎的事务，为领导的决策和管理提供良好的服务。

第二节　秘书工作的特点

"特点"和"性质"是两个含义相近的语词。以上列举的秘书工作的性质，有的读本说它们是"特点"；相反，有的读本则在"秘书工作的性质"下介绍秘书工作的"五个对立统一"。但是，"五个对立统一"的原创者王千弓先生明确说它是"秘书工作的特点"。

我们认为，"性质"与"特点"的细微差别有两点："性质"应是抽象的概括，而"特点"则应是具体的陈述；"特点"强调独特性（即其他对象不具有），而"性质"则强调固有性（《现代汉语词典》将"性质"解释为"一种事物区别于其他事物的根本属性"，显然不妥，如"商品性"虽是药品的性质之一，但它不是药品区别于非药品的"根本属性"）。

在秘书学著述中没有必要细辨"特点"和"性质"的细微差别,我们尊重王千弓先生的原创意见,将"五个对立统一"作为秘书工作的特点加以介绍。我们认为,这一理论对秘书人员把握秘书工作的特点和规律有很重要的价值。

下面的文字是对王千弓等所著《秘书学与秘书工作》一书中的原文①进行压缩而成(原文稍长),尽量忠于原文意思。我们将"……的对立统一"改为"……的统一",是因为我们认真研究后发现,每组对象都是互补共存的,并不存在什么真正的"对立"。

一、被动性与主动性的统一

秘书工作的辅助地位决定了它的被动性。秘书工作的被动性表现在:第一,秘书部门必须随时按照领导的指示和意图办事,绝不能自行其是。第二,秘书部门每天要面对、处理一些事先不可能都估计到的事。

尽管有上述两点限制,秘书工作仍然有发挥主观能动性的广阔天地。秘书人员必须在被动中求主动,主动地当好领导的参谋与助手。如果仅仅是被动地解决问题,来什么就干什么,电话来了接一下、文件到了办一下,整个秘书部门势必穷于应付。

秘书人员的主动精神,可以对全局工作产生不可低估的有益影响。秘书在众多纷繁的信息中捕捉、发现的重要信息,往往是整个领导机构一系列动作的开始;秘书收集、综合情况而得到的分析资料,经常成为领导者决策的重要依据;秘书收集的反馈信息,可以帮助领导发现与纠正工作中的偏差。

秘书部门和秘书人员要发挥主动性,必须善于领会领导的意图。否则,没有正确领会领导的意图,即使主动,也只能是瞎

---

① 王千弓等:《秘书学与秘书工作》,第5~12页,北京:光明日报出版社,1984。

忙一气,甚至还可能会干扰中心工作。

二、事务性与思想性的统一

秘书部门既要参与政务,又要管理事务。前者具有很强的思想性与政策性,后者具有很强的事务性。

秘书工作中的思想性与事务性是互相渗透的。一方面,秘书工作在整体上具有极强的思想性,但就局部而言,即使是思想性很强的工作,也或多或少地带有事务性。另一方面,日常的事务工作,又无不具有内在的思想性。例如,秘书部门的文书案卷管理工作的很多环节是事务工作。但是,正是通过这些事务工作,形成了机关工作的历史文献,储存了极有价值的信息,具有多方面的参考价值。这种事务工作中显然渗透着极强的思想性。

在秘书工作中,思想性是主导方面,事务性是从属方面。要想做一个好秘书,就必须对事务工作有这样的思想准备:既不怕繁杂、不嫌琐碎,又能充分认识到事务工作重要的思想意义。

三、机要性与群众性的统一

秘书工作是一项机要性的工作。党政秘书不同程度地会接触到党和国家的各种机密,企业秘书也能比较多地了解决策层的机密事项。因此,对秘书要经常进行保密教育。

但是,另一方面,秘书部门又是汇集信息的渠道,是联系各方面的桥梁,其工作性质具有很强的群众性。秘书部门的许多工作必须广泛听取群众意见。在各项政策的贯彻过程中,也必须密切注意信息反馈,倾听群众呼声。因此,秘书人员要密切联系群众,到群众中去调查研究。无论从工作性质还是工作方法来说,只看到秘书工作的机要性,而忽视秘书工作的群众性,都是一种片面的错误的认识。

秘书人员在公务接待、来访者接待和日常交谈中,要警惕泄密的可能性,保守机密,慎之又慎。另一方面,秘书也不能以此为由,拒群众于千里之外。

四、经常性与突击性的统一

秘书部门有大量的常规工作要做,如公文处理、公务接待、来信来访等,天天如此,年年如此。除了每天都有的常规工作外,还有周期性的规律性的工作,如每年夏天防汛防涝工作、春节前的民政救济工作等等。这类按一定规律出现的周期性工作,也属于常规工作。秘书部门应注意各项常规工作的连续性,做好妥善安排,定期向有关领导汇报常规工作情况。还要在常规工作中总结经验、积累资料、储存信息。特别要保持对新事物的敏感,在常规工作中发现新情况、研究新问题、提出新办法,不要因循守旧、固步自封。

除了常规工作外,秘书人员有时还会遇到突发性的问题,如重大灾情、重大事故等,必须刻不容缓地进行突击处理。处理重大的突发事件,要求秘书人员胆识兼备,善于应变,既迅速敏捷,又沉着冷静。秘书工作的突击性,还表现在某些突击任务的完成上,如临时受命调查某事件、为某次临时决定召开的会议准备材料、向突然到来的视察者提供专题资料等等。这些突击任务往往要求做得又快又好,这是对秘书人员素质与能力的严格检验。

秘书人员的常规工作与突击工作之间,有着内在的联系。如果处理常规工作有丰富经验,对各类问题的背景材料了如指掌,对办事的各种渠道早已沟通,那么一旦遇到突发事件就能从容应对,否则就会手足无措,延误时机。

五、综合性与专业性的统一

现代化程度越高,社会分工越细,各个领域的专业化程度也就越高。但是,高度分化也带来高度综合的趋势,必须有各级决策部门总揽全局、预测发展、统筹规划、综合处理。各级秘书部门和秘书人员,作为各级领导的参谋与助手,恰恰都是各级决策机关的辅助成分。这一地位决定了秘书工作的高度综合性。这就要求秘书人员成为本单位、本系统、本地区的"通才"与"杂家",熟悉与本单位有联系的各方面的情况,掌握各种有关知识,能从全局出发来观察与思考问题,有综合的眼光与能力。

另一方面,秘书工作又有它的专业性。秘书工作的专业性,首先是指秘书业务的特殊要求,如写作能力、对各种公文格式规范的掌握等;其次是指各机关、各部门工作的专业知识,如冶金部门的秘书要了解冶金工业的各种情况、商业部门的秘书要懂得商品流通环节和经营管理的知识。对本部门的专业知识不熟悉,就不可能真正理解有关本部门的一些专业文件,更无法提出中肯的处理意见。

秘书工作的综合性和专业性是互相渗透、相辅相成的。秘书工作人员的专业知识越丰富、越全面,总揽全局的综合能力也就越强;秘书工作人员的综合能力越强、对全局了解得越透彻,就越有利于他对专业知识的掌握。

第三节 秘书工作的作用

一、助手作用

这是秘书工作最基本的作用。秘书部门是领导机关的办事机构,为领导工作服务。秘书部门办文、办会、办事,承担了领导决策和管理中的绝大多数具体事务,节省了领导的时间和精力,使领导人能够集中精力思考大政方针和全局性问题。

秘书工作的助手作用不是一时一事的,而是"全天候"、全方位的。凡是领导管辖范围内的工作,秘书都应当起到助手作用。领导的足迹到哪里,秘书的助手作用也就发挥到哪里。

二、参谋作用

秘书的参谋作用主要体现在为领导的决策提供准确完整的高质量信息和决策事项的备选方案上。

领导的基本职能是决策。现代社会的重大决策单凭个人经验是无法保证其正确性的,必须经过调查研究、信息分析、科学论证等前期准备。秘书人员应经常向领导提供真实适用的信息、资料、文件等决策依据,并积极向领导提出工作建议和决策预案,辅助领导进行决策。在决策实施过程中,秘书部门通过督促检查,也可以发现许多新情况、新问题,并向领导提出参谋意见,使决策进一步完善,更加符合实际。

秘书工作具有参谋作用,不是说每个秘书人员都要争当领导的"高参",但政策研究室的调研员和办公厅(室)主任等高级秘书,必须为领导提供智力服务,成为领导的参谋。

三、协调作用

决策实施过程和宏观管理中,领导者必然要对整个组织进行协调,而领导又不可能事必躬亲,每遇问题都亲自出面协调。这就需要秘书部门协助领导,或在领导授权下进行协调。在机关日常事务中,秘书部门也可起到协调作用。例如,领导和员工之间的关系、各职能部门之间的关系、组织与外界的关系,都经常会出现问题,需要及时进行协调。

四、督查作用

督促检查是保证领导机关决策目标得以顺利实现的必要措施。这是秘书部门的一项重要职责。无论是党政机关还是公司企业,领导决定的事项都需要秘书部门督查工作的跟进。就党政机关而言,督查的事项相当广泛,包括党的路线、方针、政策,领导重要的工作部署,以及领导的批示和交办事项的贯彻落实情况。因此,市以上办公厅(室)都成立了专门的督查处

(科、室)。

五、信息作用

秘书部门在机关管理系统中处于中心位置,不是权力中心,而是信息中心。它不但要为领导的决策活动提供准确、全面的信息,而且在组织系统中起着信息交换站的作用。在党政机关的信息网络中,秘书部门还承担着向上级领导机关及时反馈信息的职责。

有的秘书学读本将秘书为领导收集信息的作用比喻为"耳目作用",是不够妥当的。因为,"耳目"的意思是"给人刺探消息的人",带有贬义,如说秘书是"领导的耳目",容易给人留下不好的印象,造成不必要的误解。

六、窗口作用

秘书的窗口作用是指秘书部门在工作中的表现直接关系到组织和领导的形象。秘书部门是对外文书往来的关口,如果把关不严,发出的公文在格式上违反要求、语言上不合乎规范,甚至出现错别字,就会给人留下不好的印象。秘书部门处理公务电话,如果语言不文明,或普通话不标准,机关的形象也会受到影响。有人说,一个单位的作风如何,只需要看看它办公室的工作作风就行了。所谓"员工看干部,干部看秘书"。老百姓反映的某些机关"门难进、脸难看、话难听、事难办"的官僚主义作风,在某些秘书部门也很严重。

七、保障作用

秘书部门的保障作用指的是秘书部门要为机关工作的正常运转提供后勤保障服务。在一个机关中,从办公用房的分配到办公用品的发放、从小汽车的使用到电话机的更新、从会议室的卫生到庭院的绿化,都是办公室管辖的事务。

八、桥梁作用

秘书部门处于领导与职能部门、下级单位之间的枢纽位置，起着下情上达、上情下达、沟通左右、联系内外的桥梁作用。无论内部职工向领导反映情况，还是外单位来宾找领导联系工作，一般都要先通过秘书部门来安排。

复习思考题

1. 比较有关秘书工作性质的不同观点，谈谈你对各种观点的看法。
2. 为什么说辅助性是秘书工作最重要的性质？
3. "政治性"与"政策性"有何差别？为什么要将"政治性"改为"政策性"呢？
4. "秘书工作的性质"与"秘书工作的特点"是一回事吗？你认为"五个（对立）统一"是否概括了秘书工作的主要特点？
5. 试从秘书工作的具体内容来说明秘书工作的作用。
6. 怎样理解秘书工作的"窗口作用"？

案例分析

1. 先阅读案例材料《性急的董事长》，然后讨论后面的问题。

一天上午，某公司董事长突然收到一封非常无礼的来信，信是由一位与公司交往很深的代理商写来的。董事长怒气冲冲地把秘书叫来，让她记录自己口述的回信："我没有想到会收到你这么不讲理的信，尽管我们之间有那么长时间的业务往来，但事到如今，我也不得不终止我们之间的一切交易，并且按照惯例，我要将这件事公之于众！"

董事长口述完上述复信内容，要秘书将信打好寄出。

对于董事长的吩咐，秘书应该采取什么样的态度呢？下面是四种不同的处理办法：

A."是，我立刻照办！"秘书回到办公室按董事长的口述将信打印好并寄走了。

B. 秘书认为董事长在盛怒中作出的决定有欠妥当,如果将信寄出,对公司和董事长本人都非常不利,所以没有执行董事长的指示,而是将信"压下来"。

C. 秘书不执行董事长的指示,并提出忠告:"董事长,请您冷静一点!想一想这样的信寄出后会有什么样的后果。对方写来这样的信,是不是跟我们公司某些地方做得不妥有一定关系呢?我们还是先反省一下自己,再慎重处理这件事吧。"

D. 秘书退下去将信打印出来,但没有马上寄出,而是等到当天快下班的时候,见董事长怒气已消,将打印好的信递给董事长,"董事长,您交代的信已经打印好,请您过目,您觉得这样可以寄出去吗?"

(材料来源:夏目通利:《秘书常识趣谈》)

请问,在以上 A、B、C、D 四位秘书的处理方法中,哪一种最妥当?哪一种最不妥当?为什么?(可先以本章有关秘书工作的性质的原理加以分析,然后再以本书前后其他章节的有关内容加以分析)

2. 阅读下面一则材料,然后回答后面的问题。

上个世纪 90 年代,信访部门从大量的人民来信来访中发现一些地区存在着"乱摊派"现象,导致农民负担过重。在进一步调查的基础上,确认这是一种全国性的普遍现象。为了保护农民利益,国家有关部门根据秘书部门的建议,制定了"将农民负担控制在上年以乡为单位农民人均收入 5% 以内"的政策规定。规定颁布后,一定程度上制止了"乱摊派"现象的发展。随后两年中,秘书部门通过调查发现,这一规定在执行过程中实际上存在不完善的地方:一个乡范围内农民人均收入差距很大,有的达到 20~100 倍。例如,山西省某镇 78 户富裕户 1994 年人均收入 5 万元,其余 5322 户人均收入仅 528 元,而负担却按全镇"上年人均收入"平摊到人,每人 65元,这 65 元占一般农户人均收入的 12.3%,只占富裕户人均收入的 0.13%。秘书部门的调查报告指出:在农民人均收入存在较大差距的情况下,上述政策规定存在着一定的弊端,它掩盖了农村的贫富差距,在一定程度上起了"劫贫济富"的负效应,特别是加重了低收入农户的负担,不符合公平赋税、合理负担的原则,实际上是穷村帮了富村、穷户帮了富户,与党的走共同富裕道路的政策导向是背道而驰的。

国家有关部门根据秘书部门的建议,后来对上述政策规定作了必要的修改。近年又取消了农业税,进一步减轻了农民负担。

(参见王郁昭《应当正视"农民负担控制规定"所存在的弊病》,载《瞭望》1997年第7期)

(1)在上述材料所叙述的一项重要政策出台和修改的过程中,秘书部门做了哪些具体工作?起到哪些重要作用?

(2)上述材料主要说明了秘书工作何种重要性质?

(3)2004年11月4日国务院办公厅《互联网信息择要》称:"10月以来,各地连续发生多起农民工讨薪引发的恶性事件,引起社会各界的广泛关注。"11月5日,温家宝总理在该《择要》上作出批示:"解决拖欠农民工工资问题仍需高度重视。"请参照上述材料中秘书部门的工作,设想如果你是国务院政策研究室的高级秘书,针对拖欠农民工工资问题,打算如何向国家领导人提出切实可行的建议呢?

第九章 秘书工作的宗旨、原则和基本要求

第一节 秘书工作的宗旨

一、"三服务"是秘书工作的宗旨

许多秘书学读本把"三服务"说成是秘书工作的指导思想。"我国秘书工作的指导思想是：为直接领导服务，为相关各级领导服务，为人民群众服务，简称'三服务'"①。

我们认为，"三服务"虽然重要，但是说它是秘书工作的"指导思想"不够妥当，说它是秘书工作的宗旨可能更为恰当。

"指导思想"是"指引人们行动的思想体系"，而"宗旨"则是人们行为的"主要目的和意图"。从词义看，前者虚而后者实。马克思主义、毛泽东思想、邓小平理论等是党的指导思想，为人民服务则是党的根本宗旨；而不能倒过来说，党的指导思想是为人民服务，党的根本宗旨是马克思主义、毛泽东思想、邓小平理论。可见，两者的词义是有明显差别的。

"三服务"是秘书工作的指导思想，这一提法来源于1985年1月召开的全国秘书长、办公厅主任座谈会。在有关那次会议的报道中提到："关于指导思想，他（当时的中办主任王兆国）

---

① 安忻：《秘书工作概论与实务》，第32页，北京：中国档案出版社，2000。

指出:中央办公厅工作是围绕党的总目标、总任务,做好'三服务',即为中央服务,为中央各部门和各省、自治区、直辖市服务,为人民群众服务。至于各地区、各部门办公厅(室)工作的指导思想,他的建议是:为中央领导工作服务,为当地领导机关和各部委服务,为同级和下级机关服务以及为人民群众服务。"①

如果说二十年前说"三服务"是秘书工作的"指导思想"并没有什么不妥的话,那么在今天还坚持说秘书工作有自己的"指导思想"就显得与党章、宪法的提法不一致了。因为一个党只有一个统一的指导思想,十六大通过的党章明确规定:"中国共产党以马克思列宁主义、毛泽东思想、邓小平理论和'三个代表'重要思想作为自己的行动指南。"我国宪法修正案也把它作为国家的指导思想。胡锦涛同志2003年7月1日的重要讲话中明确强调:"全党同志一定要……牢固确立'三个代表'重要思想在全党一切工作中的指导地位,自觉用'三个代表'重要思想指导自己的思想和行动。"既然"三个代表"重要思想是"全党一切工作"的指导思想,秘书工作特别是党政机关的秘书工作就不能再把"三服务"摆在"指导思想"的位置。

是不是党章规定的只是全党"总的指导思想",党的各项具体工作可以有自己的"具体的指导思想"呢?答案也是否定的。在1993年11月第十八次全国统战工作会议上,中央统战部部长王兆国作了题为《以邓小平同志建设有中国特色社会主义理论为指导,进一步加强新形势下的统一战线工作》的报告,当时的中央政治局常委、全国政协主席李瑞环也在会上指出,"邓小平同志建设有中国特色社会主义的理论是我们一切工作的指导思想"②;1999年11月召开的中央经济工作会议,提出了2000年"经济工作的指导思想和总体要求是:以邓小平理论和

---

① 《秘书工作》1985(1)。
② 《人民日报》1993年11月8日第2版。

党的基本路线为指导,认真贯彻党的十五大和十五届三中全会、四中全会精神……"①在 2002 年 9 月的全国再就业工作会议上,朱镕基总理指出:"要以邓小平理论和'三个代表'重要思想为指导……进一步完善社会保障体系,全面推动就业和再就业工作。"吴邦国副总理在报告中说:"要以'三个代表'重要思想为指导……努力开创再就业工作的新局面。"②2003 年 9 月 22 日中华全国总工会主席王兆国在中国工会第十四次全国代表大会上的报告中又指出:"'三个代表'重要思想……是全党全国人民在新世纪新阶段继续团结奋斗的共同思想基础,是实现全面建设小康社会宏伟目标的根本指针,也是工会工作的根本指导思想。"③

以上材料说明,"党的指导思想就是全党一切工作的指导思想",这早已是全党的共识。倘若每项具体工作都提出自己的有别于邓小平理论和"三个代表"重要思想的"具体的指导思想",那么就会有"统战工作的指导思想"、"宣传工作的指导思想"、"新闻工作的指导思想"、"经济工作的指导思想"、"再就业工作的指导思想"、"工会工作的指导思想"等等。这样,全党的指导思想岂不成了一句空话!事实上,除了秘书学中有"秘书工作的指导思想"这种说法外,新闻学、经济学、思想政治工作概论等学科中,都没有提出过相关工作(如新闻工作)特殊的指导思想。

因此,我们认为,秘书工作的"指导思想"就是党章和宪法上所规定的全党、全国一切工作的指导思想,而"三服务"则是秘书工作的宗旨,也就是秘书工作的"主要目的和意图"。

二、"三服务"的准确表述

"三服务"在秘书学中已经成为一个固定词语,但是各种著

---

① 《人民日报》1999 年 11 月 18 日第 1 版。
② 《人民日报》2002 年 9 月 13 日第 2 版。
③ 《人民日报》2003 年 9 月 24 日第 2 版。

述对"三服务"的表述却有明显差别。除了上述安忻先生的表述外,还有以下一些不同表述:

(1)为领导工作服务,为同级和上下级机关服务,为人民群众服务。①

(2)为上级机关服务,为同级和下级机关服务,为人民服务。②

(3)为本级领导服务,为各部门服务,为人民群众服务。③

(4)为直接领导服务,为本系统关系到的上、下、平行各级领导服务,为人民群众服务。④

(5)为本级领导工作服务,为同级各部门工作服务,为基层、为人民服务。⑤

奇怪的是,大家都说"三服务"来源于同一次会议,却没有任意两本书的表述是完全相同的,可见这些表述并非来自会议文件本身。当时的文件原文如何,应该是不难查到的,除非文件涉及至今仍需保密的事项。

面对"三服务"的不同版本,我们就需要做出选择。本着准确、简洁的原则,我们认为,"三服务"应该表述为:为领导工作服务,为各部门和所辖地区或下级单位服务,为人民群众服务。

(一)为领导工作服务

"领导"主要指直接领导(包括本部门的负责人、私人秘书的雇主),这是秘书服务的主要对象;其次指上级领导机关,即秘书部门在信息反馈、文件来往、对上级机关来员的接待等方面对上级机关以及它的领导或人员提供服务。当然,后者在服务项目和服务工作量上都远远小于为本机关领导的服务。

---

① 董继超主编:《秘书学教程》,第6页,北京:中央广播电视大学出版社,1993。
② 王绍龄主编:《秘书学》,第82页,开封:河南大学出版社,1988。
③ 常崇宜主编:《秘书学概论》,第1页,北京:线装书局,2000。
④ 王永:《中国秘书》,第7页,北京:企业管理出版社,1999。
⑤ 任群主编:《中国秘书学》,第64页,重庆出版社,1999。

（二）为各部门和所辖地区或下级单位服务

"部门"是指本机关的各业务职能部门（如果机关内有两个以上秘书部门，还包括别的秘书部门）。秘书部门在信息、资料、文书、档案、会务、机关后勤管理等项工作中应该为整个机关提供服务。这是秘书部门分内之事，因为为各部门服务就是为整个机关服务，也是间接地为领导工作服务。

"所辖地区"是对各级党政机关秘书部门而言的。国务院办公厅要为各省、自治区、直辖市服务；省政府办公厅要为各市、县服务。在信息、文书、接待以及对下级秘书机构的业务指导等方面，这种对下服务的工作占有一定的比重。

"下级单位"主要是指企事业单位。企业集团公司的秘书部门要为各子公司服务；高校校长办公室要为各院系工作服务。

（三）为人民群众服务

为人民群众服务是我们一切工作的根本宗旨。因此，为领导服务、为各部门和下级单位服务等，从根本上来说也是为人民群众服务。这里之所以要把"为人民群众服务"单列出来，就是强调直接为作为个体的民众服务。在基层组织或企事业单位，秘书部门经常要直接为公民或员工个人服务；在上层机关，秘书部门可能在信访接待、投诉受理等项工作中直接面对群众。秘书人员对人民群众应该满腔热情，想群众所想，急群众所急，高效率地解决他们的问题，这样才能得到人民群众的信任和支持。

三、明确秘书工作宗旨的意义

将"三服务"确定为秘书工作的宗旨，主要是强调秘书工作的辅助性，帮助秘书人员提高服务意识，端正服务态度，培养奉献精神。秘书部门常常为机关起草规章制度，在具体制度设计上要贯彻方便群众、方便下级的服务原则，而不能仅仅从方便办公室工作的角度本末倒置地搞一些不合理的规定。其次是强调秘书工作服务对象的广泛性,明确服务对象除"顶头上司"外,还有各部门和下级单位,还有广大人民群众。由于设立秘书机构的目的就是为领导提供服务,因此,秘书工作要为领导服务是不需要强调的,而为各部门、下级单位和群众服务,则容易被忽视,以至出现了对秘书部门工作强烈不满的现象。"门难进、脸难看、话难听、事难办"的官僚主义作风之所以存在,与秘书人员不明确自己工作的宗旨有关。

"三服务"宗旨本来是对上层党委机关秘书工作提出来的,但它的精神完全适用于一切机关单位的秘书工作。即使是民营企业或外资企业,秘书工作的宗旨也都是要搞好"三服务"。

第二节 秘书工作的原则

关于秘书工作的原则,秘书学界也有不同的观点。我们先列举几位学者的观点,然后再提出自己的观点。

李　欣(1989):追求效率、保密、实事求是。

詹银才(1994):准确、迅速、保密、落实。

王　永(1999):准确、迅速、保密、实事求是。

安　忻(2000):高效、保密、实事求是。

常崇宜(2000):实事求是、同领导保持一致、追求工作效率。

陈合宜(2001):准确、迅速、保密。

司徒允昌(2001):严守法纪、实事求是、联系群众、维护大局、团结协作。

"原则"是指人们的言论和行为所依据的法则或标准,是行为主体用来规范、约束自己言行的;而"要求"则是希望得到满足和实现的愿望或条件,是外界(对于秘书来说就是服务对象,如领导、各部门、下级单位、人民群众等)希望行为主体做到的。因此,将以上诸项中的"准确"、"高效"、"保密"等说成是"要求"更为恰当。

我们分析比较了各家的具体论述,认为司徒允昌先生的观点比较符合"原则"的本义。他的《秘书学综论》一书在阐述秘书工作原则的同时,还指出"准确、迅速、细致、保密等等"是秘书工作"一般的要求,也就是基本要求"。①

在吸收了司徒允昌先生研究成果的基础上,我们认为秘书工作有以下六条原则:守法遵纪原则、求真务实原则、超前服务原则、服从大局原则、团结协作原则、联系群众原则。

一、守法遵纪原则

这不是指秘书在个人行为上要遵纪守法,而是指秘书在工作上必须合乎法律规范、纪律规范、政策规范。

"依法治国"已经被写进了我国宪法。依法治国的关键是依法行政,秘书部门在依法行政方面起着相当重要的作用。秘书起草文件或对领导的决策提出意见、建议乃至决策方案,必须注意其内容的合法性与符合党和国家的政策规定。有的秘书人员认为秘书不负决策失误责任,反正有领导把关,因而认为依法行政与自己关系不大。这是一种十分糊涂的认识。实际上,领导人的水平(包括法制观念和政策水平)比秘书高只是一种理论上的要求,实际情况并不尽然;尤其是在对具体法律条文、政策规定的熟悉程度方面,领导不如秘书乃是正常现象。因此,秘书应该牢固树立法制观念、纪律观念和政策观念,避免工作中出现违法违纪现象。

守法遵纪原则还体现在以下几个方面:遵守工作纪律绝不越权行事,遵守保密纪律绝不泄露机密,在信访、接待、处理突发事件等工作中严格按有关规定办事等等。

二、求真务实原则

所谓"求真",就是秘书工作必须贯彻党的实事求是的思想

---

① 司徒允昌:《秘书学综论》,第58页,上海文化出版社,2001。

路线,坚决反对弄虚作假的行为。历史上,我们违背实事求是思想路线而热衷于搞假、大、空的事例很多,曾经给党、国家和人民造成了重大损失。在秘书的具体工作中,调查研究、信息工作、文稿撰拟、信访案件的处理等等,凡是涉及具体材料的事项特别要注意尊重事实,既不可故意隐瞒事实、弄虚作假,也不能不经调查、核实就想当然地虚构"事实"和数据。

所谓"务实",就是秘书工作要讲求实效,反对形式主义的工作作风。秘书部门向领导提出的建议或决策方案,要注意方案的切实可行,不要只追求轰动效应,专做表面文章,毫无实事求是之意,只有哗众取宠之心。秘书不但要说实话,更要为领导、为机关、为群众多做实事。

三、超前服务原则

超前性不是指把常规工作做在前头。例如,年终要搞年度工作总结,领导尚未交代,秘书人员便提前收集有关资料;领导要出差,秘书提前为领导准备好有关的文件材料和买好车票或机票。这些只能叫做提前做好常规工作的准备。当然,这比临阵磨枪仓促上阵要好,是工作主动性的一种表现,但尚谈不上超前服务。

秘书工作的超前性主要体现在辅助决策诸项工作中,如信息工作、调查研究、协调工作等。在信息工作中,秘书部门不能等领导布置任务才去收集有关信息,要根据形势的发展,平时就注重收集那些对本单位发展有重要影响的信息,及时向领导提供高价值的信息,并给出信息分析的结论,必要时要提出富有创意而又切实可行的建议。至于社会调查,更不能在领导要制定某项政策时再去搞调研,政策的制定或调整是在秘书部门调查研究的基础上才作出的,即先由秘书部门的调查研究和参谋建议,后有领导机关政策的出台或调整。协调工作的超前性是指要把重点放在防止出现不协调的现象上,或把不协调现象消灭在萌芽状态,不要等到矛盾尖锐化、表面化才开始协调,这就要求秘书部门要有预见性。

四、服从大局原则

秘书部门是机关的综合部门,对组织的发展和机关的正常运转具有特别的作用。秘书人员应站在系统整体利益的角度来处理局部与全局的关系。秘书部门也有自身利益,当它与系统的全局利益发生冲突的时候,应当毫不犹豫地牺牲局部的利益,以维护组织的整体利益。秘书人员应协助领导协调好各个局部的利益,使利益关系得到平衡。在协调局部利益的过程中,任何部门都要服从全局利益;作为领导助手和参谋的办公室如果不能自觉地做到以大局为重,领导怎么能要求其他职能部门做出局部利益的牺牲呢?从这个角度看,秘书部门为机关各部门作出服从大局的表率,就是对领导工作最好的辅助。

五、团结协作原则

团结就是力量,协作才有效率。对于一个组织来说,任何工作都需要发挥整体的作用,才能达到预定的目标,这就离不开部门之间、人员之间的团结协作。

秘书工作的团结协作原则体现在三个层面上:首先,秘书部门与本机关各个职能部门要建立良好的协作关系,在工作上互相配合、互相支持,形成系统的合力。其次,秘书部门还需要同其他单位(包括上级机关、下级机关、不相隶属的机关)的秘书部门建立良好的协作关系,在信息互通、资源共享、文书往来、随从领导下基层调查研究或到上级机关汇报工作等方面,都需要良好的协作关系。再次,秘书部门内部工作人员之间要团结协作。秘书工作的综合性决定了秘书部门的许多工作需要多人共同完成,即使有明确分工的常规业务,也因秘书陪同领导出差的机会多等原因,经常出现平时分管的工作要由其他秘书来临时代管的情况。因此,办公室秘书之间的团结协作要比其他部门内部人员的协作更为重要。

六、联系群众原则

秘书工作不但从根本上说是为人民群众服务，而且秘书部门的许多具体工作也直接为群众（包括老百姓个体和基层单位）提供具体的服务。树立为人民群众服务的意识是做好秘书工作的条件之一。除此之外，联系群众的原则还表现在以下两个方面：

一是秘书部门是领导联系群众的桥梁。群众的生活、思想、要求、意见等，一般通过秘书部门反映给领导；而领导机关的政策目标、决策意图、指挥决心等，一般也是通过秘书部门的一系列工作传达到基层、传递给群众的。秘书人员要自觉地意识到秘书部门这一特殊地位，承担起密切领导机关与群众关系的重大责任。秘书工作者必须相信群众，把人民群众作为依靠对象，而不能作为防范的对象。既然我们党是代表最广大人民群众根本利益的党、我们的政府是人民的政府，党政机关的领导就没有任何害怕群众的理由。曾经有人介绍经验说，秘书的职责之一是为领导挡驾。挡什么驾呢？如果是挡住群众使之不能接近领导的大驾，那就大谬特谬了。

二是秘书部门的许多工作必须依靠群众的支持和配合，才能取得良好的效果。例如调查研究，必须深入到底层群众之中，才能了解到真实情况，若只听下级官员的汇报，是得不到真实情况的；又如信息工作，如果秘书部门与基层群众建立起密切的联系，人民群众就会主动向秘书部门提供一些有价值的信息或线索。

第三节 秘书工作的基本要求

秘书工作的基本要求是主动、高效、准确、保密。

秘书工作的内容非常丰富，每一项具体工作各有一些不同的具体要求，如信息工作有信息工作的要求、文书工作有文书工作的要求、信访工作有信访工作的要求、接待工作有接待工作的要求，等等。这里所说的"主动、高效、准确、保密"四条基本要求，是根据秘书部门的基本职能和秘书工作的主要性质，对秘书工作提出的总的要求，也是秘书工作的服务对象期望秘书工作者达到的水平，它普遍适用于秘书部门各项具体工作。秘书在完成任何一项具体工作的时候，都应当考虑这些基本要求，要经常用这些要求来衡量自己的工作，不断提高自己的工作质量。

一、主动

秘书工作是为领导活动服务的，这种服务不能是被动的，而应是主动的。秘书在自己的职权范围内应该敢于负责，充分发挥主观能动性和聪明才智，进行富有成效的创造性工作。

主动不仅表现在上一节"超前服务原则"所谈到的辅助决策的诸项工作中的超前服务上，而且也表现在常规工作中。对于大量庞杂而又琐碎的事务，秘书不能被动应付，而应该把它们安排得科学化、程序化，做到忙而不乱。有些临时的任务，领导在交办时一般只提原则性的要求，具体如何完成，则完全依赖秘书的主观努力。无论是决策服务还是常规业务、日常事务，无论是经常性工作还是临时性任务，秘书都要以积极主动的态度和强烈的责任感去完成。如果缺乏主动进取精神，工作消极被动，什么事都不敢负责，事无巨细都要让领导拿主意、给办法，就会加重领导的负担，这样的秘书不可能受到领导的欢迎。

秘书要做到工作主动，就必须多从领导的角度考虑问题，要能够预见到领导将要进行哪些活动，将会需要哪些方面的信息和资料，哪些工作需要提前做准备。这样在领导一旦需要时，秘书就不会措手不及、疲于应付。

二、高效

高效是指花尽量少的时间、精力和物力而取得最好的效果。任何工作都要讲究效率，秘书工作的高效尤为重要，因为秘书工作的效率直接影响到领导工作的效率，也影响到整个机关的办事效率。秘书部门办事效率高，对克服机关的官僚主义作风具有重要意义。秘书部门的工作效率，主要体现在办文、办会、办事的速度上，即要求秘书无论做什么工作，都要讲究一个"快"字：凡是应该办的事，就要迅速办理；今天应该处理的事，决不拖延到明天。如果秘书在工作中拖拉延误，松散懈怠，不讲效率，领导交代的文稿撰写任务不能如期交稿，应该及时输出的信息延误了时机，筹办的会议不能按期开会，就会打乱领导的工作计划，给领导工作造成被动局面，也会给机关各部门工作带来损失。

强调秘书工作要讲究一个"快"字，并不是说可以忽视工作质量，因为效率必须以保证质量为前提。那种以牺牲工作质量为代价而片面追求速度，乃至于草率从事、马虎敷衍，绝对不是我们所讲的"高效"。

秘书工作的效率，是由多方面因素决定的，如办公室内部管理水平如何、办公设备是否先进、整个机关的工作作风、秘书人员的能力和效率观念等等。因此，要提高秘书工作的效率，必须从多方面努力。但是，秘书人员不断提高自身的能力、树立高度的效率观念，无疑是其中最重要的一个方面。

三、准确

准确是对秘书工作质量的要求，也是提高工作效率的基础。

秘书的许多工作跟领导的决策、指挥直接相关，秘书工作的任何差错都可能造成非常严重的后果。秘书起草或校对文件时，如果有一个提法不准确，或者有一个字、一个数据甚至一个标点符号有错误,都会影响对文件精神的理解,文件一旦发出就可能造成重大事故。秘书做会议记录,如果听错、记错一句关键的话,就会留下错误的原始记录。秘书在传达领导指示时,必须准确无误,不得走样,不得掺杂有违领导本意的个人主观意见,否则也可能造成严重后果。秘书在整理调查材料和加工处理信息时,必须仔细校对、核查每一个重要数据,不得有任何马虎。甚至在打电话、值班、接待等琐碎的事务工作中,秘书也必须做到准确、细致,譬如,打电话时传错了一个人的姓名,或者听错了一个会议的时间等,都会造成不好的影响。

要保证秘书工作准确无误不出差错,秘书人员就必须做到:一是要坚持实事求是原则,说真话、报实情、办实事,坚决反对瞒报浮夸、弄虚作假的恶劣作风,因为任何虚假不实的东西都不可能是准确的。二是要有高度的政治责任感,严谨认真的工作态度,踏实细致、一丝不苟的工作作风;秘书工作中出现的差错,许多都是由于秘书工作不够认真造成的。三是要严格执行各种规章制度,如岗位责任制、公文的审核签发制度、印章使用登记制度等等。四是要提高自己的思想水平和政策水平,这是准确理解领导决策意图和具体指示的主观条件,是避免出现内容差错所必需的,只有准确地理解,才能准确地形成文字、准确地上传下达、准确地贯彻执行。

四、保密

秘书工作是一项机要性极强的工作,对秘书人员的保密要求比对机关一般人员的要求应该更高,这是因为秘书了解的机密范围广、级别高,一旦泄密对国家或单位造成的损失也特别严重。

秘书工作要做到保密,就必须建立严格的保密制度,办公室要配备必要的保密设备,如专用的文件保管室或机密文件保险柜等等。秘书人员的保密观念则是做好保密工作的主观条件。秘书人员必须牢记并严格遵守保密纪律"十不准":

（一）不该说的机密，绝对不说。

（二）不该问的机密，绝对不问。

（三）不该看的机密，绝对不看。

（四）不该记录的机密，绝对不记录。

（五）不在非保密本上记录机密。

（六）不在私人通信中涉及机密。

（七）不在公共场所和家属、子女、亲友面前谈论机密。

（八）不在不利于保密的地方存放机密文件、资料。

（九）不在普通电话、明码电报、普通邮件、普通信息网上传达机密事项。

（十）不携带机密材料游览、参观、探亲、访友和出入公共场所。

复习思考题

1. 为什么说"三服务"是秘书工作的宗旨而不是秘书工作的指导思想？

2. 明确秘书工作"三服务"宗旨有何意义？

3. 何谓"原则"？秘书工作的原则有哪些？

4. 结合秘书工作的内容和秘书工作的作用，谈谈你对秘书工作基本要求的理解。

案 例 分 析

1. 下面的文字是根据《半月谈》上的一篇报道改写的。请认真阅读后思考后面的问题。

一次，江西省抚州市委书记到××县农村调查，看到乡政府墙上辟有一块评"三户"（双文明户、五好家庭户、遵纪守法户）宣传栏。栏里公布了对未评上"三户"农民的"十一条限制性措施"，其中规定：那些落选户在家庭成员入党、入团、招工、提干、参军、各类经济项目的承包、宅基地的批准、生育指标的安排以及"农转非"、集体福利待遇、民政补助等方面,都要受到限制。乡镇干部汇报反映,这次评"三户"活动有利于解决平时工作中不称心、不顺手的一些难题,是一次"整治不听话农民的好机会"。一些有缺点、有毛病的农民则反映,他们害怕当落选户,感到惶恐不安,压力很大,担心遭受歧视,要求上级领导给出实施"十一条措施"的根据。

市委书记在调查中还了解到,这明显违反了宪法精神和党的政策的"十一条限制性措施",原来出自县委的"红头文件"。它的出笼经过是这样的:县委办公室在调查评"三户"活动情况时,有乡镇汇报他们创造的"有奖有罚评三户"经验,而所谓的罚就是几条限制。秘书调查后整理了一份调查报告,建议县委推广该经验,并将限制性措施明确规定为"十一条",经县委常委会讨论形成了正式文件。此文件也曾按照规定报送市委办公室。

市委领导及时纠正了该县委文件的违法内容。

(材料来源:《半月谈》1991年第4期)

(1)以上材料中披露的县委"红头文件"出现明显违法和违反党的政策的内容,其原因何在?这与秘书部门的工作有何关系?

(2)在上级党委纠正了县委文件中的错误后,该县秘书部门从中应该吸取哪些教训?

(3)假如该错误文件造成了严重后果(如矛盾激化,引发村民骚乱),秘书部门要承担责任吗?

2.以下材料介绍了一位资深秘书的一次"沉痛教训",你能从中得到一些收获吗?

田真同志自17岁到西柏坡中央办公厅从事秘书工作一直到离休,是一位经验丰富的老秘书工作者。谈起秘书工作的经验,他体会最深的就是在中央机关"秘书工作无小事","不怕一万,就怕万一"。因此在工作中一定要认真负责,兢兢业业,一丝不苟。否则稍一疏忽,就可能给工作带来无法挽回的损失。他说:"在这方面,我们是有过沉痛教训的。"

1953年,中央批转由毛主席亲自修改签发的一份文件,文件批语是毛主席用铅笔写的,文件由周恩来等中央领导传阅后,经办部门为了保持主席手稿的整洁,便将主席的批语重新打印了一份,后来以中央文件形式下发。过了一段时间,毛主席发现文件中的"付诸施行"印成了"讨论施行",便打电话来查问究竟,经查原来是打字员将手写的"付诸"二字错打成了"讨论",两字之差意思相去甚远。为此毛主席特地要求中央办公厅发一专门的更正通知,并说嗣后一定要校对清楚,不要再错。这件事使田真深受震动,也使他深切体会到做秘书必须精心细心,绝不可粗心大意。

(材料来源:《秘书》2007年第6期,李文娟文)

(1)请结合本材料中的具体事例,谈谈你对"秘书工作的基本要求"的理解。

(2)材料中提到的"付诸"和"讨论"两字字形非常相近(尤其是手写体),而意思相去甚远。请想想看它们的意义差别何在?如果不发文纠正,会出现什么样的后果呢?

(3)再想一想,造成上述错误的原因除了打字员粗心大意外,是否还有更深层次的原因呢?

第十章 秘书工作方法

第一节 秘书工作方法概述

一、秘书工作方法的概念和意义

工作方法是指完成工作任务、达到预定目标的途径和手段。这个问题看似简单，实际上并不十分明确。例如，一本秘书学读本列举的"秘书工作方法"第一条是"分清主次，精心安排，为领导者创造想大事、干实事的必要条件"。还有的读本列出的第一条方法是"正确处理好各种关系"。这些与其说是"方法"，还不如说是秘书工作的任务，或者说是秘书工作中应注意的事项。

"方法"是一个相对概念。例如，如果解决某种社会矛盾（如征地拆迁中的矛盾）是任务，那么制定相关的政策就是一种方法；如果把制定某项政策看成任务，那么，对相关问题进行调查研究就是一种方法；如果把调查研究看成是任务，那么开调查会就是一种方法。因为每一层面上都有一个"怎样做"的问题：怎样解决矛盾——怎样制定可行的政策——怎样进行调查才能得到可靠数据……本章要介绍的秘书工作方法是哪一个层面上的方法呢？考虑到秘书学作为一门应用性学科，要解决的是如何做好秘书工作的问题，我们把本章阐述的"秘书工作方法"界定为具体的工作方法。在上述例子中，就是"开调查会"这个层面的方法，它要解决的是如何调查、如何协调、如何请示工作、如何有效地利用时间等具体问题,而不是解决如何为领导提供最优服务、如何提高工作效率等宏观问题,也不是解决如何开好调查会、如何迅速统计会议到会人数这样的微观问题(后一问题将由《秘书实务》来解决)。

正确的方法是取得预期工作效果、提高秘书工作效率的必要条件之一。对于尚未走上社会的青年学生或者刚刚走上秘书工作岗位的青年秘书来说,了解一些秘书工作方法的理论知识,是完全必要的,因为这有助他们在理论指导下通过工作实践尽快掌握秘书工作的方法,熟悉秘书工作的规律。

二、秘书确定工作方法的原则

要解决过河的问题可以搭桥也可以造船,完成一项工作任务也可以选择不同的方法。秘书在确定工作方法时要遵循以下原则:

(一)合法性原则

在法治社会,不但做什么要合法,而且怎样做也必须合法,这就是程序合法的问题。即使一项工作的目的是无可非议的(如想搞清某事件的真相),也不允许采用非法的手段。秘书在工作方法上可能出现的违法行为主要有扣押或私拆他人信件、限制他人人身自由、利用私人侦探或非法的信息公司获取信息、发布虚假信息隐瞒事实真相等等。

(二)科学性原则

现代社会中,仅仅靠传统的经验性的方法已经不能满足领导对秘书工作的需要,秘书人员必须学会科学的思维方法和工作方法。例如,调查研究如果只会开调查会或个别访谈,不会问卷调查或专家论证,就难以获取精确的高质量的信息;对调查材料的研究,也不能仅用定性分析的方法,而应该将定性分析和定量分析结合起来,才能得到科学的结论。

(三)适应性原则

所谓"适应性原则",是指为适应领导工作的需要而采用相应的方法。不同的领导有不同的个性特点和工作习惯,秘书部门对不同的领导就应该采用不同的工作方法。例如,有的领导喜欢听口头汇报,有的领导喜欢看书面汇报,秘书在向领导汇报工作或提供信息时,就要分别采用不同的汇报方法。

(四)灵活性原则

工作方法不是一成不变的,在完成某项任务的过程中,在不同的阶段可以采用不同的方法,面对不同的对象也可以使用不同的方法。对每一种具体工作(如调查、研究、协调等),秘书都应该多掌握几种基本的方法,以便在不同的情况下灵活运用。民主革命时期,中共在"白区"的党组织根据当时的环境使用的各种秘密通信的方法(参见本书第 287 页),就有效保证了党内信息的畅通。

第二节 秘书一般工作方法

本节所阐述的秘书一般工作方法,是指在领导工作和其他工作中也被普遍采用的通用方法。

一、调查的方法

(一)现场观察

现场观察是指调查者深入事件现场进行有目的、有计划的、周密细致的考察,以获得对调查对象直观的具体印象。现场观察要注意以下几点:第一,要观察真实的现场,防止有人制造假象。第二,观察要客观,不能带个人偏见,既要看到正面情况,也要注意反面情况。第三,要注意略看与细察相结合。略看就是从大的方面着手,通过粗略的查看,获得对事物的总体印象;细察是指在略看的基础上,对事物的重点部位、关键环节进行细致的考察。

(二)个别访谈

个别访谈就是通过与被调查者的单独交谈来了解事物情

况的方法。这种方法的优点在于能够听到一些人不愿在公开场合发表的意见和情况，便于边谈边提出新的问题，以扩大调查线索。运用这种调查方法要注意以下几点：第一，要选择合适的调查对象。第二，访谈前要做好充分的准备。第三，要讲究谈话的艺术，善于创造良好的氛围。

（三）开调查会

开调查会就是把若干人召集到一起，就所调查的问题进行座谈，从而了解有关情况的调查方法。开调查会是一种传统的简单易行的调查方法。开好调查会必须注意以下几点：第一，调查会人数以5～8人为宜。第二，要选择合适的人参加调查会。第三，调查者要善于控制会议，引导发言，还要善于从发言中发现新问题、新线索。第四，每次调查会的时间一般不宜超过100分钟。第五，要善于把开调查会和个别访谈结合起来运用。

（四）问卷调查和民意测验

问卷调查就是根据调查内容设计出相应的便于回答的问题（以选择题为主），交给被调查者填写，然后集中统计、分析，以获得所需要的数据和情况。问卷调查是现代调查中普遍采用的方法。问卷调查能否取得高质量的信息，关键在于问卷设计是否科学合理。

民意测验是专门为了解公众对某一特定事物的评价或态度所作的问卷调查，它和一般问卷调查的差别在于调查项目的单一性。

（五）统计调查

统计调查就是按照一定的目的和要求收集、统计数据，然后通过对统计数据的分析和研究来取得对事物情况的认识。统计是人们认识社会经济规律的重要方法之一，它通过具体数据来描述和分析社会经济现象的状况和变化。正规的全面的统计工作主要由国家专门的统计部门来进行。秘书部门的统计调查有以下两种类型：一是常规性统计调查，即在机关工作中建立统计报表制度，各单位、各部门定期将各项工作开展情况的有关数据制成表格上报办公室，办公室再对这些统计数据进行汇总分析。另一是临时性统计调查，即为了某项工作的需要临时组织的专题统计调查。

（六）专家咨询和论证

专家咨询和论证就是召集有关方面的专家学者对重大的决策事项或专门的技术性问题进行咨询和论证。咨询会或论证会是一种特殊的调查座谈会，具有专业研究性和探讨性的特点，需有畅所欲言、自由争论的氛围和比较充分的时间。参加论证的专家应力求多样化，既要有技术专家，也要有管理专家。

专家咨询论证会的开法有两种：一种叫做"单向充分发表意见法"，会议主持人只说明总的意图，不表态，让专家学者自由畅谈，发言者只能发表自己的看法，不得批评他人的意见。这种讨论方法发言随便、气氛自由，有利于新观点和创造性建议的形成。另一种方法叫做"反向充分发表意见法"，会议主持人先发表自己的初步意见，然后要求与会者充分发表不同的意见，每位发言者除阐述自己意见外，还要对主持人和其他专家的意见展开批评。这种讨论方法能把问题讨论深刻、透彻，避免片面性。

二、研究的方法

这里讲的研究的方法特指对调查材料和其他信息进行的研究，而有别于专家学者进行的科学和学术研究。研究的方法主要有：

（一）归纳和演绎

归纳和演绎是两种基本的逻辑推理方法。归纳是从同类中若干个别或特殊的对象推出有关该类事物的一般性结论的推理方法。归纳法有完全归纳法和不完全归纳法之分。完全归纳法就是根据某类中的每一对象具有或不具有某属性，概括出该类事物全部具有或不具有某属性的推理。完全归纳法得出的结论是必然可靠的。不完全归纳法是根据某类中的部分对象具有或不具有某属性,推断该类事物全部具有某属性的推理。不完全归纳法分为简单枚举法和典型归纳法两种。简单枚举法是指根据一类事物随机出现的个别对象的情况,推断该类事物的总体情况,它的结论不太可靠,但可作为初步认识,供人们继续研究或通过实践加以检验。典型归纳法是指根据挑选的一类事物中的少数有代表性的对象的情况,推出该类事物的总体情况,它的可靠性主要取决于典型的选择是否准确。

演绎是以一般性原理为前提,推出特殊的个别事物的结论的推理。在研究工作中,人们往往根据已知的规律性的知识(一般原理),结合研究对象的具体事实,从而得出有关研究对象的特殊认识。例如,当我们通过调查发现一个单位领导班子存在严重不团结现象,再根据"如果一个单位领导不团结,则该单位的工作是不可能做好的"这一常识,就可得出该单位领导班子必须进行整顿的结论。演绎推理必须遵守相关的推理规则,在推理形式正确的情况下,演绎推理可以保证从真实前提推出真实结论。人们在对调查事实进行理论分析和深入思考的时候,必须运用演绎的方法。

在对调查材料进行研究的过程中,归纳和演绎两种逻辑推理方法常常结合在一起运用。

(二)比较和分类

比较法是一种传统的研究方法,指的是将一个事物与其他事物进行对比,或将事物不同阶段的情况进行对比,找出它们的相同点和不同点,从而对事物的性质或规律作出科学论断。比较有横向比较和纵向比较两种基本类型。横向比较就是将研究对象与其他同类对象进行比较,如将一家国有企业的经营情况与同类国营或民营企业的经营情况进行比较;纵向比较就是将研究对象现在的情况同它过去的情况进行比较,如将目前大学生的素质与扩招前的情况进行比较。

分类是根据对象的相同点和不同点,将研究对象区分为不同类别的逻辑方法。合理的分类可以把复杂的事物条理化、系统化,可以揭示事物的内部结构和比例关系。分类还可以为进一步进行研究打下基础。

分类和比较是密切联系的,用比较法得到的事物之间的相同点和不同点,可以作为分类的根据,而对事物进行分类后,又便于对不同类别的事物进行更深入、更全面的比较研究,从而找出本质上的差别。

(三)分析和综合

分析就是把事物的整体分解为各个部分、各个方面,再分别加以研究考察的方法。分析的过程是思维活动从整体到部分、从复杂到简单的过程。

综合是在分析的基础上,把对事物各个部分、各个方面的认识组合为一个整体认识的方法。综合的过程是思维活动从部分到整体、从简单到复杂的过程。综合不是简单的概括,而是要找出事物的主要矛盾和矛盾的主要方面,揭示事物各组成部分之间复杂的内在联系,从而得出对事物本质和规律的认识。

分析和综合是对立统一的关系。在实际的研究过程中,分析和综合是彼此衔接和相互渗透的,分析的终点往往是综合的起点,综合的终点又是进一步分析的起点。

(四)定量研究和定性研究

定量研究是指通过对事物各种数量关系的研究来认识事物的方法。定量研究具有逻辑的严密性和可靠性的特点。它得出的结论往往具有较强的说服力。在进行定量研究时,要避免孤立、片面地看待数据。例如,如果只看到现在的物价比二十年前的物价涨了许多倍,可能会感到吃惊,但是如果同时看到居民的平均货币收入比二十年前增长的幅度更大,就会得出人民生活总体水平有所改善的客观结论。

定性研究是指通过对事物质的规定性的研究来认识事物的方法。它在对有关信息去粗取精、去伪存真、由此及彼、由表及里的分析综合的基础上,对研究对象作出性质上的判断。例如,一家企业的管理水平是否处于同类企业的先进行列;一个干部所犯错误是属于一般工作作风问题,还是属于违纪、违法甚至犯罪行为;对农民的一项收费是属于合理收费,还是属于乱摊派,等等。

(五)系统研究的方法

系统论认为,世界上任何事物总存在于一定的系统中,它们本身也无不是其中的一个子系统。系统研究的方法就是按系统论的原则对调查材料进行研究的方法。第一,要坚持集合性原则,把调查材料当作反映客观情况的集合来研究,要求占有的材料全面,否则就要进一步调查充实。第二,要坚持整体性原则,从系统的整体功能着眼去分析材料。第三,要坚持相关性原则,不但要研究调查材料之间的内部联系,还要从整体与外部环境之间的相互联系、相互作用、相互制约方面去综合地考察调查对象。第四,要坚持有序性原则,即在研究调查材料时要注意到时间、空间、功能、逻辑等各方面的有序性。

三、协调的方法

任何有组织的工作过程都离不开协调。协调内容的广泛性,决定了协调方法的灵活多样性。下面是几种常用的协调方法:

(一)文件协调法

利用文件是协调工作普遍采用的方法。主要有以下几种形式:一是在制定涉及范围广、时间不太紧急的有关文件时,注意广泛征求各方意见,减少片面性,避免因文件内容存在不周到之处而产生不协调现象。二是对某些需要两个以上部门协同完成的工作,通过若干部门共同签署联合发文的方法来部署有关事项,这在文书处理程序中叫做"会签"。三是如所发文件需要别的单位协助、配合或知晓,应注意将文件抄送相关单位。至于领导机关制定旨在协调各地区、各阶层、各行业利益的重大政策性、法规性文件,那是宏观意义上的政策性协调,不属于本节"协调的方法"所讨论的范围。

(二)会议协调法

会议是最常用的协调方法之一。会议协调法常见的有三种形式:一是各机关定期(如每周一次)召开的"办公会议"。这种会议主要内容之一是各部门互相通报情况、提出问题,发现矛盾一般可以当场进行协调。二是有专项内容的座谈会、情况交流会,主要是通过沟通信息、探讨问题、取得共识来达到协调的目的。三是发现严重不协调现象时专门召开的协调会或现场会,通常协调事项较为重要而且比较具体。例如,在2008年5月四川汶川大地震发生后,温家宝总理在救灾前线总指挥部多次召开协调会议,以协调各方行动,有效地保证了救灾工作的正常进行。

(三)信息交流法

部门之间、单位之间产生不协调现象,往往是由于对某些情况掌握的多寡和迟早不同造成的,或者是由彼此间的误解所致。因此,有意识地疏通信息渠道、及时有效地向有关方面通报新情况和新信息,就成为减少不协调现象产生的重要方法。秘书部门是组织的信息中心,应该做到未雨绸缪,对可能出现的协调事项要充分估计,及早预测,通过有效而及时的信息交流,促使有关各方明白真相,加强理解,消除隔阂,以达到相互合作的目的。秘书部门要及时地把有关政策法令、行政规章以及计划安排、工作目标、领导意图等告知有关人员,使各方对管理目标做到心中有数,有章可循。否则,各吹各的号,各唱各的调,就很难取得良好的工作效益。

(四)组织协调法

如果协调事项很重要,又涉及多个部门的职责划分、利益调整,因难度较大,在短期内难以奏效,这时可以建立单独的协调组织来实现协调。例如,机构改革要涉及人事、财政、劳动、民政等多个部门以及具体单位的各种利益问题。为了做好协调工作,许多地方成立了机构改革协调小组,专门从事该方面的协调工作。这种协调方法一方面可以减轻主要领导的工作负担,提高协调效率;另一方面也可以避免部门或单位间的冲突,着重解决一些棘手的问题。在特殊情况下成立的抗震救灾总指挥部、防汛抗洪总指挥部等临时性组织,其主要作用也是协调。

(五)个别沟通法

如果协调对象比较单一,协调事项又不是很复杂,且主要是属于思想、情绪问题,这时宜采用个别通气的方法进行协调,如主动上门找有关部门或人员进行个别协商、谈心,陈述事情原委,表明基本看法,以统一思想,消除分歧。通过沟通,取得基本一致的意见,然后积极配合行动,使问题得到解决。这种方法灵活、便利,效果也较明显。在采用个别沟通方式进行协调时,协调者应以平等的身份、商量的语气与对方交换意见,避免给人以一种居高临下、高人一等的感觉。协调者如果把自己的观点强加于人,一般不会取得好的协调效果。

第三节 秘书特殊工作方法

由于秘书与领导的关系不同于一般下级与上级的关系,所以秘书就有一些有别于其他人员的特殊的工作方法。例如,秘书向领导请示与报告工作,就有别于下级机关对上级领导机关的请示与报告。

一、请示和汇报的方法

秘书向领导的请示有两种情况,一是有疑难问题需要领导指示,二是有问题能够处理而秘书无处置权,需要领导批准或授权。汇报则是指秘书向领导反映情况或告知重要信息,不需要领导批准和指示。作为公文的"报告"和"请示"是两个不同的上行文种,要严格加以区分。秘书日常向领导的工作请示或汇报虽无需严格区分,但秘书自己必须明白两者的差别。人们常说,秘书工作的要诀在于多请示、多汇报。那么,秘书应该怎样向领导请示、汇报工作呢?

首先,必须明确请示和汇报的内容。秘书请示的应是自己难以处理或无权处理的事项,请求领导给予指示或授权。常规工作或自己职权范围内的事则无需请示。秘书应注意在实际工作中体会与掌握办事规律,分清哪些问题可以自己处理、哪些问题可以处理后再汇报、哪些问题必须先请示再处理,避免出现遇事不敢负责现象,并防止越权行事。秘书向领导汇报的内容包括:机关中心工作或重要事项的情况和进程;工作中发生的重大的需要领导及时处理的问题,如突发事件等;领导要求汇报的事项。秘书主动汇报情况,要区分轻重缓急,注意不要干扰领导的工作和休息。

其次,要根据不同情况采取不同的方式。重大而不紧急的事项,或需要领导授权批准的事项,应该采用书面的形式;一般事务性工作,宜多用口头请示或汇报的方式;紧急的事项,不管是否重要,都只能用口头方式,其中重大事项在紧急处理后可以补写书面请示,补办批复程序,留档备查。选择请示或汇报的形式,要考虑领导的工作习惯和思维特点,领导如果习惯于听秘书的口头请示、汇报,那就要少用书面方式;反之,有的领导习惯于看书面材料,秘书就应该多用书面方式请示、汇报。不管采用哪种方式,对于领导的指示或批复,秘书都要注意留下书面记录,以便留档备查。

再次,秘书请示、汇报工作,要注意对口。一般事项向分管该方面工作的直接领导请示、汇报,涉及多方面的综合性事项则向主要领导请示、汇报,不要多头请示、交叉请示,否则可能会引起多头指示,若领导人意见不一,还会使问题复杂化。

最后,不管是请示还是汇报,秘书事前都要做好准备,内容较多的要有提纲,以使请示、汇报的事项条理分明。另外,书面请示还要坚持一文一事的文书制度,避免一份文件请示多项事务,造成领导批复的困难。

二、受意和传达的方法

受意就是接受指示、领会领导的意图。领导对秘书在工作上的指示或指导,一般情况下不用书面形式,而用口头形式。因此,这里介绍的是秘书如何听取领导的口头授意的方法。

秘书在接受指示的时候,要高度集中注意力,结合领导的表情和语调,准确判断领导的用意,并且要认真做好记录,记下指示要点。若有不明确的地方,可以在领导说完后当面询问,直到准确搞清楚领导意图为止。秘书接受指示后,要尽快按领导指示落实有关事项。

领导在平时谈话中,也会就某些问题、某项工作发表意见。秘书能根据领导的平时言语领会领导的意向,也是与领导默契配合的条件之一。但平时谈话不能算是正式授意,不能把领导思考中不成熟的想法当成领导的决心,否则可能会弄巧成拙,自讨苦吃。

这里讲的传达不是转发文件或召开"传达动员大会"之类正规形式的传达,而是指秘书将领导者的指示或意见转告有关人员,通常用口头方式(电话或直接传话)传达。秘书在传达领导意见时,不可掺杂自己自作聪明的理解和随意的发挥,应尽量做到准确无误,必要时可根据记录"照本宣科"。转达领导重要指示,可要求对方做书面记录,并在转达完毕后要求被传达者复述一遍,避免误解走样。另外,秘书在传达时要注意保密。

三、建言和进谏的方法

建言是指向领导提出建设性意见;进谏是指向领导提出劝阻性意见。这里介绍的是秘书平时应如何向领导提出自己的参考意见。

秘书对领导建言,要注意态度诚恳、谦虚,不要显得自己比领导高明。如果能引用历史上或现实生活中相似的例子,更能说明问题。例如,某经济欠发达地区一所高校出现了严重的人才流失现象,领导非常着急,苦于无法控制。办公室主任这样向领导提建议:听说××省××大学前几年跟我们学校一样,这几年已经扭转了局面,他们学校的网站上有详细材料。校长得到线索后自己到该校网站了解有关情况,受到很大启发,后来参照该校经验制定了切实可行的稳定人才和引进人才的政策,取得了很好的效果。提供有价值的参考信息,让领导自己从中得出结论,比秘书自己直接提出主张要有效得多。

有人说,秘书应该成为领导的"诤友",就是说秘书在发现领导工作有不妥当甚至明显错误的地方时,应该用适当方式进行劝谏。这时特别要注意方法,因为领导听反面意见比听正面建议心理阻力要大得多。一般而言,秘书谏诤应该注意以下几点:第一,选择恰当的时机,不要在领导工作繁忙或心情烦躁时进谏。第二,选择恰当的场合,避免在正式场合进行劝谏,而应在无他人在场时与领导交流。第三,要注意语言的技巧,巧用比喻、典故,学习"邹忌讽齐王纳谏"的高超技巧。第四,不要一味说"不",要正面提出建设性意见。

四、引见和挡驾的方法

这里主要指秘书如何处理来访者要求会见领导的问题。

对要求会见领导的来访者,首先要区分是否引见,然后才有如何引见或如何挡驾的问题。一般来说,现代社会中来访都是预约的,对预约的来访者,秘书按照一般的接待程序(《秘书实务》中有详细介绍)热情接待即可。对于重要来客,秘书要到单位大门口或预定地点迎接,必要时领导也应前往迎接。

对于事先没有预约的求访者,秘书应礼貌地问清来访者的身份与目的,初步确定有无必要引见给领导。如认为无必要引见,则应态度和蔼地说明领导正忙于工作,有什么事情秘书可以负责转达。如果秘书拿不定主意,可以先请示领导。领导不愿见者,仍按上述办法处理。秘书对来访者必须态度和蔼,使对方感到可以信赖,才能真正"挡驾"。对于一定要见领导的,也不要轻易判定为无理取闹。挡驾的目的是使领导工作少受干扰,绝不能挡住了领导与群众之间的联系。

秘书处理要求领导接听的电话,也可参照上述方法。

五、有效利用时间的方法

时间是我们每个人的财富,但如何有效地利用时间则呈现出巨大的差别。相同的业务量,有的人花4个小时就能从容处理完毕,有的人花8个小时还感到紧张。这除了与个人的工作能力强弱有关外,与他是否善于合理利用时间也是分不开的。由于办公室工作头绪多,分管事务杂,因此,秘书应该掌握合理利用时间的方法。

现代管理学家提出了许多时间管理的理论,诸如计划管理、"四象限"法、ABC分类法等等。其中,ABC分类法出现在一些秘书学读本中,但各版本相差很大,且缺乏可操作性。例如,它将工作按轻重缓急分为A类(重要、紧急)、B类(重要、不紧急)、C类(不重要、不紧急)三类,并提出优先办理A类,然后B类,有时间再考虑C类的观点。但是,这种分类本身就不穷尽。例如,紧急而不重要的事是放在B类(重要而不紧急)之前办理,还是放在B类之后办理?

综合几种时间利用理论,我们提出一种比较容易操作的时间安排(实质上是工作安排)的方法,并把它命名为"三维综合分类法"。现简述如下,供读者参考。

第一,引进ABC分类法中紧急程度、重要程度两个标准,加进我们认为十分重要的"所需时间"标准。每个标准都分出四个等级,详见下表:

级别	紧急程度	重要程度	所需时间
A	非常紧急	非常重要	许多时间
B	比较紧急	比较重要	较多时间
C	不紧急	不很重要	较少时间
D	时间无所谓	不重要	很少时间(即办即了)

第二,根据每件事情三个方面的特征,可对所有组合排列如下:

(1)非常紧急—非常重要—需要很多时间(AAA)。
(2)非常紧急—非常重要—需要较多时间(AAB)。
(3)非常紧急—非常重要—需要较少时间(AAC)。
(4)非常紧急—非常重要—需要很少时间(AAD)。
(5)非常紧急—比较重要—需要很多时间(ABA)。
……
(64)时间无所谓—不重要—需要很少时间(DDD)。

从 AAA、AAB 一直到 DDC、DDD,在三个维度上共有 64 种不同的组合。

第三,建议每天上班时综合考虑各种因素,对面临的工作作如下排列:

(1)上班时需要立即办理的
AAD—ABD—BAD—BBD(马上可以了结);
(2)上午必须办理完毕的
AAC—ABC—BAC—BBC(很快可以了结);
(3)当天必须办理完毕的
AAB—ABB—BAB—BBB(需要尽快了结);
(4)当天应该着手办理的
AAA—ABA—BAA—BBA(暂时无法了结);
(5)当天争取开始办理的
CAB—CAA—CBB—CBA(……);
(6)可以留待以后办理的
DA×—DB×;
(7)不必办理的(拒绝办理)
×DA—×DB。

我们建议安排的顺序与 ABC 法不完全相同,因为我们把比较紧急、比较重要而需要很少时间可以办完的事项,排在了非常紧急、非常重要但需要较长时间才能办好的事情之前。这样安排的理由是:花很少的时间处理好那些不是最紧急、最重要的事情,不但有利于高效率地利用时间,而且便于集中精力高效率地处理最紧急、最重要且费时较多的工作,防止在处理重要而费时较多的事项过程中受到各种干扰。

我们的方法是否合理,读者可以结合工作实践仔细体会。

复习思考题

1. 确定秘书工作方法应遵循哪些原则?
2. 秘书应掌握哪些一般的工作方法?
3. 结合秘书工作的性质,谈谈你对秘书特殊工作方法的理解。
4. 试述"三维综合分类法"的要点。

案 例 分 析

1. 认真阅读下面的文章,再讨论后面的问题。

忠言顺耳更利行
——谈秘书向领导谏诤的艺术

一般情况下,领导在政策水平、工作经验、领导艺术等方面要比秘书强。但是,领导也是人,也有犯错误的时候。当领导在决策、意图、言论、行动上出现一些不够全面、不够妥当甚至明显错误的地方时,秘书应该坚持原则,坚持真理,敢于向领导谏诤。

俗话说:"良药苦口利于病,忠言逆耳利于行。"这话虽是至理名言,但有些疗效显著的良药,仅因难于下口,病人就是不愿服用。有些忠言因为过于逆耳,人们也往往听不进去。忠言不被采纳也就谈不上"利于行"了。秘书向领导谏诤,为了达到理想的效果,就必须讲究谏诤的艺术。

我们认为,变"逆耳"为"顺耳"的艺术主要有以下几点:

一、先褒后贬。秘书发现领导决策或行动中有错误,不能仅仅向领导指出其错误方面,而应先充分肯定、赞扬其中正确合理的地方(这通常占据领导决策或行动的主体部分)或领导纯正高尚的动机,在此基础上再指出错误或不足之处。西方有句谚语:"赞扬比任何谴责都更能使对方谦虚。"领导也跟一般人一样,当你真诚地称赞他时,他的态度就会变得谦虚起来,并且会做好听取意见的思想准备。在这种情况下,秘书说出的批评意见也就容易被接受了。

二、委婉谦虚。秘书在向领导谏诤时,态度一定要谦虚,语气一定要委婉,切不能显出你比领导还要高明的样子。例如,当秘书发现领导处理某件事情有错误时,若这样提出问题:"××经理,我认为您对这件事情的处理有失妥当,想跟您谈谈,可以吗?"在这句话里,"我认为……有失妥当"、"找您谈谈"等词语,都带有居高临下的语气,容易引起领导反感。如果换成"××经理,我对处理这件事有一点不成熟的想法,想向您请教,不知该说不该说",效果可能会好得多。

三、巧设比喻。设喻是一种非常有效的谏诤技巧,人们所熟悉的《战国策》中邹忌讽齐王纳谏的故事,邹忌就是用一个贴切的比喻使齐威王接受了他"广开谏路"的建议的。秘书向领导谏诤时,也可以运用这种艺术。例如,当领导打算将一名能力很强但曾反对过自己的干部调离领导机关时,秘书就可以在适当的时机跟领导说一说唐太宗不计旧恨重用魏徵的历史故事,使领导从这些历史故事中悟出自己应该怎样做。

四、援引实例。事实胜于雄辩,一个真实的事例往往比一番精辟的议论更有说服力。秘书就某一件事向领导谏诤时,可以向领导提供一些有关实例,而不必直接说出自己的观点,让领导从具体例子中认识到自己的失误。例如,某公司老总决定开除两名违纪职工,秘书认为开除处分过重,就将报纸上登载的另一单位因处分职工不当引起不良后果的报道资料找出来送给经理看。经理看到这些资料受到启发,将原定的开除处分改为记过,并配合以必要的思想政治工作,收到了较好的效果。

五、动之以情。与领导关系融洽的秘书,在谏诤时以朋友身份比以职务身份为好。因为以朋友身份说话,可以使领导感到你谏诤不仅仅是从单位利益出发,更不是想达到个人目的,而是真心诚意地想协助领导搞好工作。领导为你的真情所感,就比较容易接受你的意见。

六、把握时机。心理学研究已经证明,一个人在心情轻松、舒畅时比较容易接受不同意见,而在情绪紧张烦躁时,对不同意见往往产生本能的反感。因此,秘书谏诤最好选择在领导心情好的

第十章 秘书工作方法

时候进行。

把握时机的另一层含义是,秘书发现领导的错误意图时,应在这种意图变成决定、文件或材料之前进行谏诤。这时,领导的意图尚未公之于众,不存在怕被人说"讲话不算数"的心理障碍,因此,也就比较容易接受意见改变原来的错误意图。

七、注意场合。秘书谏诤不宜在会议或其他正式场合进行。因为在有他人(无论是同级领导、本单位群众还是外单位来客)在场的情况下,秘书公开发表与领导不同的看法,甚至直接指出领导的错误,往往会使领导感到难堪,秘书的意见也就很难被接受。相反,在非正式场合,如与领导共进午餐或陪同领导出差时,由于不存在"怕丢面子"的问题,秘书的意见常常被领导重视和采纳。历史上,魏徵敢于直谏和唐太宗从谏如流一直被传为佳话,殊不知唐太宗有好几次因魏徵当众直谏使自己下不了台而想杀掉魏徵,只是怕在大臣和民众面前丢了自己从谏如流的好名声才勉强忍住。再说像唐太宗这样从谏如流的人,不但在历史上少见,就是在当代领导人中也是不多的。魏徵敢于直谏的精神值得学习,但他不顾谏诤场合的做法则不足为秘书人员仿效。

以上我们介绍了秘书谏诤的七点技巧。当然,每个领导的经历、水平、性格、习惯各不相同,因此秘书对上述技巧的运用不能千篇一律,而应灵活掌握。但无论对什么样的领导,秘书必须十分明确:谏诤的目的是使领导接受意见,改正错误,避免工作上的损失。秘书的意见再正确,动机再纯正,如果因过于"逆耳"而不被领导采纳,也就谈不上任何价值。因此,我们建议将"良药苦口利于病,忠言逆耳利于行"的俗语,改为"良药可口更利病,忠言顺耳更利行"。

(材料来源:《当代秘书》2006 年第 2 期)

(1)这篇文章所介绍的几种谏诤的方法有道理吗?
(2)想一想,你自己听到批评意见时心里的感受如何?
(3)如果你当了领导,你会像唐太宗那样从谏如流吗?

2.下面是某公司总经理秘书某天上班时遇到的十项待办事务,请从紧急程度、重要程度、所需时间三个方面确定它们的等级,然后按照教材提供的原则排列处理它们的先后顺序。

(1)总经理感觉近一段时期各种业务会议太多,耗去了大量时间,要求秘书拟定一个控制会议次数和时间的方案。

(2)今天下午×国汽车销售商亨德尔先生将来公司商谈代理本公司产品在该国销售的具体事宜(意向书已于5月上海车展时交换),秘书需做好谈判准备工作。

(3)本市××大学秘书学系欲与我公司建立长期合作关系,将我公司设为该校秘书专业学生的"实习基地",人力资源部问秘书部门是否愿意接纳实习生,是否愿意建立长期协作关系?

(4)通知销售部落实一名业务骨干(最好是经理或副经理),后天陪同总经理去东北出差。

(5)发动机车间一技师的女儿考上了清华大学,昨天已拿到通知书,要以公司总部名义给他打祝贺电话,通知他到财务部领取本公司颁发的奖学金3000元。

(6)省党报记者写了一篇报道国务院总理视察我公司的通讯稿,已发到电子信箱,要求公司领导过目确认事实,打印件加盖公章后传真过去。

(7)总部各部门和各分公司今年新招聘了一批管理人员,将于下周开始进行岗前集中培训,人力资源部要求总经理秘书给新职员开一次公文处理讲座。

(8)海尔公司企业文化顾问×××先生被本市××集团请来作专场企业文化建设的讲座,询问总经理或思想文化部主任是否参加(每人入场费为350元)。

(9)总经理后天要出差去大连,需要落实往返机票。

(10)十天后香港刘德华来本市开演唱会,会议组织者来函问本公司是需要优惠集体入场券(60%,每张90~180元不等),如果不回电,视作自动放弃。

第十一章 秘书工作的管理

第一节 秘书工作管理的一般原理

一、秘书工作管理的概念

秘书工作为领导的决策和宏观管理服务,秘书部门为领导提供的是辅助管理。领导的"宏观管理"也好,秘书的"辅助管理"也好,其管理对象都是整个单位的工作。但是,秘书部门作为一个机构,秘书工作作为一项内容庞杂的工作,本身也需要进行管理,这正是本章要阐述的内容。

秘书工作的管理主要是指秘书人员的管理和秘书制度的建设。从广义来说,它还包括秘书机构的设置问题,如秘书机构的人数、层次、二级机构数量、政策研究室是否单列等等。这部分内容是机关领导所要考虑的问题,本书第五章已经阐述了秘书机构的设置原则等问题,因此,本章阐述的仅限于秘书机构内部的管理。

绝大多数单位主要的秘书机构是办公室,政策研究室等其他秘书机构人数较少,且不是每个机关都设,所以秘书工作的管理主要就是办公室内部管理,它是秘书长和办公室主任的职责。

二、秘书工作的评价标准

秘书工作的管理水平,直接决定了秘书工作的质量。因此，一个单位秘书工作质量如何，是评价秘书工作管理水平的基本依据。

秘书工作的质量是由工作效益和工作效率两个因素决定的。

所谓"效益"，是指秘书部门的职能（主要是助手参谋职能）是否得到充分发挥。效益是一个矢量，有正负和大小两个指标。一般情况下，秘书工作得到负效益的可能性不大，但秘书工作做不好给领导帮倒忙、添乱子的现象也偶有发生。秘书工作的管理首先要保证不出现负效益，在此基础上追求效益的最大化。

所谓"效率"，原指单位时间内完成的工作量，这里用来指效益与投入的比例。管理良好的秘书部门，能用较少的人员、花较少的财力、以较快的速度完成本身的职责。有一个单位的办公室由于人员配备和工作安排不当，每遇重要的文字材料，就要从各部门和下级单位借调数位"笔杆子"突击加班加点才能完成，虽然最后没有误事，但是投入太多，而且干扰了业务部门和下级单位的正常工作，这就是所谓的"有效益而无效率"，暴露了秘书工作管理上的欠缺。

秘书工作主要是为领导服务的。因此，秘书工作的质量与领导对秘书工作的满意程度直接相关。但是不能把领导是否满意作为衡量秘书工作质量的唯一标准，这是因为：不同领导对秘书工作的要求不同，"领导满意"具有很大程度的主观随意性；领导的品德和水平有高下之分，在工作上也有正确和错误之分，秘书工作不能一味迎合领导个人的喜好；秘书工作的规章制度（如文书保密制度）制约着秘书和领导的关系，秘书只能在不违反制度的前提下为领导服务。

三、秘书工作管理的科学化

1985年全国秘书长、办公厅主任座谈会明确提出了新时期秘书工作必须实现"四个转变"：从偏重办文办事转变为既办文办事又出谋献策;从收发传递信息转变为综合处理信息;从单凭老经验办事转变为实行科学化管理;从被动服务转变为主动服务。当时的中共中央办公厅主任在阐述"科学化管理"时指出:"各级办公厅……要改变单凭经验和惯例办事的做法,使内部运转方式和管理方法建立在科学的基础之上。对于过去长期积累下来的经验以及相沿成习的工作程序和方法,应当根据新形势和新任务的要求重新加以认识,一切同新形势、新情况、新任务不相适应的老观念、老办法、老框框,都要敢于破除;而一切同新形势、新情况、新任务相适应的好办法、好经验,都要敢于探索、采用和推广。要从实际出发,合理地调整、设置机构,确定分工职责,使每个部门都各司其职,各尽其责;要建立严格的岗位责任制,使每个人都任务明确,责任清楚;要形成规范化、制度化、科学化的工作程序和工作方法,保证每个环节和每项工作都有章可循……"[①]

这段话为秘书工作如何实行科学化管理,提供了明晰的思路,那就是在工作程序、工作方法两个方面力争达到规范化、制度化、科学化"三化"的要求。规范化是指各项秘书工作要符合经过长期实践经验证明的切实可行的程序和标准,如文书工作、档案工作就有法律、法规层面的严格规范。制度化是指各项秘书工作都要制定严格的明文规定的行为准则,并严格按规章制度办事。科学化是指各项秘书工作必须遵循本身固有的客观规律,防止管理工作中的主观随意性。

"三化"是秘书工作的宏观要求,其中有的工作(如文书工作、档案工作、保密工作、信访工作)的全国性规范,由国家机关统一制定。各级机关秘书部门主管人的职责主要是根据本地区、本单位的具体情况,制定相应的实施细则、具体的工作规程。科学的规范一旦形成,秘书长和办公室主任就要加强对秘书人员的思想教育和严格管理,使秘书人员自觉遵守工作规范。

[①] 《秘书工作》1985(1)。

第二节 秘书人员的管理

一、秘书人员的配备和流动

秘书机构的人数编制一旦确定,秘书人员的配备就成了关键。正规单位的秘书由组织人事部门考察录用,但是办公室主任可以对组织人事部门提出对招聘职位的素质要求。秘书班子要按照优化群体的原理来组建,即一个工作集体的成员应在能力、知识、学历、个性等方面形成优势互补。举一个简单的例子,假如一个单位的办公室由三位秘书组成,则这三位不能都是"高参",也不能都是"秀才",更不能都是"管家",理想的应该是三种类型的秘书各有一名。如果是较大的单位,秘书人员比较多,组建秘书班子还要考虑年龄结构、性别结构的合理性。虽然秘书女性化是趋势,但是,秘书班子如果清一色是女秘书,则不利于营造良好的工作氛围,"男女搭配,工作不累",绝不是一句玩笑话,它符合社会实际,也符合心理学和管理学原理。

秘书机构的人员变动是不可避免的,其人员流动的幅度通常大于其他业务部门。秘书工作规范化程度越高,人员流动对秘书工作的影响就越小。对于一些特殊的秘书岗位,办公室主任要考虑人才的储备。例如,假如一个办公室只有一名"笔杆子",一旦他升迁或调出,就会出现文字工作难以为继的被动局面;如果配有一名"第二支笔",就可以避免出现特殊人才断档的现象。

对于在工作中经常出现差错的秘书,不管是由于本人能力缺陷,还是由于责任心不强,都可以用适当的方式将其调出秘书部门。

二、秘书人员的分工和合作

分工是现代管理的必然要求。秘书部门如果由两名以上秘书组成,就需要进行分工。分工的要求是一要明确,二要合理。

"明确"就是让每个人都清楚自己的职责范围,不要留下职责空白,也尽量不要出现职责交叉。办公室主任必须将工作分工到秘书个人,如"甲、乙、丙三人负责A类事务,丁、戊负责B类事务"就是不彻底的分工,必须进一步明确到人。

"合理"有两层含义,一是每个人承担的工作量要相对平衡,不要出现苦乐不均、忙闲悬殊现象;二是要根据每个人的特点和专长分配适合的工作,不要让张飞去当军师,而让诸葛亮去当大将。

除了常规工作要明确分工外,临时性工作也要明确分工。如筹办一次会议,谁负责起草会议文件、谁负责布置会场、谁负责接待代表等,都要分工落实到个人。

团结协作是秘书工作的原则之一。如果分工合理,每个人尽心尽职地做好分管的工作,本身就是很好的合作,而不完成自己的任务也就是最大的不合作。当然,在分工明确的基础上,要强调合作的重要性,因为秘书分工即使合理,也会出现这个月A类工作忙而B类工作闲、下个月A类工作闲而B类工作忙的不均衡现象,这就要求互相支持;而一些临时性、突击性的工作,更需要密切配合。办公室主任平时要注意培养团队的合作精神,协调好各位秘书的关系和各项工作的关系。

三、秘书人员的教育和培训

本书第二章曾经阐述"我国秘书教育的历史和现状",那是针对整个社会秘书教育而言的。这里讨论的秘书人员的教育培训,则是指秘书部门负责人如何提高本单位秘书人员的综合素质和业务能力。

秘书人员的思想教育不能流于形式,而应该扎扎实实地渗透于日常工作中。办公室主任应该以公正廉洁的处事方式、光明磊落的行为风范,为秘书人员作出表率,以培养秘书队伍认真负责的工作态度、扎实细致的工作作风、吃苦耐劳的奉献精神。思想教育免不了动口,但事实证明一味说教不会收到好的效果。秘书大多是有一定知识基础和道德修养的人,抽象空洞的调调必须少唱,人人都懂的道理应该少讲。为了防止不正之风的滋长和秘书腐败现象的出现,纪律上经常敲敲警钟是必要的,是爱护下属的表现,但办公室主任若成为人人生厌的婆婆嘴,效果就可能适得其反。

业务培训是人员管理的固有内容。秘书人员如果数量较大,就有必要以举办培训班或专题报告的方式对秘书人员(包括下级单位的秘书人员)进行综合的或专项业务的培训。办公室主任应该鼓励秘书人员通过各种方式进修业务,提高学历层次和职业资格证书的级别,并给他们提供必要的学习资料和学习时间。对刚刚工作的青年秘书,办公室主任还要给他们指定经验丰富的指导老师,让他们尽快熟悉办公室业务。

四、秘书人员的奖励和惩处

奖励和惩处是人员管理的必要手段。一位经验丰富的办公室主任在谈办公室管理的经验体会时说:"别人经验千条万条,我的经验就是一条:不能让干事的人吃亏!"这看似简单的体会却是真正的经验之谈。

奖励和惩处必须与科学合理的考核制度结合起来。机关应该建立合理、科学的绩效评价机制,不能简单地把奖惩机制概括为"奖勤罚懒"四个字,"勤"当然比懒好,但勤而无功就不宜奖励,应该以贡献大小作为奖惩的主要依据,奖励贡献大的,鼓励勤勉工作的,惩罚帮倒忙的。

第三节 秘书工作的制度建设

一、目标管理制度

目标管理是一种行之有效的现代管理方法,在秘书部门实行目标管理制度,就是从制度上保证这种先进的管理方法在秘书工作中得到全面的运用。

目标是根据组织宗旨提出的、在一定时期内要达到的预期成果。办公室的组织目标可以分为三个层次:第一,整个机关的目标;第二,秘书部门的目标;第三,每个秘书个人的目标。

现代管理是从确定目标开始的,而确定目标则是一个把组织需要、主观条件与客观环境结合起来形成组织努力方向的过程。因此,确定目标主要应考虑组织需要、主观条件和客观环境三个方面的因素。在确定目标时必须把关键性目标与目标的全面性结合起来,把灵活性与统一性结合起来,把目标的可行性与挑战性结合起来。

目标管理制度是一种通过使组织成员亲自参加工作目标的制定来实现"自我控制",并努力完成工作目标的管理制度。这种管理制度由于有了明确的目标作为对组织成员工作成果的考核标准,从而使对组织成员的评价和奖励做到更客观、更合理,因而可以大大地激发他们为完成组织目标而努力的积极性。

目标管理是一种重视效果的管理方法,在形式上表现为以目标为中心,它要求把管理的重点转移到目标上去,即转移到行动的目的上去,而不是过多地关注行动本身。目标管理在性质上是一种体现了系统性和"以人为中心"的主动性的管理方法。

目标管理的过程一般包含三个步骤:第一,建立一套完整的目标体系,即三个层次具体目标的制定过程;第二,组织目标实施;第三,进行目标考核。

二、岗位责任制度

岗位责任制就是根据组织的总任务,明确规定并公布每个部门、每个岗位的职责权限,并定期进行考核、检查和奖惩的一种工作制度。秘书人员的分工最后体现在成文的岗位责任制

之中,每个岗位的职责一旦确定下来,就不能因为这个岗位的秘书人员的变动而随意改动。下面是两个岗位责任制的文本:

(一)某企业集团总经理办公室主任岗位责任制

本职位在集团总经理或分管副总经理的领导下开展工作。

(1)牵头筹备重要会议,负责党政收文的拟办。

(2)负责有关政策研究,重要工作督查;组织集团有关规章制度的制定,抓好执行和落实工作。

(3)协助集团领导制定集团内机构设置和人员编制;制定干部、人事管理制度并组织落实。

(4)负责起草集团半年和年度工作计划、总结、集团上请下达的有关文件及其他综合性文字材料。

(5)负责信息、文化教育、宣传工作。

(6)负责审核集团重要发文,审核各中心、公司上报或对外的有关文件。

(7)协助集团领导协调好各室、中心的工作。

(8)负责对外联络、接待的有关工作。

(9)完成领导交办的其他工作。

(二)某市政府办公室督查人员岗位责任制

(1)负责本办个人分管工作任务的催办检查。

(2)负责自己分管工作的文字起草工作,及时汇报工作完成情况,定期报告阶段性工作进度情况。

(3)严格执行督查工作程序,做好督查文件的接收、登记、立项、催办、检查、反馈等各个环节的工作。

(4)列入督查范围的事项,做到不压、不误、不拖,做到及时督促检查;完成领导交办的其他事项。

20世纪80年代后期,岗位责任制即在中央政府的推动下在全国范围普遍推广,但是在许多单位尤其是国有企业中该制度仅仅流于形式,没有发挥很好的作用,其中一个很重要的原因是仅仅停留在明确职责上,考核、奖惩配套制度没有跟进。这一制度不存在是否应该废止的问题,而是应该如何完善的问题。

三、廉政建设制度

秘书部门由于接近领导,是一个容易滋生腐败的地方。为防止秘书腐败现象的出现,保护办公室工作人员不被腐蚀,维护领导机关的廉洁形象,机关领导和秘书部门负责人应防患于未然,与秘书人员"约法三章",共同制定廉政制度,对他们提出明确的要求。下面是某市政府办公室的廉政制度,可供参考:

××市政府办公室廉政建设制度

一、办公室工作人员应时刻牢记为人民服务的宗旨,任何时候、任何场合,不准利用职务之便谋取私利。

二、办公室主任带头廉洁自律,严格执行党和国家廉洁从政的有关法律、法规和规章,以自己的模范行动,带领全体工作人员搞好廉政建设。

三、办公室工作人员要自觉做到"四不",即不接受礼品(包括礼金、礼券、礼物);不参加宴请;不到下级单位报销费用;不参加由服务对象付费的娱乐活动。

四、办公室工作人员违反本制度,一经发现,立即调离办公室,并视情节轻重给予党纪、政纪处分。

五、办公室廉政建设举报投诉电话:*******。

六、本制度自印发之日起实行。

四、请示报告制度

下级对上级的请示报告制度,是各类组织系统中普遍实行的制度。秘书工作的辅助性和秘书与领导关系的特殊性,使得秘书部门的请示报告制度具有特别的含义。

秘书工作要多请示、多汇报,但又不能事事请示、件件汇报。为了有一个统一的规范,有必要用制度的形式规定哪些问题必须事先请示事后汇报。根据常崇宜先生的观点,下列事项必须请示:

(1)涉及大政方针的问题。

(2)贯彻重大部署的问题。

(3)无章可循的新情况、新问题。

(4)对外行文和召开会议、答复的重要问题。

(5)改变机关原有规章制度和长期形成的传统惯例。

(6)领导交办、批办的事项。

(7)重要客人的接待。

(8)重要物资设备的购置处理。

(9)企事业单位发生的事故等。[①]

有了明文规定的制度,秘书就可以做到既不越权行事,又能充分发挥主观能动性。

秘书请示工作的方式也有制度规定,如必须坚持对口请示、逐级请示,禁止多头请示、交叉请示等。重大问题应采用书面专题请示或通过办公会议请示。

五、具体工作制度

对秘书各项常规业务工作的管理,主要是通过建立具体的工作制度来实现的。秘书部门业务工作制度主要有:

---

① 常崇宜主编:《秘书学概论》,第 90 页,北京:线装书局,2000。

(1)文书工作制度。
(2)档案管理制度。
(3)信访工作制度。
(4)保密工作制度。
(5)印章使用和管理制度。
(6)值班工作制度。

实际上每一项具体事务,都应该建立相应的制度,如会议室使用制度等,这里就不一一列举了。

第四节 办公室主任的工作艺术

一、立足全局,统筹安排

办公室主任要胸有全局,要站在领导的角度来统筹安排头绪繁多的事务。办公室主任必须熟悉本机关所管辖地区或系统的基本情况,必须了解领导目前工作的重点,了解整个组织当前阶段的主要矛盾,根据全局工作的整体需要来安排当前的工作。

办公室工作在一段时期内总有一个重点,这相当于钢琴演奏的主旋律;办公室有许多项工作同时都要开展,而这些工作要由多位秘书互相配合才能做好,这又像弹钢琴,十个指头都要动,而始终又围绕着主旋律。秘书工作的主旋律就是为领导决策和机关中心工作服务。

二、突出重点,抓大放小

办公室主任要把自己的工作重点放在直接为领导决策服务的工作上,而对于常规的业务工作或日常事务性工作,可以放手让一般秘书去做。

在一般的日常事务或常规业务工作中,办公室主任的作用主要在于调动下属人员的积极性,而不是直接参与,更不是不分巨细,事必躬亲,包揽一切。办公室主任在这些事情上要敢于放手。

辅助决策的工作对辅助者的素质要求相当高,办公室一般成员由于自身资历、阅历、知识面和所处地位的限制,往往很难对某一件事形成一种全局性、前瞻性的观点,其认识往往是零碎的、感性的,所以很难对事关全局的决策发挥能动作用,而办公室主任一般具备广博的社会阅历和经验,所以辅助决策工作大多由办公室主任自己来主持承担或参与。

办公室主任的精力是有限的,只有善于"放小",才能集中精力"抓大"。

三、知人善任,人尽其才

知人就是了解办公室成员的学识才能和个性特长。办公室主任应该根据各人特点,用其所长,避其所短。知人是善任的前提条件。因此,办公室主任在平时要多了解部下,熟悉部下的实际才能和业务特长,并根据他们的特长安排相应的工作。

知人善任还包含有信任部下的含义,要做到疑人不用,用人不疑。对部下在工作中出现的一些失误,如果没有造成严重损失,就不要老是揪住不放。办公室主任要善于发现每个秘书的优点,肯定他们工作中的每一点成绩,并不失时机地予以表扬和鼓励。

四、严于律己,宽以待人

严于律己,宽以待人是一个成熟的领导人的优秀品质。办公室主任只有严格要求自己,才能为部下作出表率。秘书部门在为领导提供服务的过程中,难免会出现领导不太满意的情况。如果工作中出现差错,办公室主任要主动承担责任,而不能将错误都推到部下身上。设想一个青年秘书在工作上出现失误感到无比内疚之时,听到办公室主任找他谈话,一定非常害怕遭到严厉的训斥。如果这时他听到的不是训斥,而是安慰和鼓励,就一定非常感动,而且会牢牢地记住教训。

对己严、对人宽是一种习惯化的态度或行为,并不意味着对同一事物应该有不同的评判标准。例如,秘书工作的规章制度,一旦制定就要严格遵守,办公室主任自己要严格遵守,也应该要求办公室其他成员严格遵守,但是如果部下偶尔出现了违反制度的行为,在处理上要尽量宽容(毕竟人人都会犯错误,年轻人尤其难免),但是宽容不等于违规行为不是错误。

五、以人为本,关心下属

办公室主任要关心、爱护部下,积极帮助下属解决实际困难,与部下融洽关系,成为部下的"知音"。中国传统观念"士为知己者死"广泛而长久地影响着人们的行为方式,办公室主任乐于作部下的"知音",关心、爱护部下,满足下级的心理和感情需要,是调动他们工作积极性的重要方法。办公室主任平时要理解、关心、信任、宽容和尊重下属,努力营造令人心情舒畅的氛围,使大家感受到集体的温暖。作为最直接的上司,办公室主任应经常找下属聊天,在他们工作取得成绩时应及时表扬和祝贺,当他们遭到挫折、不幸时给予必要的关怀和慰藉。同事间出现矛盾,办公室主任应及时协调解决。一句话,要有意识地在日常相处中进行"感情投资",给人以平易近人的感觉。

复习思考题

1. 能否以领导满意作为评价秘书工作的唯一标准?为什么?
2. 试述秘书工作管理科学化的含义。
3. 如何搞好秘书队伍的建设?
4. 秘书工作的管理应该建立哪些制度?
5. 当好办公室主任要注意哪些问题?

案例分析

阅读下面的材料,讨论后面的问题。

怎样看"'秘书门'事件"?

2006年4月7日晚,EMC大中华区总裁陆纯初回办公室取东西,到门口才发现自己没带钥匙。此时,他的秘书瑞贝卡已经下班。陆试图联系后未果。数小时后,陆纯初还是难抑怒火,于是在凌晨1时13分通过内部电子邮件系统用英文给瑞贝卡写了一封措辞严厉的"谴责信":

"我曾告诉过你,想东西、做事情不要想当然!结果今天晚上你就把我锁在门外,我要取的东西还在办公室里。问题在于你自以为是地认为我随身带了钥匙。从现在起,无论是午餐时段还是晚上下班后,你要跟你服务的每一名经理都确认无事后才能离开办公室,明白了吗?"

陆在发送这封邮件的时候,同时传给了公司几位高管。

面对总裁的责备,瑞贝卡两天后用中文回复了一邮件,其中说道:

"首先,我做这件事是完全正确的,我锁门是从安全角度上考虑的,如果一旦丢了东西,我无法承担这个责任。其次,你有钥匙,你自己忘了带,还要说别人不对。造成这件事的主要原因是你自己,不要把自己的错误转嫁到别人的身上。第三,你无权干涉和控制我的私人时间,我一天就8小时工作时间,请你记住中午和晚上下班后的时间都是我的私人时间。第四,从到EMC的第一天到现在为止,我工作尽职尽责,也加过很多次班,我也没有任何怨言,但是如果你们要求我加班是为了工作以外的事情,我无法做到。第五,虽然咱们是上下级的关系,也请你注重一下你说话的语气,这是做人最基本的礼貌问题。第六,我要在这强调一下,我并没有猜想或者假定什么,因为我没有这个时间也没有这个必要。"

这封咄咄逼人的回信,瑞贝卡同时发到"EMC(北京)、EMC(成都)、EMC(广州)、EMC(上海)"等各网站。EMC中国公司的所有人都看到了这封邮件。瑞贝卡的做法最终为她赢得了"历史上最牛女秘书"的称号。

第十一章 秘书工作的管理

邮件被转发出 EMC 后不久,陆纯初就更换了秘书,瑞贝卡也离开了公司。

无论是邮件附加的个人点评还是 BBS 上的讨论,力挺瑞贝卡的声音都超过了八成。

对此事件的一种解读是:这是中西文化的差异造成的冲突。

陆纯初,男,新加坡人,EMC 公司大中华区总裁,统管 EMC 在中国的所有运营业务。瑞贝卡是他的高级秘书。据悉,陆拥有新加坡大学工商管理学位,是名资深的 IT 专业人士,也曾出任 IBM、西门子等知名国际企业的高管。在赴 EMC 履职之前,他曾担任甲骨文大中华区总裁。

瑞贝卡用中文回复英文邮件的做法被认为"是两种文化的故意对抗"。一位在邮件中留下地址的西门子的 YANGQING 小姐对记者说,适应不同文化的管理方式应该是进入外企的中国人的必修课,"总之无论在哪里,都甭想和老板争论"。

邮件迅速传遍全国,对此现象,知名企业文化研究专家孙虹钢说,"每一个转发邮件的人内心都在欢喜,仿佛骂的是自己的老板",这个秘书反应有点过激,她违反的是明规则而不是潜规则,"毕竟任何企业的游戏规则都是老板定的"。

瑞贝卡这种做法看上去十分过瘾,其实相当不职业。她今后找工作会很难。一封邮件抄送那么多人,这种方式必然造成不和睦。难道没有其他方式可以沟通吗?这种方式对当事人没有任何好处,职场中无人会接受。

这封邮件几天内传了几千人,全国外企圈子都知道了。这是为什么?"说白了,人们在职场中的心态不好,很多人都很郁闷。比如,工作不开心、才华得不到施展、上司没本事却要管自己、投入产出比不合理、和老板关系紧张……这时候,如果有人出来攻击老板,那一定是解气的。每个人在转发邮件的时候,说不定都在幻想着有一天骂自己的老板。"

2006 年 5 月 10 日,《深圳商报》报道:《EMC 陆纯初离职双输收场,女秘书事件教会宽容》。

EMC 公司大中华区总裁陆纯初的离职为"女秘书事件"画上了句号。这场沸沸扬扬的风波,最终以当事人双输收场。

瑞贝卡在网络上赢得了"历史上最牛女秘书"的称号,因为她用一封咄咄逼人的邮件回复总裁,并让 EMC 中国公司的所有人都收到了这封邮件。这种做法看上去十分过瘾,事实上相当不职业。

面对大中华区总裁的责备,一个秘书应该怎样应对?一些在外企工作多年的人士说,正确的做法应该是,同样用英文写一封回信,解释当天的原委并接受总裁的要求,语气要注意温婉有礼,同时给自己的顶头上司和人力资源部的高管另外去信说明,坦承自己的错误并道歉。

一位大中华区总裁,因为一封没有充分考虑措辞是否严谨的工作邮件,落得个离职下场;一个女秘书,因为一意气之举,可能会结束她的职业生涯;一个公司内部矛盾,因为网络的迅速传播,使公司陷入公关漩涡,或多或少影响到公司的名声和业绩。一个简单的企业内部事件,最后导致了社会成本的巨大浪费。

试想,如果女秘书和老板把冲突通过私密方式沟通和解决,如果双方都能以更职业的心态对待工作、处理上下级关系,"历史上最牛女秘书"事件可能就不会发生。

(材料来源:互联网)

(1)这件事情涉及对秘书工作的评价问题。撇开信件本身,根据材料提供的信息,你认为瑞贝卡原来工作干得如何?

(2)你对事件中女秘书的做法有何评价?对总裁的做法有何评价?谁的过错更大?

(3)从秘书人员管理的角度看,该公司是否存在一些问题?

(4)有人说该事件反映了中西文化的差异,此说法有道理吗?

第四编
秘书的个人素质

第十二章　秘书的思想品德

第一节　秘书的政治素质

一、秘书的政治条件

1986年8月,针对当时已经出现的秘书腐败的苗头,中共中央办公厅和国务院办公厅联合发布了《关于加强县以上领导机关秘书工作人员管理的规定》。文件规定县级以上领导机关的秘书必须具备的条件是:

(1)坚持正确的政治方向,在思想上、政治上同党中央保持高度一致。

(2)遵守工作纪律,全心全意为人民服务。

(3)树立谦虚谨慎的优良作风。

(4)严守党和国家的机密。

这个规定可以作为我们讨论党政机关秘书政治条件的参考。但是，我们在进行秘书学理论探讨时，必须坚持解放思想、实事求是、与时俱进，不能把"党政机关秘书"等同于一般意义上的"秘书"。如果20世纪80年代中期中央对"县级以上领导机关的秘书工作人员"的政治要求，被我们照搬过来作为对现阶段一般秘书人员的政治要求，那就不仅是不切实际的，而且也是很不严肃的。试想一个外资公司、民营企业、个体劳动者，在聘用秘书时，会要求应聘者必须具有"坚定正确的政治方向"吗？

　　我们认为，将现阶段我国大陆秘书人员的政治条件定为"具有公民意识、维护国家利益、对组织忠实可靠"比较恰当。

　　关于公民意识，清华大学法学院教授高其才是这样解释的："公民意识是一种现代意识。从国外的经验看，它是在现代宪政体制下形成的具有普遍性的民众意识。这种意识体现为将自己和他人视为拥有自由权利的人，有尊严，有价值，并且能够勇于维护自己和他人的自由权利、尊严和价值的意识。这种意识就包含了公民对于国家和社会的责任感，但这种责任感来自权利本位而不是义务本位。从内容上看，公民意识主要包括爱国意识、守法护宪意识、自由平等的信念、权利与义务的意识等，它是平等、独立、合群等诸多现代精神的体现。"[①]

　　维护国家利益本来就是现代公民意识中的一项内容，但是由于秘书所在单位的利益有时与国家利益会产生矛盾，因此有必要单独加以强调。例如，如果领导为了夸大政绩要求秘书在汇报材料中弄虚作假，或者违规经营造成特大矿难事故的矿主为了隐瞒事故真相而要求秘书销毁罪证，秘书就应该坚决地站在国家利益立场上坚持原则，而不能出于自身利益的考虑屈从于领导或雇主违法、违纪的指令。

---

　　① 《从臣民、居民、村民走向公民》，《北京日报·理论周刊》2005年2月7日。

忠实可靠是古今中外任何领导人对秘书的共性要求。没有一个领导会任用一个明显不可靠的人当自己的秘书，即使他有非凡的才能。根据这一共性要求，党政机关的秘书必须对执政党忠实可靠也就在情理之中，可惜我们有的组织人事部门没有很好地执行中央的规定，也没有很好地理解秘书学原理，在考察高级领导人专职秘书时，过多地考虑要让领导人满意，而没有在是否忠于党和国家利益上严格把关，以致出现了王宝森的秘书阎振利、程维高的秘书李真等一些腐败秘书的典型。

二、秘书的理论修养

作为秘书政治素质要求的理论修养，指的就是马克思主义基本理论的修养，也就是写进党章和宪法的"马克思列宁主义、毛泽东思想、邓小平理论和'三个代表'重要思想"。

如果说要求所有秘书都要有"坚定的党性"是不切实际的，那么，所有秘书应该具有一定的理论修养则并不是过高要求。这是因为，以上理论是执政党和国家机关的指导思想，党的方针政策和国家的法律法规都是在这一理论体系的指导下制定的。要准确把握现行政策法规的精神实质，要深刻解读社会上的种种现象，就必须认真学习执政党的指导思想。

中共党章指出："马克思列宁主义揭示了人类社会历史的发展规律，它的基本原理是正确的。"作为马克思主义精髓的辩证唯物主义和历史唯物主义的基本原理，确实是我们认识世界、改造社会的强大武器。因此，秘书工作者应该努力提高自己的马克思主义理论修养；在校大学生应该学好马克思主义理论课，不要把政治理论课看成是无关紧要的课程。

三、秘书的政策水平

秘书应该具有较高的政策水平。所谓政策水平，是指对党和国家的方针政策（包括其具体内容、来龙去脉、调整变化等）的熟悉程度和正确理解其精神实质的能力。广义的"政策"包括国家颁布的法律、法规,十一届三中全会后党和国家的方针、政策,以及本地区、本系统的具体政策规定。

政策是体现党和国家意志和利益、为实现一定历史时期的路线和任务而制定的行动准则。党政机关、社会团体、企事业单位所制发的重要文件,所开展的重要工作,一般都涉及各项政策。秘书有时会直接参与制定政策;秘书起草的文件不能违反政策,秘书代表领导或独立处理各种事务要符合政策;秘书有时还要提示领导执行政策。从秘书本身的业务看,协调、信访、突发事件的处理等,也都是政策性很强的工作。

政策正确能够调动人们的积极性,政策错误会挫伤人们的积极性,而政策阙如则会使人们无所适从,各行其是。秘书人员只有认真学习党和国家的各项重大方针政策,并领会其精神实质,才能结合本地区、本单位的实际情况,协助领导制定出贯彻上级各项政策的实施办法和细则,才能协助领导正确处理各种现实问题,才能有效地协助领导把党和国家的方针政策落实到实际工作中去。秘书人员如果缺乏政策水平,就会出现以个人感情或片面认识代替政策的现象。

较高的政策水平不仅是对党政机关秘书的要求,也是对企事业单位秘书的要求。企事业单位包括外资企业和民营企业,在其经营和发展过程中也存在大量事项要涉及政策问题。

四、秘书的法纪观念

本书第九章阐述的秘书工作的原则中,"守法遵纪"被列为第一条原则。这里所说的秘书政治素质之一的"法纪观念",就是指秘书人员在工作中贯彻这一原则,自觉地遵纪守法的观念。

秘书的个人行为不得违反法律和纪律。虽然任何公民都要遵纪守法,但是,秘书贴近领导的特殊地位决定了他们更容易出现越轨行为,而且秘书一旦违法乱纪,就会给社会和本单位的工作造成极为严重的恶劣影响。1986年,中共中央办公厅和国务院办公厅联合发布的《关于加强县以上领导机关秘书工作人员管理的规定》,要求党政机关秘书"遵守工作纪律"、"严守党和国家的机密"。但是,其后领导机关的秘书尤其是高级领导人的专职秘书违法乱纪现象还是频频出现,且呈愈演愈烈之势。为了遏止这一现象的发展,2003年夏,全国各省、自治区、直辖市的党政领导机关又纷纷发布名为《关于加强领导干部身边工作人员管理监督的暂行规定》的文件,对秘书行为作出了更为明确的纪律规定。例如,吉林省对领导秘书提出"八不准";湖北省要求对秘书严肃纪律,做到"十不准";安徽省对领导干部身边工作人员的行为提出了"十七个不准"的明确要求。下面是湖北省委办公厅《关于加强对省级领导干部身边工作人员教育管理的暂行规定》中的"十不准"(有媒体称这是领导身边工作人员的"十条紧箍咒"):

(一)不准有同中央和省委不一致的言行。

(二)不准插手人事问题,为跑官要官者提供方便和伸手为自己要官。

(三)不准接受与领导同志工作有关的单位或个人的礼金、有价证券、贵重物品和在下属单位、企业报销各种费用、长期借占各种设备。

(四)不准接受事先未经批准的与领导同志工作有关的单位或个人的宴请。

(五)不准插手工程招投标、经营性土地使用权出让、房地产开发与经营、有偿中介等市场活动,以及利用工作岗位的影响为个人、亲友谋取任何私利。

(六)不准干预司法机关、行政机关、纪检监察机关公正执法、执纪。

(七)不准向领导同志提供假情况、假数据,或隐瞒、歪曲事实真相。

(八)不准授意基层为领导安排违反规定的接待活动。

(九)不准为领导及领导的配偶、子女、亲友谋取不正当利益。

（十）不准泄露党和国家的秘密。

八条也好、十条也好、十七条也好，这些具体规定没有必要强记硬背，因为只要牢固树立自觉遵纪守法的观念，即使没有这些"明文规定"，秘书也不会去做上述任何一种违法乱纪行为。

第二节　秘书的职业道德

道德包括社会公德、职业道德和家庭美德。职业道德是人们在职业活动中遵循的行为准则。秘书的职业道德是秘书在履行公务的活动中应遵循的行为准则。

秘书学在探讨"秘书的职业道德"时，应该注意以下几点：

第一，"秘书的职业道德"首先是"道德"，因此，不要把非道德范畴的内容纳入秘书的职业道德。例如，有的秘书学读本把"树立效益意识，培养开拓精神"、"自尊自立，终身学习"等列为秘书职业道德，而开拓精神、终身学习等很难说是道德。

第二，"秘书的职业道德"必须是"职业道德"，它不同于社会公德，因此，不宜把社会公德的内容纳入秘书职业道德，例如"文明礼貌"、"谨慎"、"宽容"等。

第三，"秘书的职业道德"应该与秘书职业活动直接相关，具有秘书职业的特点，不宜把所有职业人都必须遵守的通用职业道德纳入秘书职业道德，如"忠于职守"、"干好本职工作的热情"、"遵守纪律"等。

基于以上论述，我们将秘书的职业道德概括为以下几点：

一、实事求是

实事求是是马克思主义认识论的精髓，是党的思想路线。任何工作都要实事求是，为什么要把它列为秘书的职业道德呢？这是因为，秘书工作的大多数内容都与信息相关，而实事求是精神的具体化主要表现在信息的真实性和准确性上。信息是领导决策的主要依据,秘书能否坚持实事求是,直接关系到领导决策是否正确。

例如,调查研究是获取第一手信息的主要方法。秘书部门的调查研究主要是为领导决策服务的,常常要按照领导出的题目去搞调研,或者是按照领导的需要选择调查题目,这很容易使秘书把领导的意见当作框框。事实上,一切正确的结论只能在调查研究后才能得出。领导在调查之前的意见只是一些初步的想法,有待于通过调查来检验和研究。如果把调查研究当作为领导的某些现成观点去找几个例证,那就把调查研究这种科学的、严肃的社会活动庸俗化了。有些人搞调查不是把心思用在对客观情况的了解分析上,而是琢磨领导人喜欢听什么,不喜欢听什么,只报喜不报忧,明知调查结果证明领导的意见不正确,也不提出。这种调查研究不但对领导没有帮助,反而会帮倒忙,促使领导作出错误的决策。

事实上,长期以来党内和社会上存在的弄虚作假、浮夸虚报、报喜不报忧等违背党的思想路线的不正之风,其具体操作过程中都有秘书的一份"功劳",因为这些现象在形式上必然要表现为书面材料,而那些书面材料又都是"笔杆子"的劳动成果。前述湖北省委办公厅颁发的《关于加强对省级领导干部身边工作人员教育管理的暂行规定》也把"不准向领导同志提供假情况、假数据,或隐瞒、歪曲事实真相"作为纪律之一。可见,秘书人员坚持实事求是的原则具有特别重要的意义(当然不能把不实事求是的现象都记在秘书的账上,领导应负主要责任)。因此,我们把实事求是列为秘书职业道德的首要内容。

实事求是作为秘书的职业道德,早在西周时期的史官中就形成了。当时的史官在记录帝王言行时便自觉形成了自己的操作规则,那就是"秉笔直书"、"君举必书"。这种不溢美、不掩恶的"职业道德"从此便成为我国古代秘书人员的一大优良传统。西周初年的史官史佚和春秋时期晋国的史官董狐就因为恪守这一道德准则而闻名于世。①

二、甘当配角

这是由秘书工作的辅助性、秘书部门的从属地位以及秘书劳动成果隐蔽化的行业特点决定的一条职业道德规范。

秘书工作的辅助性决定了秘书的工作成果多以其领导或所属组织的名义公之于众。有人统计过,历年来在各级各类的"评优"活动中,被授予"劳动模范"、"×佳青年"、"青年突击手"、"三八红旗手"、"有突出贡献者"等荣誉称号的名单中,很少看到秘书的名字。其直接原因是领导一般不会把为数很少的荣誉称号的名额留给自己身边的秘书,而深层原因则是秘书劳动成果隐蔽化的特点。秘书应该充分认识到自己工作的价值,甘当配角,在平凡的工作岗位上默默无闻地为人民、为社会作贡献。

秘书在工作中必须严格按照领导的指示和意图办事,违反领导意图而别出心裁,自行其是,是秘书职业道德所不允许的。个人的积极性、创造性只能在向领导提建议、献计策等方面发挥,而且要注意不能用个人不成熟的想法甚至情绪化的意见,去影响和干扰领导的决策及正常工作。

三、廉洁奉公

廉洁奉公虽然是公职人员的普遍行为规范,但是对秘书人员有其特殊的要求。

人们常说腐败的本质是"权钱交易",或"权力寻租",而秘书的职务权力严格上说非常有限。那么,"秘书腐败"何以成为社会上一个相当普遍的现象呢?这是因为,秘书工作在领导身边,"实权"不大但"用权"方便,可以通过领导来处理一些自己

---

① 杨树森、张树文:《中国秘书史》,第54~55页,合肥:安徽大学出版社,2003。

无权直接处理的事情。正是这一特点使廉洁奉公成为具有秘书职业特点的职业道德要求。

廉洁奉公是秘书人员职业行为能够正常进行的重要保证，是高尚道德情操在职业活动中的重要体现。它要求秘书人员在职业活动中要坚持原则，不利用职务之便假借领导名义以权谋私，不搞你给我一点"好处"、我回报你一点"实惠"的所谓"等价交换"。秘书人员要以国家、人民和本单位整体利益为重，自觉奉献，不为名利所动，以自己的实际行动抵制腐败之风。

四、平等待人

由于秘书在领导身边工作，为领导工作服务，常被领导授权代表机关办事，容易产生自命不凡的优越感。有的人缺少基本的道德素养，当了几天秘书就感觉自己了不起，自以为是，工作中常常以势压人，被科室干部或员工讥为"官职不大脾气不小，本事不大毛病不小，权力不大架子不小"。因此，"平等待人"对秘书来说就不仅仅是个人品德修养问题，而且也是一种职业道德要求。

秘书人员在这方面容易出现的问题是对上对下不一样，对上卑躬屈膝、阿谀奉承，对下颐指气使、盛气凌人。另一种可能出现的情况是，部分秘书人员在与职能部门联系工作时往往采用命令式的语气，不能平等地同各职能部门商量工作，虚心听取对方意见。

出现这种情况不仅是因为秘书人员自身的浅薄，而且与其服务意识淡薄有关。须知秘书工作的宗旨是"三服务"而不是"一服务"，为人民群众服务、为各职能部门和下级单位服务本来就是自己的职责。为了自己工作方便对各职能部门发号施令的做法，会疏远自己与服务对象的关系，久而久之会使秘书部门的工作陷于被动和孤立。

五、履约守时

诚信本是社会公德之一。由于秘书部门处于组织的枢纽地位,对内、对外、对上、对下联系工作广泛,加上秘书部门特殊的展示组织形象的窗口作用,秘书人员的"履约守时"便具有特别的意义,对秘书人员这方面的要求也有必要加以特别的强调。

秘书人员要严格遵守诺言,一旦对领导、客户、各下属部门的人员等作出了有关承诺,就要尽力办到,不可失约、毁约,自食其言。即使有客观原因或困难,也要尽全力克服;如果因不可克服的困难无法履行约定的承诺,一定要尽快向对方道歉,采取一切可能的补救措施,消除不良影响,不能等到事后再来找各种借口为自己的失约行为辩解和开脱。

守信的最低要求是守时,即养成按约定时间到达的习惯,这是人际交往中最起码的礼貌。秘书参加会议、约见客人或应领导要求汇报工作和介绍情况,甚至参加宴请等活动,都应准时到达,并在可能的情况下稍微提前一点(不必提前过多)做好准备工作,而决不能迟到。秘书如果迟到,不仅浪费对方的时间,还常会打乱领导的工作日程。在代表本单位约见客人,或参加有关谈判、会议时迟到,则会使人家感到你缺乏诚意,或不够尊重对方,这会严重损害组织的形象。

六、严守机密

"机要性"是秘书工作的性质之一。"机要性与群众性的统一"是秘书工作的特点之一。"保密"是秘书工作的基本要求之一。因此,虽然每个公民都有保守国家机密的义务,但是,"严守机密"对于秘书而言却有其特殊意义。我们认为,严守机密也是秘书职业道德规范之一。

秘书部门是文书工作主管部门,秘书能够看到涉及机密事项的文件,而且负责保管这些文件,能够从文件中了解许多机密;秘书经常作为记录人或随员参加领导的会议,而许多会议讨论的事项在一定时间、范围内不宜对外公开,必须作为秘密加以保守;秘书经常在领导身边工作,对领导的思想意图、决策趋向、指挥决心以及领导人之间的意见分歧等了解很多,这些东西当然也属于秘密的范围;秘书部门是领导机关的信息中心,负责综合处理来自各方的信息,其中也会有一些信息暂时不宜扩大传播范围。

总之,秘书部门的特殊地位决定了秘书人员接触、了解的秘密比其他人员要多得多。另一方面,秘书部门又是一个对内对外联系广泛的部门,秘书人员的公务交往和一般社交范围也比较广,这就给秘书保守机密增加了难度。由于以上两方面原因,对秘书人员保密性方面的要求就比对普通公民的要求高得多。所以,保密不仅是对秘书外在的纪律约束,也应该成为秘书自己内在的道德约束。一个养成了保守秘密的道德观念和行为习惯的秘书,是不会违反保密纪律的。

第三节 秘书的作风修养

作风是指人们在思想、工作、生活上表现出来的习惯化的态度和行为特征。关于秘书应该具有什么样的工作作风,也有一些秘书学著述进行了探讨。下面是几位专家的观点:

王千弓(1984):加强党性修养,坚持四项基本原则;努力学习马列主义,加强政治理论修养;讲究实事求是;密切联系群众;埋头苦干,甘当无名英雄;提高工作效率,办事一丝不苟。

王绍龄(1988):严谨细致,一丝不苟;敏捷迅速,勤快主动;联系群众,深入实际;文明礼貌,不卑不亢。

董继超(1993):谦虚谨慎,戒骄戒躁;踏实细致,一丝不苟;敏捷干练,讲究时效;富于创造,勇于开拓;尊重同志,善于合作;仪表整洁,谈吐文雅。

王 永(1999):实事求是,忠诚诚实;埋头苦干,任劳任怨;

思想敏锐,敢于创新;服从领导,顾全大局;公道正派,行为端正;谦虚谨慎,平等待人;遵守纪律,保守机密。

常崇宜(2000):实事求是;主动负责;艰苦奋斗;联系群众;快准细严。

任　群(2001):实事求是;全心全意为人民服务;密切联系群众;严谨细致;讲求效率;勇于开拓进取;艰苦朴素。

此外,司徒允昌先生的《秘书学综论》(2002)一书从反面列举了秘书人员中存在的几种不良工作作风:高高在上;华而不实;疲软拖沓;怕苦怕累;粗枝大叶;优柔寡断。

以上各种观点虽然都不无道理,然而有的属于政治素养,如"加强党性修养"、"全心全意为人民服务";有的属于职业道德,如"实事求是"、"遵守纪律,保守机密"等;有的过于原则,如"谦虚谨慎,戒骄戒躁"、"思想敏锐,敢于创新"等。这些都只能归入广义的"作风"的范畴。

我们认为,作为应用性学科的秘书学,在阐述秘书应该具有的作风修养的时候应注意这样几点:第一,它应该是真正的"作风"而不是政治立场或道德修养,或者说它不应该与以上范畴相重复。第二,这里阐述的作风修养应该是指秘书的工作作风,即在具体工作中体现出来的习惯化了的态度和行为,而不是指思想作风或生活作风,如"讲究实事求是"、"艰苦朴素"之类。第三,这里阐述的作风修养应该是具体可感的,而不是高度原则的,是秘书工作者经过努力能够做到的,也是机关领导和办公室主任能够清楚地评判秘书人员是否已经形成的。

某大公司人力资源总监张先生说:"老板对某些秘书在工作中的拖沓、松懈、低效的工作作风确实感到难以容忍。他们需要的是工作井井有条、在办公室一呼即应的秘书;是在工作紧张的时候能自觉自愿地加班加点而毫无怨言的秘书;是一个用脑多于用手、善于管理时间,而不是整天忙忙碌碌、穷于应付而毫无成就感的秘书。"从这段文字看,我们以上对"秘书作风"的理解比较接近社会上一般人员对它的理解。

根据这种理解,我们综合各位专家的研究成果,将秘书应该具有的工作作风概括为"五要五忌"。

一、要任劳任怨,忌患得患失

秘书工作的宗旨是"三服务",这里所讲的"服务"是实实在在的服务,不是间接的抽象的服务。秘书工作的原则之一是求真务实。秘书必须具有实干精神,而做实事往往没有直接的物质利益可图,并且比不干事的更容易出差错,有时还会招致批评。因此,秘书必须讲一点奉献精神,培养任劳任怨的工作作风,甘做无名英雄。秘书牺牲节假日时间为领导、为单位加班工作,乃是家常便饭。有的秘书调侃说,"按照国家劳动法规规定,加班应该发三倍于平时的工资,但实际上工作餐可能都要自掏腰包解决"。

与任劳任怨的优良作风相反,有的人干事总是患得患失,一事当前,先考虑对自己是否有好处,把个人得失放在第一位,生怕吃一点亏。如果对个人没有直接好处,能推就推,能装佯就装佯。偶尔加一次班,就怪话连天,牢骚满腹。这样的秘书不可能干好服务性工作,当然也不会得到领导和群众的认同。

二、要勇于负责,忌互相推诿

"勇于负责"有两个方面的含义,一是遇到有一定难度的工作,不能因为怕担责任而退缩,而要敢于主动承担具有一定风险的任务。这既是为国家、为人民、为单位作贡献从而实现自我价值的好时机,也是锻炼自己工作能力、展示自己才华的好机会。二是在办公室工作出现失误的时候,要勇敢地主动承担责任,尤其是多人协作完成的工作,主动承担责任更能体现出一个人的高度责任感,这也是赢得领导和同事信任的极好时机。

与此相反,有的人缺乏强烈的责任感,他们不敢承担有风险的工作,在困难面前总是退让三步。工作中一旦出现差错,总喜欢把责任往别人头上推,或者千方百计地寻找借口,以证明自己没有过错。这样的秘书在社会上时而可见,他们自以为聪明,实际上是堵住了自己发展的道路。

三、要雷厉风行,忌拖拉磨蹭

不少人将秘书应该有的工作作风概括为"快、准、细、严"四个字,"快"被排在第一位。秘书的工作任务怎样完成得快呢?这与秘书的能力有直接关联,与秘书的工作作风也直接相关。我们提倡秘书人员要养成"立即着手"的习惯,说干就干,"只有今天,没有明天",尽量不要把工作带回家,也不要把今天可以完成的工作留到明天去办。

与雷厉风行作风相反,有的秘书缺乏青春活力,平时总显得无精打采,干什么事都是能拖就拖,不等到火烧眉毛的时候不会着急。每遇一件事,他们总是优柔寡断,掂来量去,反复权衡,迟迟不付诸行动,看似考虑周到,实则缺少主见,直到事情不能再拖的时候,他们才动手去处理,结果常常因时间仓促而草草了事。

秘书人员只有发扬雷厉风行的作风,才能保证任何工作都能按时完成任务。为此,秘书必须增强工作责任心,树立高度的时间观念和效率观念,努力提高快速反应能力,坚决克服拖拉作风。

四、要一丝不苟,忌粗枝大叶

一丝不苟是与秘书工作的准确性要求相适应的工作作风。世界上怕就怕认真二字,秘书人员就最应该讲认真。秘书人员干任何事情,都要细致入微,以防出差错。领导交办事情的时候要细心笔录,没有听明白的要当面向领导询问;秘书撰写公文、处理信息资料、校对文稿,都要逐字逐句仔细推敲。历史上曾发生过因电文一字之差改变了战争结局的典型案例,今天在经济合同中因一字之差造成巨大经济损失的例子也时有发生。

与一丝不苟的严谨作风相反的是粗枝大叶、敷衍马虎的不良作风。粗枝大叶者必然差错频出。他们起草文件，常常留下数据或文字的差错，需要领导来修正；他们传达会议通知，不是搞错了具体地点，就是该通知的没有通知到；他们保管文件，常常在急用的时候找不到，甚至会丢失机密文件。这样的马大哈式的人，如果不加以严格训练，不改掉丢三落四的习惯，是不宜再从事秘书工作的。

五、要井然有序，忌杂乱无章

秘书部门工作头绪多，需要有良好的秩序才能保证各项工作有条不紊地正常进行。"井然有序"包括三个方面含义：一是人员分工井然有序，这主要是办公室主任的职责；二是秘书个人对自己面临的许多任务，要作出科学合理的顺序安排，可以参照第十章第三节介绍的"三维综合分类法"迅速排出先后次序，然后逐项落实；三是秘书对所保管的文件物品，必须摆放得井然有序，以便一旦要用，就能立即找到。

与此相反，有的办公室内部总是满目狼藉，一片忙乱景象，但工作效率却不敢恭维。有的秘书抽屉里总堆放着满满的文件，但当领导要调看文件时，却又找不到文件的踪影；处理事情时常常出现捡了芝麻、丢了西瓜的现象。

复习思考题

1. 怎样理解"忠实可靠"是秘书必须具备的政治条件？
2. 从秘书工作性质和特点来解释秘书职业道德的各项内容。
3. 为什么把实事求是列为秘书职业道德的首要内容？
4. 公民都有保密的义务，为什么还要把"严守机密"列为秘书职业道德的重要内容？
5. 秘书应该具有怎样的工作作风？

案例分析

1. 小郢是某校秘书专业一位品学兼优的学生,一年级担任班级学习委员,二年级又被同学们选为班长。最近有一件事很让她苦恼:她的父母多次来信,要她在政治上要求进步,争取在学校期间加入中国共产党,并且列举了入党的种种好处。小郢本来认为,自己的志向不是从政,她对到党政机关当秘书(或其他职务)不感兴趣,羡慕的是外企白领丽人的风采,所以没有入党的强烈愿望。对于父母说的入党的"好处"感到不解,她认为入党对到外企去工作没有什么好处,而且入党是一件严肃的政治行为,怎么能为了得到什么"好处"而入党呢?但是寒假期间,父母请来了在政府工作的几位长辈亲戚,对她进行了"政治启蒙",还通过关系找到了自己的辅导员。开学后,辅导员找她谈话,也鼓励她尽快递交入党申请书。小郢将自己的苦恼告诉一位同班好友,希望听听好友的意见。

假如你是小郢的同班好友,你会给她提供什么样的意见呢?小郢没有入党的强烈愿望是因为她不想从政,入党与"白领丽人"的个人理想真的存在矛盾吗?

2. 张金龙只读到初一就辍学了,后又7次因盗窃行为被公安机关审查,其文化程度和政治表现明显不符合入伍条件。1994年征兵时,其父张俊友找到市人武部办公室副主任王焕明,慷慨地甩出3000元"好处费"。王即利用工作之便,通过各种手段弄虚作假帮助张金龙混过征兵政审关,使他混入了担负着保卫中央国家机关安全的首都武警部队。就是这个张金龙,1996年2月2日,为了窃取财物,潜入全国人大常委会副委员长李佩瑶家中行窃,并将李杀害,在国内外造成了极其恶劣的政治影响。

在张金龙混入武警部队的过程中,人武部办公室副主任王焕明起了关键作用。根据王焕明在这个事件中的作用以及事

件的最后结果,请回答下列问题:

(1)对照本章关于秘书素质的有关理论,人武部办公室副主任王焕明有哪些地方不符合要求?

(2)从王焕明在事件中的作用,可以看出秘书在"用权"方面有什么特点?

第十三章 秘书的知识和能力

第一节 秘书的知识结构

一、知识与知识结构

(一)知识的概念和种类

知识是人们通过实践所获得的认识和经验的总和。任何知识都来源于实践,但是从实践获得的认识并不天然正确,如有关风水、手相的知识。人们通常把成体系的正确的知识称为"科学知识"。在"知识就是力量"、"国民的知识水平决定一个民族的前途"这类命题中,"知识"指的是科学知识。

依据反映对象的深刻性,知识可分为经验知识和理论知识。经验知识是知识的初级形态,只反映事物的现象和外部联系;系统的科学理论是知识的高级形态,它反映事物的本质和规律。

依据知识是否直接来源于本人的实践,知识可以分为直接知识和间接知识,其中间接知识来源于书本、课堂、媒体等渠道,是前人或他人直接知识的记录。对于个人来说,直接知识固然非常重要,但是从知识的数量来看,间接知识则占其中绝大部分。我们反对忽视实践的"死读书,读死书,读书死"的学习方式,但在强调社会实践的同时,也不能忽视间接知识的学习。

依据知识涉及的对象,知识可以分为自然知识、社会知识、人文知识,人文知识是关于人们精神活动的认识,它有别于反映社会实践活动规律的社会知识。

美籍奥地利经济学家、"知识经济"理论的提出者马克卢普(Fritz Machlup)把知识分为五大类:

(1)实用知识——对于人们的工作、决策和行为有价值的知识,包括专业知识、商业知识、劳动知识、政治知识、家庭知识以及其他实用知识。

(2)学术知识——能够满足人们在学术创造上的好奇心的那部分知识,属于自由主义、人文主义、科学知识、一般文化中的一个部分。

(3)闲谈与消遣知识——满足人们在非学术性方面的好奇心,或能够满足人们对轻松娱乐和感官刺激方面的欲望的那些知识,常常包括本地传闻、小说故事、幽默、游戏等,大多是由于被动地放松"严肃的"事务而获得的知识,因而具有降低敏感性的趋向。

(4)精神知识——与上帝以及拯救灵魂的方式等相关的宗教知识以及与其相联系的知识。

(5)不需要的知识——不是人们有意识获取的知识,偶然或无意识地保留下来的知识,是"多余的知识"。

(二)知识结构及其类型

知识结构是指一个人掌握的全部知识的门类及其结合方式。它既反映一个人的知识总量、知识成分,又反映这些知识成分之间的关系,包括各类知识的比例关系、相关程度,以及由此而形成的整体功能。

人们的知识结构大致可以分为以下六种类型:

(1)横式结构——知识面很广,但没有哪一门专长。这种知识结构通常适合于从事事务性工作。

(2)纵式结构——知识面不广,但在某一特定领域具有相当的深度。这种知识结构比较适合于从事专业知识的教学工作。

(3)平行式结构——在几门专业知识上均有一定的深度,

但精通的各门知识之间基本上没有直接联系。例如,数学教师又精通音乐,他可以在必要时兼几节音乐课,但音乐知识对从事数学研究或教好数学课没有什么直接的影响。

(4)交叉式结构——在若干专业上有精深的知识,且这些专业知识之间有直接的联系,如精通数学的经济学家。这种知识结构适合从事研究工作,且在知识交叉点上可能取得突破性成果。

(5)纵横式结构——知识面很广,且在其中某一个(或几个)专业上有相当的深度。这种知识结构适合当领导或从事研究工作。

(6)金字塔式结构——知识面很广,知识基础雄厚,又是某一方面的专家,且各种知识按照一定的规律递增排列,即与专业愈相近,知识越扎实。这是所谓纵横捭阖式人才的理想知识结构。

以上各种知识结构类型可以用下列图示表示:

(三)秘书理想的知识结构类型

秘书工作的综合性,决定了一个好的秘书应该是"通才"、"杂家",即首先要求秘书人员的知识面有一定广度。因此,纵式结构、平行式结构、交叉式结构均不适应秘书工作的要求;而横式结构、纵横式结构、金字塔式结构比较符合秘书工作的特点,其中金字塔式结构最为理想,这就是通常所说的"通才—专才"型人才。下面,我们就按这种理想的知识结构来阐述秘书应该具备哪些知识。

二、秘书必须具备的基础知识

这里所说的基础知识是指任何一个管理人员(不限于秘书人员)都需要掌握的知识。从某种意义上说,它们也是现代公民应该掌握的知识。

(一)哲学常识

秘书首先要学好马克思主义哲学即辩证唯物主义和历史唯物主义的知识。这在上一章"秘书的政治素质"中已经阐明。这里要强调的是,对于一个高水平的秘书来说,仅仅了解马克思主义哲学是不够的,对东西方古代和现代各哲学流派的理论也要有所了解,把它们与马克思主义哲学加以比较,才能真正理解哲学的要义,提高自己认识世界的水平。

(二)政治、法律、社会学常识

政治知识包括我国和世界各国的国家制度、政党制度、行政组织理论的有关知识。法律知识不仅是熟悉法律条文的问题,还应该了解法律的基本理论,以加深对国家法律制度的理解。社会学知识可以帮助我们从理论上认识各种社会现象的本质,其中关于社会调查的理论对秘书的调查研究有直接的指导意义。

(三)经济学常识

除了马克思主义政治经济学外,秘书应重点掌握市场经济理论,了解市场经济运行规律。在中国加入WTO后,社会上一度出现了学习WTO相关知识的热潮,不但各级机关组织集中学习,许多人也自觉地通过各种渠道来学习相关知识。

(四)文学、艺术常识

秘书应该具有较好的文学、艺术修养,不仅要读一些中外文学名著,了解世界艺术精华,而且有必要掌握一定的文艺学和美学理论知识,提高自己的艺术欣赏水平,并能够运用相关理论正确理解和分析社会上各种文化现象。文学、艺术不但能提升个人的综合水平和精神境界,而且能丰富个人的语汇,提高语言表达能力。

(五)历史、地理常识

这是秘书必备的基本知识。秘书如果缺少这方面常识,在拟文撰稿或其他场合就常常会闹出笑话。目前,基础教育中的应试教育模式,使得学生不够重视历史、地理等"副科"的学习,而高校又不可能开设这方面常识课。因此,一个人如果中学时历史、地理没有学好,那就需要采取一定的措施补上这一课。此外,在职秘书还应该了解本省、本市的历史、地理常识。

(六)自然科学常识

这是目前文科学生最为缺少的知识。由于高考文科不考物理、化学、生物,因此有一些文科学生自然科学知识几近空白,有的人连"千瓦"与"千瓦时"有什么差别、"光年"是时间单位还是空间距离单位都搞不清楚,写出来的文章中经常出现常识性错误。

(七)数学知识

数学与其他自然科学有本质的差别,它不是研究自然现象和物质运动的,而是研究抽象的数量关系和空间关系的科学,是自然科学和社会科学研究都必须运用的最基本的工具。文科学生不一定都要学习高等数学,但是中小学的数学训练不应该只是一种淡淡的记忆。秘书在统计调查和信息分析过程中可能会遇到一系列数据,这时必然要运用初等数学和统计学的基本知识。

(八)计算机知识

计算机是信息化社会的主要工具。使用计算机成了现代社会人人都要掌握的基本技能。计算机还是办公自动化系统的中心设备。因此,秘书应该更多地了解计算机知识。

三、与秘书工作直接相关的知识

与秘书工作直接相关的知识,是指形成秘书职业能力必须具备的知识,或者说是秘书在工作过程中会经常用到的知识。

(一)语言学

秘书的语言学知识包括现代汉语和外国语知识。就现代汉语而言,重点是语法和修辞知识。秘书一切智力活动的成果都将形成书面文字。因此,秘书应具有较高的语言修养,包括丰富的词汇量、语言表达合乎语法规范、各种文体的语言应用必须得体等等。秘书的外语水平也很重要,秘书不能仅仅满足于取得"英语×级"证书,更重要的是提高口语水平和应用能力。

(二)逻辑学

这是关于思维的科学。它的作用有两个方面:培养追求真理的科学精神和提高逻辑思维(重点是推理)能力。从这两个方面看,逻辑学放在"基础知识"中可能更为合适,但是考虑到我国暂时不会在中学开设逻辑必修课,高校也暂时无法普遍开设逻辑公共课,因此,暂时将逻辑学列在"相关知识"中。秘书人员主要要学好普通逻辑学,它要解决的是"概念要明确,判断要恰当,推理要有逻辑性,论证要有说服力"的问题,而这是秘书在拟文撰稿等工作中必须达到的要求。

(三)管理学

秘书是管理人员,秘书工作就是辅助管理。秘书工作主要是为领导的决策和宏观管理提供服务。秘书学是管理学的一个子学科。因此,秘书人员要学好管理学知识是不言自明的道理。管理学是一个大的学科。从秘书工作来说,秘书需要直接应用的是行政管理学、企业管理学的知识,必要时再学习一些经济管理和管理学概论的知识,以使自己的管理学知识形成体系。

(四)领导科学

秘书要为领导服务,就必须了解领导的决策和宏观管理的运作过程和运作规律。因此,秘书应该掌握比较扎实的领导科学的知识。本书已经在第六章介绍了领导和领导工作的基本知识,这是为进一步阐述秘书工作的原理作铺垫,对于秘书专业本科生来说,这些领导科学知识是远远不够的,需要进一步进行系统的学习。

(五)公共关系学

公共关系工作是秘书部门的一项重要业务。公共关系原理对于领导工作和秘书工作都有极其重要的参考价值。因此,秘书工作者要掌握必要的公共关系知识。秘书既要了解公共关系活动的策划、操作过程,也要透彻地理解公共关系的原理。秘书要牢固地树立公共关系意识,没有一定的公关理论基础是不行的。

(六)社交礼仪知识

筹办、主持各种典礼和仪式是秘书部门的一项事务性工作。秘书人员平时为领导的会见、会谈提供服务,以及在日常的公务接待工作中,都需要应用现代社交礼仪知识。秘书不仅要知道如何做,还要知道为什么要这样做。了解礼仪的来龙去脉可以帮助人们正确地应用礼仪。礼仪修养是秘书需要具备的个人素质的一个重要方面。

(七)心理学

心理学是研究人的心理现象及其规律的科学。心理现象极其复杂,心理学理论也极为丰富。秘书人员应该掌握的是普通心理学的基本知识,以及管理心理学、个性心理学的知识。这些知识对于我们认识人的社会行为的本质、调动人们的积极性,以及处理好人际关系,都具有很重要的参考价值。

(八)传播学

传播学是研究人类信息传播活动规律的科学,是现代信息科学的一个重要组成部分。了解传播学常识可以帮助我们正确地理解信息在管理体系中的重要作用,正确地应用传播手段实现既定的管理目标。秘书人员需要重点了解的是大众传播学和人际传播学的基本知识。

四、秘书的专业知识

秘书需要掌握的专业知识包括两个系列:秘书业务的专业知识和所在单位或行业的专业知识。

(一)秘书业务的专业知识

这主要是指秘书学及其子学科知识,也就是高校秘书专业开设的专业课课内知识。

(二)所在单位业务涉及的专门知识

秘书人员总是在特定的单位为领导服务的,不同单位各有不同的业务。例如,教育部门、税务部门、汽车销售公司、宾馆酒店等单位,它们的秘书工作肯定会遇到不同的专业性问题。秘书如果对本单位业务一窍不通,就不可能成为一名合格的秘书。这方面专业知识千差万别,不可能在大学秘书专业设置相应的课程,只能在走上工作岗位后去自行学习、进修、领悟。刚到一个新单位的青年秘书,应该把学习这方面专业知识作为自我进修的主要内容。

我们把所在单位的行业知识列为秘书的专业知识之一,并非要求秘书人员成为该行业的技术专家,达到总工程师、总经济师的水平,那是根本做不到的,也是没有必要的。

五、秘书知识结构的充实和调整

秘书要达到理想的知识结构,必须对自己现有的知识结构特点有一个清醒的认识。如果你的知识面偏窄,就要在扩大知识范围上多下功夫;如果你知识面较广,就要在专业知识的精通方面多作努力。秘书走上工作岗位后,要根据单位性质和自己的具体分工有针对性地补充相关知识,以适应工作需要为准则。

知识有"死"、"活"之分,秘书在积累知识和调整知识结构时,应该避免把精力过多地用在死知识的记忆上,而应该重视知识的灵活应用。下面一则材料对你如何学习知识也许有一定的参考价值:

> 在知识爆炸时代,人们不可能也没必要把所有知识都容纳进记忆仓库之中。据统计,一位化学家要读完现在一年内发表的化学文献,若每天读8小时,共需48年。爱因斯坦曾说,他不知道声音在空气中传播的速度是多少,但这没关系,他可以在任何一本物理教科书上找到答案。一个参观美国学校的中国教师对美国学生不注重记忆知识产生疑虑时,美国教师招手叫来一个男

孩,让他坐在电脑旁,然后对中国教师说:"你可以对他提任何一个你想了解的问题。"这位中国教师想了想说:"中国算盘。"这个孩子驱动电脑,只十几秒钟,就打印出长长的一页纸,上面记载着算盘的起源、制造、计算法则、与计算机的比较和未来的发展等,内容十分全面。因此,对一个人来讲,重要的是要有一个比较理想的知识结构和即刻获得所需知识的能力。

第二节　秘书的能力结构

一、能力与能力结构

(一)能力的概念及种类

广义的"能力"是指一个人成功地完成某种活动所必需的主观条件。

广义的"能力"可以分为三个层次:一般能力、业务能力、操作技能。一般能力即通常所说的"智力",是指一个人认识、理解客观事物并运用知识、经验等解决问题的能力,包括观察力、记忆力、想象力、思维力、注意力等基本要素。业务能力又叫"特殊能力",是指从事某种专业活动所必需的能力,如教学能力、写作能力、社交能力等。操作技能是指通过反复练习获得的运用某项专门技术的能力,如打字、汽车驾驶、电脑操作等。

狭义的"能力"专指业务能力,即一个人能胜任某项具体工作或完成某项任务的主观条件。由于社会分工越来越细,也就无法对业务能力的种类进行严格分类。例如,领导能力、科研能力、教学能力、组织能力、协调能力等,它们之间存在着重叠交叉现象,领导能力显然包括了协调能力,但协调能力又不仅仅为领导所必需,秘书工作、教学工作中也需要一定的协调能力。本节下面所阐述的秘书业务能力,也只能是举要式的。

(二)知识、智力、业务能力之间的关系

良好的智力有助于知识的获取和积累,而知识尤其是其中的数学、逻辑学知识能够启迪、激发人的智慧,提高智力水平。

知识多不等于能力强,但知识匮乏的人不可能有较强的能力。知识经过实践应用可以转化为能力,而获取信息的能力尤其是自学能力,有助于增长知识。

智力是业务能力的基础,智力很弱的人不可能有较强的业务能力,但智力强(智商高)的人不一定有较强的业务能力。智力有明显的先天差异,而能力只能通过实践锻炼才能获得。智力中的思维能力对脑力劳动性工作来说具有特别重要的意义。

(三)影响业务能力的其他因素

激发机制就是激发人们从事某项活动的动机和动力的一种机制,它对人的能力有很大影响。人们创造的欲望,对荣誉、地位、财富的追求,谋生的需要等等,都能成为人们从事某项活动的动力。

能力受身体条件和心理素质的制约(这是它与智力的重要差别,智力的强弱通常不受身体素质的影响),身体虚弱或心理有缺陷的人对某些自己想做的工作会感到力不从心。

下面是我们绘制的影响业务能力的因素示意图:

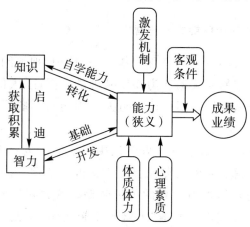

(四)能力结构

能力结构是指一个人所具备的智力、业务能力、操作技能的总和,各层次能力的多寡及其在总能力中所占比例的大小。

每个人各层次能力在他总能力中所占比例是不同的。极端的例子是,有的人聪明绝顶而一辈子一事无成,说明他徒有高智商而缺少实际工作能力和操作技能;有的人掌握了某种"绝活"如高超的汽车驾驶技术,但是除此之外,他不能胜任任何其他工作。

人的智力的各种要素只有强弱之分,没有有无之别。例如,有的人想象力丰富而思维力有限;有的人记忆力特强而观察力一般,智力各要素强弱的组合构成了人的智力结构。

人的各种业务能力既有强弱之分,也有有无之别。例如,有的人干什么都行,也有的人一无所能;有的人只能胜任某种特殊的工作,也有的人能胜任多种不同的工作。业务能力门类的多寡和各种能力的强弱,构成了人的业务能力的结构,通常所说的"人的能力结构"指的就是这种狭义的能力结构。

人的操作技能也有一个结构问题。例如,叱咤风云的一代伟人很可能没有一项技能专长;而兼擅几种专门技能的人也并不罕见。

二、秘书的一般能力——智力

智力是人脑的一种特殊机能,是指认识、理解问题的能力。智力是以人脑的复杂构造为物质基础的。因此,人的智力存在先天性的个体差异。不承认人与人有聪明与不聪明之分,不是唯物主义。

但是,智力是在人的实践活动中形成的。世界上曾经出现过的少数"狼孩"回到人类社会无法获得正常智力的事实,说明幼儿时期是人的智力发育的关键时期。智力在成年以后仍然具有较大的可塑性。所谓"人脑越用越聪明"就是对这一现象的通俗概括。

先天因素和后天因素对智力的影响可以用公式表示如下：

$$智力 = 先天因素 \times 后天因素$$

由于一个人的先天因素是一个无法改变的常量，所以人们只能通过后天的学习和实践锻炼来开发和培养自己的智力。

"智力"是一个综合性概念，很难进行严格的划分。但是，心理学界普遍承认观察力、思维力、记忆力、想象力、注意力是智力的主要因素，其中思维能力（特指逻辑思维）是智力的核心。

(一) 观察力

观察力是指人们发现事物特征或变化的能力。观察力对于秘书工作是十分重要的。秘书在调查研究、获取信息的工作中需要有敏锐的观察力。一个不善于观察的秘书，总感到事物之间没有什么明显的差别，事物本身没有什么变化，对重要情况熟视无睹，以致堵住了第一手信息的来源。一个勤于观察、善于观察的秘书总能观察到事物之间哪怕是很细微的差别，及时发现事物哪怕是并不明显的变化，随时通过观察发现新情况和新问题，得到新信息、新知识。

(二) 思维力

思维力是指人们间接认识事物的能力，包括抽象概括（形成科学概念）能力、分析综合能力、准确判断能力、根据已知信息进行合乎逻辑的推理以得出新结论的能力等等。一个缺乏思维能力的秘书，对事物的认识往往停留在表象阶段，不能透过现象看本质，抓不住事物的主要矛盾，因而难以胜任调查研究、参谋咨询、信息分析等参谋性质的工作。要提高思维能力，秘书必须养成勤于思考的习惯，也可以进行一些逻辑推理训练，还有必要掌握逻辑学的基本原理。

(三) 想象力

想象力就是通常所说的"形象思维能力"，是指人们在原有的感性形象的基础上构造新的形象的能力。想象力是创造活动不可缺少的要素。科学研究、创造发明、文艺创作都离不开丰富的想象力。秘书工作对想象力的要求不是很高，但是缺乏想象力的人往往缺少幽默感,对公关、协调等工作会产生一些间接的不利影响。

(四)记忆力

记忆力是指人脑储存、再现信息的能力。记忆力强是人的一项宝贵财富,但秘书不能自恃记忆力好而疏于动笔记录。"好记性不如烂笔头"还是很有道理的。记忆有瞬间记忆、短期记忆、长期记忆的差别。对秘书工作而言,最重要的是短期记忆的能力。记忆力差的秘书在工作中常丢三落四,轻者忘记了资料放在何处,往往会浪费很多时间;严重的可能会耽误重要的约会,给工作造成重大损失。

(五)注意力

注意力是指人按照特定的目标把思维活动指向特定对象的能力。注意力与意志、毅力、恒心等是有区别的,它指的是短时间内大脑兴奋对象的专一,而不是人们追求目标的专一、坚定。一个称职的秘书应该具有较好的注意力,因为接受领导指示、会议记录、信息收集、信访接待等场合,必须保持注意力高度集中。注意力还有一个指标是能否迅速地将注意力从一个对象转移到另一个对象,对于秘书而言,如果做这件事时老是想着另一件事,必然会影响工作效果。

三、秘书的业务能力

对秘书的业务能力,各种秘书学著述提出了不同的要求:

王绍龄(1988):语文应用能力;书写(速记和书法)能力;组织管理能力;处理人际关系能力。

李　欣(1989):办事;撰文;技术(操作)。

董继超(1993):表达能力;办事能力;管理能力;应变能力;社交能力;操作能力。

安　忻(2000):语言表达能力;计算机技术的运用技能;计划、组织与实施的能力;应变能力。

常崇宜(2000):语言文字应用能力;协调能力;管理能力;

处理信息能力。

陈合宜(2001)：办事能力；交际能力；表达能力；操作能力。

任　群(2001)：文字表达能力；口头表达能力；收集和处理信息能力；协调和社交能力；办事能力。

在以上各家的观点中，唯一共同的要求是表达（语文应用、撰文）能力，其次是办事能力。另有一些著述提出了操作能力（书写、计算机运用），此点我们将在下文单独阐述。在认真比较了各家的具体论述后，我们认为，任群主编的《中国秘书学》的观点比较合理。下面阐述的文字是在它的基础上整合、补充而成的。

(一) 书面表达能力

书面表达能力（即写作能力）是秘书的基本功，是秘书的"看家本领"。写作能力不是单纯的文笔技巧问题，而是一项综合性能力。缺乏必要的理论修养，写作就很难具有深度，难以揭示事物的本质和规律；政策水平不高，就不能把握时代脉搏，甚至与法规政策相抵触；知识面狭窄，就会感到才思枯竭，还可能会出现常识性错误；平时不做调查研究，不注意收集信息、积累资料，写作时就只能闭门造车，写出来的东西必然脱离实际，空洞无物。秘书人员的写作能力反映了秘书知识素养的整体水平。

秘书的写作是应用性写作，包括公文、调研报告、总结汇报、信息综述、新闻报道等常用文体的写作。写作能力的提高不是看两本应用写作的书，或上一个学期的秘书写作课就能解决的，必须养成勤动笔的习惯，多写多练并善于总结，才能奏效。

写作能力不仅是文字秘书必须具备的基本能力，而且是现代社会各种脑力劳动性的社会职业（当然包括非文字秘书）都必须具备的基本能力，所以现代各行各业在招聘考核（包括公务员招考）时，都把写作作为重要考核项目。秘书专业的学生练好扎实的写作基本功都将会终身受益，不管你将来是否从事秘书工作。

(二)口头表达能力

秘书上传下达、汇报情况、接待来访、协调关系、接打电话等工作都需要良好的口头表达能力。秘书说话的基本要求是条理清楚、注意分寸、生动活泼。

书面表达可以仔细推敲，反复修改，而口头表达则不允许慢慢思考，说错了也难以修改更正。交谈应对需要思想敏锐，反应快捷，善于倾听，抓住对方说话的要点，作出得体的回答。从一定意义上说，口头表达比书面表达难度更大。如果口头表达能力差，不仅影响工作效率，也会妨碍人际关系，甚至会损害个人和领导机关的形象。因此，秘书人员要自觉地加强口头表达能力的训练。

影响口才的要素不仅有语音、词汇、语法、修辞等语言因素，而且有信心、知识面、思想深度、情感等非语言因素。口才只有在语言实践中才会形成。为了获得在公共场合说话的胆量和经验，秘书专业学生要积极参加演讲、辩论、讨论、社交等活动。

(三)信息处理能力

信息是领导决策的依据。现代领导对秘书部门提供的信息的依赖程度越来越高。1985年召开的全国秘书长、办公厅主任会议提出的"四个转变"中，第二个就是"从收发传递信息转变为综合处理信息"，这对秘书工作提出了更高的要求，也对秘书的业务能力提出了很高的要求。

要综合处理信息首先要大量收集信息。秘书人员收集信息的渠道包括信息网络、文件资料、大众传媒、会议、调查、信访等等。对于收集到的信息，秘书要及时进行归纳整理，综合分类，分析筛选，概括总结，将那些没有参考、利用价值的信息剔除出去，必要时可对同类信息进行汇总，写出书面的信息综述，及时地把有用信息提供给领导或有关部门。秘书还要对信息进行分析研究，向领导提供自己的研究成果。

(四)协调和社交能力

协调是秘书部门的一项经常性工作。秘书人员必须具备良好的协调能力。这种能力表现在以下几个方面:

(1)熟悉法规政策,了解领导意图和协调事项的具体情况。
(2)从全局利益出发考虑问题,把握好局部与整体的关系。
(3)善于发现矛盾的焦点,迅速找到解决矛盾的关键。
(4)在坚持原则的基础上,灵活运用各种协调方法。

秘书部门处于机关上下联络、内外交往的枢纽地位,秘书每天要同各方人员进行交往,所以一个称职的秘书应具备较强的社交能力。秘书要善于与各种人员沟通,取得他人的信赖,建立良好的合作关系。

(五)独立办事能力

事务性是秘书工作的性质之一,办事能力是秘书最基本的能力之一。秘书要处理好日常事务,就要注意条理性、计划性以及工作效率问题。这里我们强调的是独立办事能力,主要是指完成领导交办事项的能力。这种能力体现在以下几个方面:

(1)准确领会领导的意图和要求。如果理解有误,则不仅达不到目的,反而会把事情弄糟。
(2)善于赢得他人的支持和合作。这需要秘书善于交往,学会同各种各样的人打交道,建立融洽的人际关系。
(3)善于应变,注意原则性和灵活性相结合,面对办事过程中出现的意外,要能在不违反原则的前提下变通处理。

四、秘书的职业技能

操作技能是并不需要深厚的理论基础而主要靠反复练习获得的运用某项专门技术的能力。一个初中文化的人不难成为打字能手,却很难成为写作高手,就是因为打字是一种操作技能而写作则是一种业务能力。现代秘书需要掌握的操作技能主要有:

(一)文字处理技术

文字处理技术主要是指文字的录入(打字)、表格的制作、文件的排版、资料的编辑等技术,这些工作现在都通过电脑来完成。尽管有的单位设有专门的"文印室"或配备专职打字员,有的材料也可以送到商业性的服务社进行,但是从提高工作效率的角度出发,现代秘书应该掌握在电子计算机上进行文字处理的技术。

(二)现代通讯技术

现代通讯技术包括各种先进的电话机、传真机的使用,以及通过网络发布信息的技术。

(三)计算机及网络技术

计算机的基本操作技巧是每个秘书必须掌握的。计算机基础是高校开设的公共课;秘书专业还开设办公自动化课程,也以计算机网络技术为其核心内容。这为秘书专业的学生掌握计算机和网络技术提供了极好的条件。学习这些课程,应该以掌握操作技巧为主要目的。

(四)现代办公设备的使用和保养技术

复印机、扫描仪、快速印刷机、装订机等设备进入普通办公室,为秘书业务带来了极大的便利。秘书人员应该掌握它们的使用技巧和保养常识。照相机、摄像机、录音机、扩音机等也可以归为现代办公设备,因为它们被广泛地应用于会议工作、调查研究、公关接待等公务活动中。

(五)汽车驾驶技术

国家机关正在进行公务用车改革,领导干部配备专职司机可能会成为历史。掌握汽车驾驶技术是现代秘书的必然趋势。在西方国家的企业中,基本上不雇佣专职的小车司机,秘书兼做经理的司机乃是常例。

(六)书法和快速记录技术

书法技能主要是指秘书的钢笔字要写得规范、整洁、美观、容易辨认。这是因为,许多场合电脑打印不能完全代替人工书写,而秘书书写的材料传阅范围较广,有的还可能存档保存,因此,钢笔(硬笔)书法不可马虎。

快速记录是秘书准确记录信息的技术,过去曾经有人设计过专门的速记符号体系,但一般人员掌握起来十分困难,近年已经少有人采用。秘书应该立足于用普通文字符号或电脑打字的方法快速录入信息,必要时辅之以录音、录像设备。

复习思考题

1. 什么是知识结构?知识结构有哪几种基本类型?

2. 结合秘书工作的内容和性质,说明秘书应该掌握哪些知识。

3. 知识、智力、业务能力三者之间的关系如何?

4. 为什么说写作能力是秘书的"看家本领"?你打算怎样来提高自己的写作能力?

5. 结合秘书工作的内容,谈谈秘书应该具备哪些能力和技能。

6. 想一想:你在知识和能力上有何长处和缺陷?你打算如何在大学期间完善自己的知识结构和能力结构?

案例分析

上个世纪90年代中期,当时的国家经贸委办公厅对全国150家大中型企业的厂长、经理秘书进行了一次有关企业秘书素质的问卷调查。对"你认为当代秘书必须具备的最主要的能力有哪些?"这一问题的统计结果显示,"文字表达能力"被排在第八位,在它之前的几种能力是组织协调能力、摄取信息能力、政策理解能力、具体办事能力、出谋献策能力、交际能力、口头表达能力。

对以上调查材料的真实性我们不必怀疑。请你思考下面几个问题:

(1) 这个调查结果能否说明"文字表达能力"对于现代秘书来说已经不是很重要了？

(2) 你能对上述调查结果提供一种合理的解释吗？

(3) 如果让你进行一次"秘书必须具备的最主要的能力有哪些？"的调查，你将会如何进行？（请设计一个调查方案）

第十四章 秘书的个性心理

第一节 秘书的兴趣

一、兴趣的概念

(一)兴趣的定义

心理学上的"兴趣"是指一个人对一定的对象所持的积极探索的心理倾向。一个人对某事物感兴趣,就会对它优先发生注意,并力求认识它的规律。

兴趣是以人的需要为基础的。人的需要的复杂性决定了兴趣的多样性。

美国心理学家马斯洛在《人类动机的理论》(1943)一书中把人的需要分为五个层次:

(1)生理需要,这是个人生存的基本需要。

(2)安全需要,包括心理上与物质上的安全保障,如不被盗窃和威胁、预防危险事故、职业有保障、有社会保险和退休基金等。

(3)社交需要,人是社会的一员,需要友谊和群体归属感,人际交往需要彼此同情、互助和赞许。

(4)尊重需要,包括希望受到别人的尊重和自己具有内在的自尊心。

(5)自我实现需要,指通过自己的努力,实现人生的价值,从而真正感到生活和工作的意义。

美国耶鲁大学的奥尔德弗教授在《人类需求新理论的经验测试》(1969)一书中修正了马斯洛的理论。他把人的需要分为三层：

(1) 生存的需要，包括心理与安全的需要。

(2) 相互关系和谐的需要，包括有意义的社会人际关系。

(3) 成长的需要，包括人类潜能的发展、自尊和自我实现。

我们认为，人的需要可以分为这样三个层次：初级需要即人和动物都有的需要，包括生理需要和安全需要；中级需要即每个正常的人都有而动物一般没有的需要，包括审美需要、和谐的社会关系（爱情、友谊、尊重、归属感）的需要；高级需要不是每个人都有而是人类中的优秀分子才有的需要，包括在知识上和道德上自我完善的需要和通过创造物质财富和精神财富实现自我价值的需要。

(二) 直接兴趣和间接兴趣

对事物本身感到需要而产生的兴趣叫做"直接兴趣"，如对知识的渴求产生读书的兴趣、对创造的需要产生研究的兴趣、对友谊的需要产生交际的兴趣等等。对事物可能带来的结果感到需要而产生的对该事物的兴趣叫做"间接兴趣"，如，科技人员对外语的兴趣来自于他对国外文献资料的需要，小说《红与黑》中主人公于连对拉丁文《圣经》的兴趣来自于他对大主教10万法郎年薪的渴求。

间接兴趣可以转化为直接兴趣。例如，有的人为了提高工作效率对电脑产生兴趣，这本来是间接兴趣，但在学习电脑的过程中发现电脑的无穷魅力，因而转化为对电脑的直接兴趣，后来成为名副其实的电脑专家。

(三) 个人兴趣的特征

个人兴趣在三个方面表现出明显的差别。

首先是兴趣的广度。有的人兴趣比较广泛，有的人兴趣比较单一。个别人在某一特定时间（如受到严重挫折时）对任何事物都不感兴趣，即所谓万念俱灰，这是一种危险的心理状态，在正常情况下,一般人不会出现这种状况。

其次是兴趣的稳定性。有的人对某事物感兴趣,可能一辈子也不会改变;有的人的兴趣总是处于不断变化之中,没有一样兴趣能保持一年以上。年轻时在选择过程中多次改变兴趣指向是正常的,但是成年后没有一样长期保持的兴趣就不是很好了。

最后是兴趣的效用。有利于社会或者自己身心健康的兴趣是积极兴趣;无益有害的兴趣(如赌博)是消极兴趣;既无明显积极效用、也无明显危害的兴趣,可以称为"中性兴趣"。

二、秘书的职业兴趣

(一)职业兴趣的概念

职业兴趣就是对本职工作的兴趣。人们常用"三句话不离本行"来形容某些对本职工作有强烈兴趣的人的言语特征。

职业兴趣可以是直接兴趣,例如,一个人真正热爱自己所做的工作,觉得做好本职工作的过程中就有极大的乐趣,他对本职工作的兴趣就是直接兴趣。职业兴趣也可以是间接兴趣,例如,一个人真正想当的是企业家,而他知道秘书岗位可以积累经商经验,因此,在某一阶段他对秘书工作产生浓厚的兴趣。主要为了谋生而对某些职业发生的兴趣也是间接兴趣。当然,如前面已经指出的那样,间接兴趣可以在工作的过程中转化为直接兴趣。

职业兴趣与工作效果有直接联系。直接兴趣是做好本职工作的强大驱动力。通常在某一行业取得突出成就的人,都是对本职工作有直接兴趣的人。正如诺贝尔奖得主丁肇中指出的,"兴趣比天才更重要"。

要求每个人都对本职工作产生直接兴趣("干一行,爱一行")是不现实的;但是,那些对本职工作连间接兴趣也没有,而千方百计想调换工作的人,是很难做好本职工作的。一个人凭其社会责任心和间接兴趣,可以胜任某项工作,但是要想取得突出成就则很难,除非他已经将间接兴趣转化为直接兴趣。

(二)秘书的职业兴趣的主要内容

秘书的职业兴趣通常表现在以下几个方面:

(1)对秘书专业知识的兴趣,喜欢阅读秘书专业的书籍、杂志,有的还进行秘书学理论的思考。

(2)对秘书工作经验的兴趣,经常向有经验的秘书请教问题,善于总结自己秘书工作的经验教训。

(3)对秘书工作新技术、新设备的兴趣,努力掌握办公自动化技术,了解办公手段的最新发展动态。

(4)对秘书工作效果的兴趣,关注领导、各部门、人民群众对秘书工作的评价,努力改进工作方法。

(三)职业兴趣对秘书工作的影响

职业兴趣(包括直接的和间接的兴趣)是做好本职工作的必要条件。因此,秘书有必要培养自己对秘书工作的兴趣。秘书应该树立切合实际的职业观。"干一行,爱一行"只是一种理想的状况,现实生活中大多数人不能以自己最感兴趣的事物为职业。如果有人由于种种客观原因而当上了自己本来并不真正喜欢的秘书,他也要善于从工作中寻找乐趣,逐步培养自己对秘书工作的兴趣。

三、秘书的业余爱好

除了职业兴趣外,一般人都有自己的业余爱好。有的业余爱好对自己的工作可能有直接的正面影响,如书法艺术、摄影艺术、文学创作、演讲与辩论等,秘书可以选择其中一两项作为自己业余爱好的中心项目。

有的业余爱好虽然对秘书工作本身没有明显的直接作用,但是有益于身心健康,如音乐、美术、舞蹈、旅游、体育运动、时装设计和表演、围棋、桥牌、集邮等。秘书可以选择其中若干种作为自己业余生活的主要内容。

秘书的业余爱好应该广泛而有中心,要根据自己的个性特点进行选择。由于秘书工作比较忙,且常常要在休息日加班工作,因此,选择的业余爱好要广泛而有节制,对于耗时过多的业余爱好更是不能选择过多,以保证自己有充足的休息时间。

第二节 秘书的情感

一、情感的概念

(一)情感的定义

情感是由对象是否符合自身的需要而产生的内心体验。

情感是在认识的基础上产生的,即人们首先必须判断对象是否符合自己的需要,然后才会产生相应的情感。例如,人们必须首先判断对象是可爱的,才会产生爱的情感。

人的需要是多种多样的,而对象是否符合需要也有程度的差别,因此,人的情感是极其丰富复杂的。

情感与环境有直接联系,时代环境、社会环境、自然环境对人的情感有明显影响。情感还会相互感染,一个人的伤心事会引起大家陪他流泪,一个人的喜悦也可以让别人分享。有时候人们还会把情感赋予外界事物,所谓"山欢水笑、云愁月悲",实际上是人在欢笑、人在愁悲。

(二)积极情感和消极情感

当对象符合人们的需要时产生的情感叫做"积极情感",如愉快、喜悦、陶醉、安宁、满足、自信等等。

当对象违背人们的需要时产生的情感叫做"消极情感",如郁闷、悲伤、焦虑、绝望、不满、自卑等等。

人的需要不是单一的,有时同一对象在某一方面符合需要,在另一方面又不符合需要,这时会产生又爱又恨、悲喜交加的互相矛盾的情感体验。例如,以重大伤亡为代价而取得一场战斗的胜利后,人们会为取得胜利而喜悦,同时也会为失去战友而悲伤。

(三)情感的个性特征

人们的需要有层次上的差别。因初级需要而产生的情感为初级情感,如与安全需要有关的安宁感或恐怖感、与生理需要相关的饥渴感或生理快感等等;因高级需要而产生的情感为高级情感,如与自我完善的需要有关的崇高感和悔恨感、与创造的需要有关的自豪感等等。

人们的高级情感在全部情感中所占的比重,决定了一个人情感的品质,即通常所说的"情操"。情操的高低是人们情感个性特征的主要差别。

个性情感的另一个重要差别是情感的丰富性,有的人感情丰富,有的人情感贫乏。

二、秘书情感的内容

秘书作为一个脑力劳动者,应该具有丰富的高尚的情感品质。秘书情感的主要内容包括理智感、道德感、审美感。这三个方面的情感体验反映了人们对真、善、美的理想境界的追求。

(一)理智感

理智感是指因探索世界、追求真理的需要而引起的内心体验,它与人们的求知欲相联系。秘书的理智感常常表现为对知识本身的热爱,对探求真知的实践活动的热爱,以及为坚持真理而敢于批评、抵制谬误的正义感。

(二)道德感

道德感是指因道德上的自我完善需要而引起的内心体验,是人们根据社会道德规范作自我评价时产生的情感。道德感是一种高级情感。秘书的道德感常常表现为一种强烈的责任感,即付出艰辛努力完成任务后的愉悦感、自豪感,或因工作失误导致任务未能完成而引起的内疚感、羞耻感。

(三)审美感

审美感是指人们因对自然美和社会美、客观美和艺术美、内心美和外表美的需要而引起的内心体验。秘书的审美感常常表现为看到丑陋的现象产生的憎恶感、遇到美好的事物产生的愉悦感,它直接影响秘书的追求目标和个人的行为举止。一个具有健康的审美感的秘书,在自己的风度、行为、言谈中会自然考虑美的原则,表现出健康、高雅的格调。

三、秘书情感的表现形式——情绪、心境、激情

(一)情绪

情绪是由各种情感综合作用所导致的心理状态。情绪虽然是由情感决定的,但两者又有明显的不同。情感通常有明确的指向,而情绪则没有,如有时人们会产生莫名其妙的烦躁;情感是相对稳定的,如一项发明创造带来的成就感可能保持终身,而情绪则是不稳定的;情感通常是含蓄的,而情绪则经常是冲动外露的。可以说,情绪是情感的外部表现。

外部环境对情绪的影响比对情感的影响更为直接和明显。另外,情感一般不受生理状况的影响,而情绪则明显受身体状况的影响,如一个有病痛的人情绪很难高涨;情绪还存在由生理现象导致的周期性的波动,这在女性身上表现得更为明显。

情绪直接影响工作的效率和效果。情绪高涨则工作效率高,情绪低落则工作效率低;情绪平静时能够冷静地处理矛盾,而情绪冲动则往往导致感情用事,有时会激化矛盾。

(二)心境

心境是一种比较持久的、微弱的、广泛影响人的心理和行为的情绪,也就是人们通常所说的"心情"。

心境主观上受人的世界观、价值观、道德观的制约,客观上受人的处境、人际关系的变化、社会地位的变化、健康状况和生理周期的影响。

消极的心境对工作和健康都是不利的,但人人都会遇到不顺心的事,消极心境又不可完全避免。因此,如何迅速地摆脱消极心境是衡量一个人心理品质的重要指标。美国高级神经研究专家戴埃在《你的误区》一书中研究了使人心情忧郁的各

种误区。事实上,一些人经常处于不良心境与他的意识中存在的某些误区有关。例如:做任何事情都要尽善尽美,在所有方面都要向最优秀者看齐,我必须得到所有人的赞许,对错误不但要接受教训还要深深地自责等等。这些观念并非天然正确,为什么不能跳出误区呢?

(三)激情

激情是一种短暂、猛烈、不可遏止的情感爆发,如狂欢、暴怒、恐怖、绝望等。激情往往是由突如其来的强烈刺激引起的。激情爆发时可能伴随着生理上的一系列反应,如血压升高、心跳加快、四肢颤抖、嘴唇发乌等,严重时会导致精神失常。

激情对于文学创作和科学发明有积极作用,因为激情有时能激发灵感的爆发。但是对于秘书工作来说,激情一般不具有积极意义,无论是愤怒还是狂喜,都不利于秘书冷静地处理问题。秘书在工作中要克制自己的激情爆发,尤其是遇到负面刺激(如面对胡搅蛮缠的来访者)时更需要保持冷静。

第三节 秘书的意志

一、意志的概念

意志是自觉地确定目标并根据既定目标来支配自己的行动,克服困难,排除干扰,从而实现既定目标的心理过程。

意志有如下三个特征:

(一)意志总有明确的目标

人们从事各种活动,一般都会根据对客观事物的认识,先确定行动的目标,然后根据目标选择行动的方式方法,如果目标不明确,或者目标不是自己经过思考选择的,而是盲目服从的,那么在行动中一旦遇到困难或干扰,就很容易发生动摇。

(二)意志支配人们的行动

意志对行动的支配有发动和抑制两种形式。所谓"发动机制",是指意志给人以强大的动力和坚韧的毅力的一种机制,有的人之所以能够克服难以想象的困难,就在于他有坚定的意志。所谓"抑制机制",是指意志帮助人们排除各种干扰,制止与实现目标相违背的欲望和行动的一种机制;所谓"英雄难过美人关"、"官员难过金钱关",指的就是意志薄弱者难以抵御各种利益的诱惑和干扰。

(三)意志总与克服困难相联系

人们常用清代诗人郑板桥的《竹石》诗来形象地说明什么叫意志:"咬定青山不放松,立根原在破岩中。千磨万击还坚劲,任尔东西南北风。"生存环境恶劣,才能体现出竹的"意志",如果用生长在沃土中的杨柳来比喻人的意志,就会显得十分可笑,因为不存在生存和生长的困难。秘书在工作中会遇到种种困难,秘书的意志品质在克服困难的过程中才能得到真正的体现。

二、秘书应该具备的意志品质

(一)自觉性

自觉性是指一个人对自己的行动目的有着明确的认识,并为之进行不懈努力的精神状态。

秘书意志的自觉性主要体现在以下几个方面:

(1)具有成熟、稳定的是非标准和价值观念,养成独立思考的习惯,能够独立支配自己的行动,既不轻易受他人意见的干扰,也不盲目拒绝他人的意见。

(2)能够正确领会领导的意图,在此基础上自觉地执行,在行动中能始终如一地明确既定目标,排除各种干扰和诱惑,独立完成任务。

(3)能够自觉地遵守工作纪律,对领导的意图既不盲目服从,也不越权行事,在不超越职权的前提下,充分发挥自己的主观能动性。

与自觉性相反的是盲目性,表现为工作没有主见,一切等待领导的指示,在执行过程中又经常怀疑自己的行为,对他人的意见不能作出科学的判断,要么一概拒绝,要么一概接受,在实际行动中表现得无所适从。

(二)坚韧性

坚韧性是指秘书在行动中坚持既定的目标,不达目的誓不罢休的精神。

英国著名科学家贝弗里奇说:"几乎所有有成就的科学家,都具有一种百折不回的精神。因为大凡有价值的成就,在面临反复挫折的时刻,都需要毅力和勇气。"秘书意志的坚韧性主要表现为面对阻力决不退缩、遇到困难决不屈服、受到挫折决不回头的奋斗精神。他们一旦认准目标就能锲而不舍,能长时间地保持充沛的精力。

坚韧性不等于顽固性,顽固是指拒绝一切有价值的意见,不是以实现目标为依据,而是为了面子固执己见;有时表现为不善于灵活改变策略,一味蛮干,结果往往是背离目标,越顽固越是陷入被动。

与坚韧性相反的一种意志品质是动摇性,表现为工作目标摇摆不定,一遇困难就打退堂鼓,一遇干扰就怀疑目标的正确性,一遇挫折就灰心丧气,放弃努力。这样的人因为行动上的摇摆不定而往往最终一事无成。

(三)自制性

自制性是指一个人在行动中善于控制自己的情绪,约束自己不利于实现既定目标的言行。

秘书意志的自制性主要表现在以下几个方面:

(1)在工作中控制自己的愤怒、恐惧等情绪冲动,以纪律、制度、道德规范来克制自己的言论,避免有损目标实现的不理智行为。

(2)在受到领导的批评或他人的误解感到委屈时,应该表现出虚心的态度,不可表现出明显的抵触情绪,更不能顶撞领导或与人公开争吵。

(3)善于约束自己的言论,不说对工作不利的话,不说不利于团结的话,对知道的秘密要守口如瓶。

与自制性相反的一种意志品质是任性。任性的秘书常常把工作的目标摆在一边,按照感觉和喜好放任自己的行为,说话、做事不考虑后果,受不得一点委屈,听不进批评意见,为人处世不能以大局为重。

第四节 秘书的气质

一、气质的概念

在日常语言中,"气质"是指一个人的文化水平、思想修养、道德品质、举止风度等方面的文明程度,如说某人具有"诗人气质"、"外交家气质",或说某人"长相一般但是气质很好"。

"气质"作为一个心理学概念,是指人的心理活动在反应强度、速度、稳定性、指向性(内向、外向)等方面表现出来的特征。

气质具有先天差异性,一个人从呱呱坠地开始,就具有与众不同的气质特点。气质又是相对稳定的,一个人的气质特点(如好激动)会随时随地表现出来。但这并不排斥气质具有一定的可塑性,教育、生活环境、人生重大挫折等都会在一定程度上引起一个人气质的某些变化。在影响气质变化的诸多因素中,人生观、价值观对气质有重要影响,不管人的气质类型如何,当他们以积极的态度对待工作时,都会表现出饱满的热情。

二、气质的基本类型

心理学家们认为,人的气质有四种基本类型。郭卜乐(林羽今)先生对四种气质类型特征的描述如下:

(一)胆汁质

好冲动,情感发生快,强烈而持久,动作迅速而强烈,对自己的言行不能控制,反应速度快,但不灵活。具有这种气质类型的人，在情绪反应上易受感动，情感一旦发生就很强烈，久久不能平静，易向人们发脾气，性情暴躁、易怒，情绪不能自制；在行为方面表现为积极参加各种活动，有创新精神，工作积极，遇到困难时能以极大的毅力去克服。

该类型的人的优点是有毅力、积极热情、有独创性；不良表现是缺乏自制力、粗暴和急躁、易生气、易激动。

此类型的人要注意加强在耐心、沉着和自制力等方面的心理修养。

（二）多血质

情绪不稳定，情感的发生迅速而易变，思维、语言迅速而敏捷，活泼好动。该类型的人在情绪上反应快而多变，但不强烈，情感体验不深，但很敏感；在行为方面表现为活泼好动、机敏、爱参加各种活动，但常常有始无终。

该类型的人适应性强、善于交际，待人热情，学习上领会问题快，但也表现出轻率、不忠诚等缺陷。

该类型的人要注意加强在刻苦钻研、有始有终、严格要求等方面的心理修养。

（三）粘液质

性情沉静，情感发生缓慢而微弱，不外露，动作迟缓，易抑制，沉默寡言。该类型的人在情绪方面表现为沉着、平静、迟缓、心境平稳、不易激动、很少发脾气、情感很少外露；在行为方面表现为沉默寡言、面部表情单一、胸怀宽广、不计小事、能委曲求全、自制力强，活动中表现为有条有理、深思熟虑、坚韧不拔。

该类型的人容易形成勤勉、实事求是的精神、坚韧性等特征，但也可能具有萎靡、迟钝、消极、怠惰等不良品质。

（四）抑郁质

性情脆弱，情感发生缓慢而持久，动作迟钝，柔弱易倦。该类型的人在情绪方面表现为情感不易老化、比较平静、不易动情、情感脆弱、神经过敏、容易变得孤僻；在行为方面表现为动作迟缓、胆小、不喜欢抛头露面、反应迟钝。

这种人易形成伤感、沮丧、犹豫、深沉、悲观等不良心理特征。

在现实生活中,并不是每个人的气质都能归入某一气质类型。除少数人具有某种气质类型的典型特征之外,大多数人都偏于中间型或混合型,也就是说,他们较多地具有某一类型的特点,同时又具有其他气质类型的一些特点。

三、气质对秘书工作的影响

气质直接影响一个人的性格、兴趣、能力和工作效果。不同气质的人对待同一件事的处理方法可能迥然不同。

秘书工作中会遇到各种各样的事,很难说哪一种气质类型更适合做秘书。有些特点在做一项工作时是有利因素,而在做另一项工作时又是不利因素。胆汁质的人有热情,意志坚定果断,但脾气暴躁,有时会把事情弄僵。多血质的人反应快,办事效率高,但情绪不稳定,做耐心细致的工作(如文档管理)时容易出漏洞。粘液质的人情绪稳定,富于实干精神,但不够灵活,应变能力差,陪同领导出差或处理突发事件会力不从心。抑郁质的人细心,有耐心,但缺乏热情,做接待、公关工作难以取得好的效果。

我们从秘书工作的主要内容看,多血质和粘液质的人似乎比较适合从事秘书工作。

各种气质类型中都有一些对秘书工作不利的因素,如胆汁质的脾气暴躁、多血质的意志薄弱、粘液质的缺乏热情、抑郁质的神经过敏等。秘书应该克服气质中的不利因素,培养良好的气质,向热情、灵活、迅速、稳定、细致等好的方面发展。

第五节 秘书的性格

一、性格的概念

性格就是一个人在对现实的较稳固的态度和习惯化了的

行动方式两个方面所表现出来的心理特征。

(一)性格的态度特征

对现实的态度特征主要是指个人对社会、对集体、对他人、对自己以及对待学习、工作、劳动的态度中所表现出来的较为稳固的总的趋向。例如,有的人对绝大多数事物都很关心,有的人对大多数事物都不关心,这就形成了"热情"和"冷漠"两种不同的性格,尽管前者可能在某一时期或对某类特殊的对象不够关心,后者可能在某一时期或对某一特定对象十分关心。

热情和冷漠、诚实和虚伪、大方和吝啬、信任和多疑、粗暴和温和、挑剔和随和、自信和自卑等,都属于性格的态度特征。

(二)性格的行为方式特征

行为方式特征主要是指在日常工作、生活、交际活动中体现出来行为习惯的不同特点。例如,有的人做什么事都风风火火,而另一些人做什么事都不温不火;有的人在困难和挫折面前决不退缩,而另一些人遇到困难和挫折就灰心丧气。这种差别只有成为习惯才构成性格特征。例如,刚强和脆弱是两种相反的性格,但是不排斥一个刚强的人在某一特定事情上显得脆弱,而一个脆弱的人在某一特定情况下显得刚强。

认真和马虎、细致和粗疏、果断和犹豫、勇敢和怯懦、严谨和草率、灵活和呆板等,都属于性格的行为方式特征。

(三)性格的形成

人的性格的形成有先天因素的作用,但更多的是在后天的生活环境中逐渐形成的。一般而言,性格中的态度特征与道德水准有较密切的联系,因而后天印记明显;而行为方式特征则与气质有更直接的联系,含有明显的先天成分。

最初对性格的形成起重要作用的是家庭。在幼儿时期,家庭教育方式对儿童的性格养成十分重要。学校教育对学生性格的形成也起到重要作用,老师的教育风格、班集体的氛围,对学生的性格形成有重要影响。虽然性格的主要倾向是在儿童和少年时代形成的,但是,人到成年后性格比气质有更大的可塑性。一个人如果有粗心大意的个性，不能轻易断定他不宜做秘书工作，因为粗心大意这种性格缺陷完全可以通过教育、训练得到改变。

二、秘书应该具备的性格

秘书的性格特征对工作效果会产生很重要的影响。例如，秘书起草、制作重要文件，假如发生一个差错，就可能会给组织造成巨大的损失，因此，"马大哈"性格与秘书工作的要求是相冲突的。尽管性格有明显的先天性因素，但是，一些与秘书工作的内容不相适应的性格还需改掉。

为了做好秘书工作，秘书人员应逐步养成认真、热情、随和、幽默、灵活的良好性格。秘书特别要加以避免或纠正的不良性格有冷漠、浮躁、自卑、孤傲、马虎等。

秘书需要进行性格陶冶，并不意味着秘书的性格要按照一个固定的模式进行机械化加工。事实上，由于办公室各种秘书工作内容差别很大，各种不同性格的秘书都能派上用场，因此，秘书完全可以拥有自己的个性。

复习思考题

1.兴趣对秘书工作有何影响？
2.情感对秘书工作有何影响？
3.意志对秘书工作有何影响？
4.气质对秘书工作有何影响？
5.性格对秘书工作有何影响？

案 例 分 析

认真阅读下面的文章，然后讨论后面的问题。

你漂亮，是因为你深信自己漂亮

有一位年轻女性，长得不是很出色，但妩媚动人，有一种独特的魅力。我问她为何能够这样,她一笑:"我漂亮,因为我相信我漂亮呀!"

这个例子说明了一个道理:一个人要有动人的魅力,必须有很好的"自我意象"。

所谓"自我意象",就是自己在自己心中是个什么样子。它代表着你对自己的评价,体现了一个人自尊的程度。自尊度高,潜力就发挥得充分;自尊度低,潜能就越受抑制。

一个人在工作中出现失误后,往往会情绪消沉而难以自拔,这是因为他形成了一种消极的自我意象。

如何尽快改变自己的情绪呢?

一位总裁秘书,晚上加班处理资料,在送给总裁时,把很重要的一页丢在家里了。虽然总裁没有责怪她,但是,她却不断地责怪自己是"笨猪"。她对这个消极的自我形象可能采用三种态度:

①整体认定:"我的确是只笨猪,因为我把重要的文件丢在家里了!"结果:"笨猪"完全进入潜意识,彻底形成消极的自我意象。

②整体否定:"反正我不可能是笨猪!"结果:虽然理念上否定了"笨猪",但这种否定很笼统,往往"笨猪"形象并没消失,还将在潜意识中对人产生消极影响。

③步步排除:"第一,我顶多是有点丢三落四;第二,我也不是从来就丢三落四,仅仅在这件事上有些丢三落四;第三,即便如此也情有可原。以后该提醒自己:再累再忙,也要把东西最后检查一遍。这一次仅仅是偶尔的失误,我绝对不是笨猪。"结果:说服了自己,恢复了良好的自我意象,也接受了工作失误的教训。

(材料来源:《中国妇女》2002年第12期,吴甘霖文)

(1)想一想,你自己在工作中有没有发生过类似的情况?如果有,出了差错后你的感受如何?

(2)为什么整体否定的方法不能有效地消除消极的"自我意象"?

(3)"步步排除法"与"阿Q精神胜利法"的差别何在?

(4)你能用本章介绍的气质、性格等知识对材料中的三种不同态度作出说明吗?

第十五章 秘书的人际关系

第一节 人际关系概述

一、人际关系的含义

人际关系有广义、狭义之分。广义的人际关系就是人与人之间的一切关系,包括教育被教育、剥削被剥削、监护被监护、抚养被抚养、领导被领导、帮助被帮助等等。狭义的人际关系专指人与人之间以感情和主观评价(如是否受尊敬、是否受欢迎等)为基础而形成的关系,包括个人与个人之间的关系、个人与群体之间的关系。例如,人们平常所说的"关系融洽"、"关系紧张"、"人缘好"等,都是指狭义的人际关系。

二、人际关系的作用

良好的人际关系是一个人良好的基本素质的一个重要方面,是他的无形资产和宝贵资源。美国著名演讲家戴尔·卡耐基说:"一个人事业上的成功,15%靠的是学识和专业技术,而85%靠的是心理人格素质和善于处理人际关系。"这里可能有夸张的成分,但是现实生活中确实经常看到这样的事例:一些很有才华的人,由于人际关系处理不好,严重影响了他事业的成功。1991年11月1日,刚获得美国爱荷华大学太空物理博士学位的中国留学生卢刚,由于人际关系不好导致精神失常,开枪射杀了三位教授、一位副校长和他的师兄——同样来自北京、同时获得博士学位的中国留学生山林华。这一事件震动了中美两国,被人们用作证明人际关系重要性的典型案例。

良好的人际关系对人的生活、工作、学习都会带来正面的影响,它有利于在工作群体中形成宽松、和谐、融洽的气氛,有利于发挥集体的作用,有利于个人保持良好的精神状态,战胜困难、渡过难关。

良好的人际关系不仅是手段,也是一种目的。因为,友谊、爱情、尊严是人们基本的社会需要,而得到别人的好感正是获得友谊、爱情和尊严的前提条件。

三、影响人际关系的因素

影响一个人人际关系的主观因素包括品德修养、文化教养、性格特点等等。它与一个人职务的高低和权力的大小一般没有直接关系。位高权重的官员不一定能够得到友谊和尊重,而甘于清贫的教师可能会受到人们的尊重和爱戴。

影响一个人人际关系的客观因素包括时代环境、社会伦理观念、主体的物质条件等等。值得强调的是,不可夸大主体的物质条件(财富的多少)对人际关系的影响,因为好的人际关系不是用金钱可以买到的。

人际关系是在双向、互惠、积极主动的交往中形成与发展的。因此,除了以上列举的主观和客观两方面因素外,个人是否认识到人际关系的重要性以及是否具备与人相处的技巧,对一个人的人际关系状况也有重要影响。有的人虽然没有明显的品德瑕疵,也具有一定的学问水平,却总是处不好人际关系,这就是因为他不善于交际。

四、如何处好人际关系

卡耐基在《人性的弱点》一书中,介绍了"怎样使你受到人们欢迎"的六条"规则":对人们真诚地感兴趣;微笑;记住别人的名字;做一个好的听众;谈论对方感兴趣的事物;同对方谈论他自己(这一条似应改为"真诚而恰如其分地赞美他人")。

除了这六点值得借鉴,可以作为与人相处的参考外,我们再补充四点:虚心向对方请教;宽容对方的过失;认真履行自己的诺言;尊重对方的人格和自由。

第二节 秘书与领导的关系

一、秘书与领导关系的多重性质

这里所说的领导,就是秘书的主要服务对象——本机关的领导人或本部门的主管人,俗称"顶头上司",私人秘书的雇主也可以算是广义的领导。由于领导是秘书工作的主要服务对象,因此,秘书与领导的关系就是秘书人际关系中最重要的一种。秘书与领导的关系具有如下多重性质:

(一)组织上的上下级关系

领导是根据法定程序由选举产生或上级组织任命的。领导具有决策权和指挥权,包括对秘书工作的领导权。秘书必须尊重领导的法定权力,执行民主集中制"下级必须服从上级"的组织原则,自觉地接受领导的指挥和指示,不越权行事。

(二)工作上的主辅关系

秘书是领导的参谋和助手,设置秘书部门或配备秘书,就是为领导提供辅助管理和综合服务,为领导的决策和宏观管理提供多方面服务。当然,这种主辅关系是指工作上的服务和被服务的关系,不能将它扩大到工作范围之外。秘书必须摆正位置,在工作中不能喧宾夺主。

(三)人格上的平等关系

社会脱离封建专制制度以后,任何人在法律面前都是平等的,秘书是领导的辅佐,为领导服务,服从领导的指挥,但是秘书绝不是领导的奴才。秘书对领导没有人身依附关系,即使是私人秘书,对雇主也应保持人格的独立。有的秘书对领导卑躬屈膝，唯唯诺诺，丧失独立人格，就像领导的私人奴仆，这样的秘书不一定能够提供良好的服务，例如，他们明知领导的工作存在错误而不敢以适当的方式提出，就可能造成不良后果。

（四）个人之间的朋友关系

秘书与领导接触频繁，有时甚至是朝夕相处，在正常情况下能够成为好朋友，而朋友关系是需要感情上的认同的。中国有"士为知己者死"的俗话，好朋友就是思想上互相理解、感情上互相沟通的知己。形成这种关系后，秘书与领导不仅能在工作上默契配合，而且会经常以朋友的身份推心置腹地交换意见，其中包括对领导在工作上存在问题的中肯批评。

二、怎样处好与领导的关系

有的刚刚走上秘书岗位的青年人到处向人请教：如何处好和领导的关系？其实领导也是人，上一节所介绍的"如何处好人际关系"的十条"规则"同样适用于领导。下面提出三点需要特别注意的地方：

（一）对领导要有充分了解

处好关系当然要了解对方，但是许多人喜欢在一种抽象的意义上来看待领导，似乎领导是一个概念符号，他们总想找到一种与领导处好关系的通用法则，而最后总是失望。必须把"领导人"与"领导职务"区别开来，我们要处好关系的是"领导人"，而不是一个抽象的职务名称。每一个领导都是一个活生生的人，每个人都有不同的人生经历、教育背景、处世态度、工作方法、生活习惯、交际范围、兴趣爱好等，秘书只有了解领导的这些特点，才能与领导处好关系，取得领导的信任和好感。

举例来说，有一个秘书在陪同领导出差时，经常同领导谈一些读书的体会和对东西方文化的看法，深得领导的赏识，因为这个领导也喜欢读书和思考。后来领导换了，新来的领导是一个实践经验丰富的实干家，不喜欢读文史类书籍，如果该秘书在陪同新领导出差时，还是向领导汇报自己的读书体会，可能就会得到不同的结果,甚至会造成"明知我文史知识有限,故意在我面前卖弄学问"的误解。又如,面对头脑反应快、喜欢听口头汇报的"听众型"领导,秘书就要多用口头形式请示、汇报工作(当然要准备好汇报提纲);而面对头脑反应慢、喜欢看书面材料的"读者型"领导,秘书就要多用书面形式请示、汇报工作。如果你对领导的工作习惯不了解,就难以与领导达到工作上的默契。由于秘书是被领导者,处于辅助地位,因此,为与领导达成默契,就要求秘书去适应领导,而不可能要求领导来适应秘书。

(二)给领导以更多的尊重

人人都需要别人的尊重,但是领导的特殊地位决定了他们在这方面有更高的要求。"领导的面子更值钱",这不能看成是一句讽刺的话,而是对某种社会现象的通俗概括。

秘书给领导更多的尊重并不意味着秘书对其他对象尤其是一般群众可以不尊重,而是指秘书在工作中要考虑领导的"面子"问题。例如,秘书在对领导的工作提出不同的意见(谏诤)时,必须考虑场合,不要在会议上或有他人在场的时候当众指出领导的错误,而应选择非正式场合(如与领导共进午餐时)进行;秘书在向领导主动提建议时,也应该用语得体,不要显得自己比领导高明;秘书在平时工作中要多请示、多汇报,有的事项(除非纯粹的例行公事或领导明确授权的事项)秘书即使已经有了成熟的想法,也要请领导作指示,这既是工作规范,也是对领导的尊重。

(三)把领导当作朋友

人人都需要友谊,任何人缺少朋友都会感到孤独,领导也不例外。领导身边不乏主动接近他的人,但大多数领导其实心里明白,有的人是出于功利的目的来接近自己。领导的苦恼往往在于,他难以判断哪些人是真的朋友,哪些人是势利之徒。因此,表面上领导一般有很多朋友,但是真正的知心朋友却并不多。领导中有孤独感的比例要远远高于一般人,他们比一般人更需要不带功利目的的纯洁友谊。

秘书把领导当作朋友,在做好服务工作的同时,要经常与领导交流一些非工作方面的话题,如业余爱好、个人生活中的感悟、读书的体会、对社会现象的看法等等。

秘书把领导当作朋友,就不要忘记过去的领导,不管是退休的、调离的、升迁的,还是由于工作失误降职的、下台的。如果他在台上时你每年去他家拜年,他一离职你就从来不去看望,起码能说明你过去与他不是纯洁的朋友关系。如果一个人对领导的态度随着领导地位的变化而明显变化,那么人们(包括现在的领导)就能从这种变化中看出此人人格的高低。

三、女秘书与男领导(上司)的关系

在西方发达国家,女性秘书在人数上占绝对优势。在我国,公司秘书中女性在人数上也已经超过了男性,党政机关和事业单位中女秘书的比例也在逐年增加。而到目前为止,领导(上司)在任何国家都是男性居多。

女性从事秘书工作具有明显的优势(参见本书第63页),而且从心理学角度看,男性领导对女秘书的工作一般比较宽容、有耐心。因此,女秘书应该处好与男性领导的关系,更好地发挥自己的优势。但是由于官场、商场腐败现象的客观存在,加上一些陈腐观念的影响,近年关于女秘书的负面看法相当多,一说到女秘书就常常让人想到那些大款身边花枝招展的女性,"小秘(小蜜)"成了贪官、大款情人的代称。有这样一个笑话:某男领导的女秘书年轻漂亮、身材高挑、有学历、有能力、有工作经验,真可谓无可挑剔。在工作中,女秘书羡慕男领导的权力和地位,男领导欣赏女秘书的青春和美丽,再加上朝夕相处,难免日久生情,男领导和女秘书挡不住感情的折磨,终于把"生米"做成了"熟饭"。事后,女秘书便以身份不明为由,要和他结婚,男领导无奈,也只得冲破重重压力离了婚,准备和女秘书结婚。而此时,女秘书却不干了,她向男领导提出了一个要

求:"如果你要和我结婚,以后就不许再用女秘书。"

以上情况说明,在我国确实存在着一个女秘书如何与男性领导处好关系的问题。当年,宋庆龄与孙中山的关系也是女秘书与男领导的关系,但他们的爱情和后来的结合被人们传为佳话。因此,我们不能不加分析地一概贬斥女秘书与男领导的感情,需要避免的是误会和误解,是违反社会道德规范的轻佻行为。我们认为,年轻的女秘书在与男性领导相处的时候要注意以下几点:

(一)区分崇敬与爱慕

对刚毅、潇洒、有魄力的中年男性领导,女秘书会很自然地产生崇敬之情,尤其是在自己工作上的失误被领导宽容时,女秘书还会产生发自内心的感激。崇敬也好,感激也好,要与爱慕之情严格区别开来。如果对方已有家庭,就要严格控制在一定的程度之内,优秀的异性很多,但是一个人只能爱一个。女秘书应该用出色的工作来表示对领导的敬慕和感谢,而不宜用可能使对方产生种种联想的浪漫的方式来表达。你如果坦然面对领导,就不会招来麻烦和误解。

(二)注意自尊和自重

希望得到重用或增加薪水,本来无可非议,但是绝不能乞求别人的恩赐和施舍。极少数女秘书不是通过自己的能力和敬业精神来博得领导的赏识,而是希望通过所谓的感情投资得到额外的照顾。假如领导生活作风不检点甚至是好色之徒,这些女秘书就可能招致精神上甚至人身上的侵犯。女秘书要保持自尊,树立靠知识、能力和工作业绩立身的思想,漂亮的女秘书更应该如此。女秘书要自重,在言谈举止上要保持庄重,在与领导相处时不宜使用轻佻的语言和动作,否则有意无意地会产生性暗示效果,招来于己不利的舆论。

(三)保持适当的距离

女秘书与男领导相处时,要注意把握分寸,保持适当的距离。美国人类学家爱德华·霍尔博士认为,根据人们交往关系的不同程度,可以把个体空间划为四种距离:一是亲密距离。这种距离是人际交往中最小的间距。处于0～15厘米之间,彼此可以肌肤相触,耳鬓厮磨,属于亲密接触的关系。处于15～45厘米之间是身体不相接触,但可以用手相互摸触到的距离,多半用于兄弟姐妹、亲密朋友之间,是个人身体可以支配的势力圈。二是个人距离。这种距离较少的直接身体接触。处于45～75厘米之间,适合在较为熟悉的人们之间,可以亲切地握手、交谈。处于75～120厘米之间,这是双方手腕伸直,可以互触手指的距离,也是个人身体可以支配的势力圈。三是社交距离。这种距离已经超出亲密或熟悉的人际关系。处于120～210厘米之间,一般是工作场合和公共场所。如机关里领导对秘书或下属布置任务,接待因公来访的客人。处于210～360厘米之间,表现为更加正式的交往关系,是会晤、谈判或公事上所采用的距离。四是公众距离。这种距离人际沟通大大减小,很难进行直接交谈。处于360～750厘米之间,这是产生势力圈意识的最大距离,如教室中的教师与学生、小型演讲会中的演讲人与听众的距离。处于750厘米以上位置,在现代社会中,是在大会堂发言、演讲、戏剧表演、电影放映时与观众保持的距离。

根据人际交往距离理论,女秘书与男领导在工作场所应该保持120厘米以上的距离较为合适。

另外,女秘书最好不要长时间与男领导单独处于一个封闭空间(如领导办公室),更不要轻易单独前往领导家里做客或在自己生活场所单独接待领导的来访,因为这意味着双方希望将关系推进一步。

四、与领导相处中的特殊问题

(一)领导水平太低怎么办

如果你感觉领导水平很低,首先要冷静地想一想你的估计是否准确,是否存在片面性。如果确信你的判断正确,就再想一想领导的品德怎样、为人如何,《三国演义》中的刘备并没有什么才华、智慧,却是一个不错的领导。假如领导属于这种情况,你当然可以在他领导下快乐地工作。秘书在任何场合都决不要谈论自己领导的无能。

(二)领导品德太坏怎么办

你如果感觉领导品德太坏,首先要冷静地想一想你的标准是否太高,不要夸大领导的缺点。你如果确信领导品质很差,在没有确凿证据的情况下也不要轻易张扬或告发。跟品质差的领导共事比跟水平低的领导共事更难受,你可以设法辞职或调离,也可以暂时与他和平共处,但千万不能与腐败的领导同流合污。

(三)你觉得与领导无法共事怎么办

如果你的判断正确,即领导确实品质太差或脾气太坏,那么早日离开这样的领导对你来说应是幸事;如果你的判断错误,仅仅是无法容忍领导一般的错误或性格缺陷,那说明你的个性不适合做秘书。这两种情况下,你都应该设法调换工作或另谋职业。

(四)受领导误解(不公正的批评)怎么办

你首先要勇于承认错误,哪怕你只有10%的责任。不要当场与领导辩驳,而应该等领导冷静以后再作必要的解释。可以用这样的语言委婉地解释:"×总,早上的事我是做得不好。我还年轻,没有经验,您看当时我应该怎样做才能取得好的效果呢?"假如领导冷静想一想,也没有什么更好的处理办法,他会理解当初的批评确实有点过头。秘书一般不要指望领导正式向你承认错误。宽容是一种美德,对领导的误解也要宽容。

(五)领导之间不团结怎么办

秘书千万不要介入领导之间的矛盾冲突,不可亲此疏彼。秘书不要试图对领导作是非评价,因为领导之间绝大多数矛盾不是正确与错误的对立,而是误会引起的。秘书在转达领导之间的意见时要在忠于原意的前提下减弱或改变语言的感情色彩，帮助他们消除误会。

（六）发现领导的隐私怎么办

如果领导不知道你发现了他的隐私，秘书就要像什么也没有看见一样。假如秘书不慎闯入了领导的私人生活空间，发现了他的秘密，你应该坦然道歉："对不起，我不知道您来了客人。"秘书不要胡乱猜疑领导的私人生活，更不能捕风捉影地传播领导的私生活。

（七）领导为你介绍对象怎么办

刚刚进入办公室的青年秘书常会碰到这种事。领导虽然是好心，但是他的爱情观、婚姻观可能与你有较大差别。因此，秘书对领导的热心应持审慎的态度，你不必为不接受领导的好心关怀而过意不去，应该有礼貌地推却。如果领导介绍的对象你感觉不错，相处时也不要过早确定恋爱关系，因为一旦明确了特殊关系，领导的大媒会给你很大的压力，使你难以解除关系。

（八）领导对你有非分之想怎么办

女秘书假如感觉到男性领导对自己有不正常的举动，如经常召见而又没有特别的工作交代，或送点小礼物之类，你不必神经过敏，胡乱猜疑，但也应该有所警惕。女秘书可以在穿着上适当加以注意，选择相对正统一点的服装，减少暴露成分，淡化身体曲线，服装上的变化可以给领导一定的拒绝的暗示。假如领导用轻佻的言语或动作进行挑逗，女秘书既不要大惊小怪，也应该严正拒绝，可以在有他人看得见而听不见的场合予以警告，让对方明确他的非分之想绝不会有任何结果。

第三节 秘书与其他人的关系

一、秘书与同事的关系

（一）秘书与同事关系的实质

广义的同事就是指同一机关中其他的工作人员。由于秘书机构是领导与各职能部门之间联系的枢纽,秘书部门与职能部门之间、秘书与其他干部之间有着极为密切的联系,所以,秘书处好与同事的关系是做好秘书工作的重要条件。

狭义的同事是指本办公室的其他秘书工作人员。由于每天同处一间办公室,又从事相同或相关的工作,所以,秘书工作人员之间的关系更为密切。

办公室是一个集体,有共同的目标,因此,秘书与办公室内其他秘书人员的关系应该是良好的互助合作的关系。

(二)怎样处好与同事的关系

有一种同事关系的误区:与办公室内所有人的关系都应该是等距离的。这种错误的认识使某些追求人际关系和谐的青年秘书痛苦不已,因为办公室秘书人员个性差别很大,保持等距离关系不但是做不到的,而且也是不必要的。

还有一种同事关系的误区:同事之间应该追求完全融洽的关系。人与人之间的关系本来不是多么复杂的事,追求理想主义的完美的情感融洽,不但是做不到的,而且也是不必要的。同事之间只要工作上能彼此配合、互相支持,就是一种和谐的关系。

办公室人员要做到和睦相处、互相支持照应,必须建立在分工合理、职责明确的前提之下。建立明确的岗位责任有利于减少工作中的矛盾。

办公室同事相处要做到"五要五忌":要勤快,忌懒惰;要虚心好学,忌骄傲自夸;要互相帮助,忌互不往来;要当面沟通,忌背后议论;要勇于承担责任,忌贪功好利。

二、秘书与一般群众的关系

秘书与群众的关系是指秘书与本办公室以外的人的关系。它包括秘书与机关其他部门工作人员的关系、秘书与一般群众的关系、秘书与下级单位之间的关系。

秘书与众多群众之间不可能有广泛的人与人之间的"深

交"。深交是指朋友关系,这将在下文作阐述。秘书与群众关系的实质就是群众对秘书的主观评价,也就是秘书的公众形象问题。

秘书与群众的关系如何,与机关领导与群众的关系有一定的联系。如果领导与群众关系融洽,秘书对领导工作服务周到就会受到群众的肯定评价;如果领导官僚主义严重,甚至本身就是一个贪官,与群众关系不但紧张,而且对立,秘书对领导服务周到就会被群众嘲讽。当然,秘书只要自己行为端正、作风正派,群众还是通情达理的。

在一般群众眼中,有几种典型的秘书形象:

一是"智多星"型,即领导的高参,这种形象不是靠秘书的自吹自擂树立的,而是靠在长期的工作实践中表现出来的才干逐渐被群众感觉到才逐步形成的。

二是"笔杆子"型,又叫秀才型,是对秘书写作才能的肯定,他们在其他方面的长处可能并不十分明显。

三是"大总管"型,是一种整天忙于事务而办事效率较高的秘书形象。

四是"外交家"型,即公关型秘书,他们以口才见长,反应灵活,在机关中显得十分活跃。

五是"小能人"型,指有一定的特长,能解决诸如电脑故障之类技术性问题的秘书工作者。

六是"知心人"型,指对群众热情、负责,真心实意为群众着想,给群众以可信赖感,被群众当作知心朋友的秘书工作者。

七是"传声筒"型,指那些只会上传下达、缺少自己的思想,动辄领导如何如何说的,实际自己也不懂,是一种水平不高的秘书形象。

八是"马屁精"型,只会讨好领导,对下级和一般群众不热情、不关心,是群众比较鄙弃的一种秘书。

九是"狗腿子"型,狐假虎威,以领导化身自居,盛气凌人,或只会给领导出歪点子,帮助腐败的领导以权谋私。

十是"开心宝"型,又被称为"花瓶",特指某些长相漂亮、穿着得体、化妆入时而缺少实际才能的女秘书。

前面六种是正面形象,后面四种是负面形象。秘书应该通过自己良好的道德修养、踏实深入的工作作风、全心全意为群众服务的精神,树立良好的公众形象。

三、秘书与朋友的关系

人们对友谊有一种本能的需要,缺少朋友的人是痛苦的。

交友活动有如下一些特征:一是求同趋向,"物以类聚,人以群分",人们一般会选择与自己价值观、道德观相同,文化教养、生活习惯、兴趣爱好相似的人为朋友,这样才能有较多的共同语言。二是向善趋向,人们乐于同心目中的"好人"交朋友。有人说,坏人会以坏人为朋友,实际上在坏人的心目中,他的朋友并不是坏人,就像坏人并不认为自己是坏人一样。三是非功利性,真正的友谊的出发点不是功利,所以少年时代的友谊最持久、最深厚、最能经受考验。四是不排他性,这是友谊与爱情的差别,交友活动中一般不会反对朋友与其他人交往,不应有明显的嫉妒心理,如果你很在乎你的异性朋友结交其他异性朋友,就要反思是不是已经产生了潜在的恋情。

秘书的交友活动具有两个特点:一是秘书的朋友范围广,因为秘书比一般人有更多的机会与各方面人打交道,因此,能够结交更多的朋友。秘书广交朋友不但具有可能性,而且对做好秘书工作有积极作用,有助于形成非正式的信息网络。二是秘书与人深交有一定困难,因为秘书工作的特点使秘书不能有许多自由支配的时间与朋友聚会,有时为了工作不能履行原来的约定,因此会给深交带来一定的不利影响。另外,秘书与领导的特殊关系使秘书容易被人误解,许多人不希望领导知晓个人的生活情况,因此,对秘书也敬而远之。

秘书与朋友相处时可能会碰到如下一些特殊问题:

(一)面对朋友的托请怎么办

朋友托你利用工作之便解决一些问题,俗称"开后门",秘书首先要对托请事项作具体分析,在不违反政策的前提下,向领导反映反映情况,或向相关部门催一催本来就应该处理的事情,这些都是应该的。秘书对朋友的托请不能轻易地许诺,许诺而又不能办到就会陷入被动,次数多了就会失去信用。秘书对违反政策或者根本不可能办成的托请事项要作耐心、诚恳而又态度明确的解释。

(二)朋友要你透露"内部消息"怎么办

秘书不宜向朋友炫耀自己掌握多少秘密,否则当人家要你"透露一二"时,你又故弄玄虚地拒绝,就会引起朋友的不满。秘书可以在适当的场合给朋友说一些已经不是秘密但是朋友们尚不知道的消息,以满足朋友们的好奇心。秘书必须牢记保密纪律,不该说的秘密绝对不说,要诚恳地向朋友解释工作纪律,以取得朋友的谅解。

(三)老朋友们说你"官气十足"怎么办

你可以用"常在官场行走,哪能不染官气"之类的调侃语言嘲讽一下自己。你不用害怕失去朋友,这说明朋友们对你还是信任的。朋友的批评说明你的言谈举止中可能已经有了明显的官场味,需要引起警惕,内心应该反思一下是否有脱离群众的倾向?如果你的朋友不是狐朋狗友,你在心理上与他们拉开距离并非是好事;如果仅仅是语言上带有公文书面语特点,那倒不是大问题,以平和的态度与朋友继续交往吧。

(四)因突击性任务不能赴约怎么办

对于老朋友们的聚会,你应该尽量安排好工作前去赴约。如果实在抽不开身,必须在事前打电话说明情况,表达歉意。在朋友们聚会后,你可以了解一下聚会的情况,以表示对朋友的关心。必要时你自己做东再发起一次聚会,效果会更好。

四、秘书与家庭成员的关系

虽然关于爱情、婚姻、家庭的观念随着时代的发展而变化,并呈现出多样化的趋势,但是,一个人一生有三分之二时间是在家中度过的,这一事实无法改变。

秘书工作的特点使秘书比其他工作人员更需要家庭的理解和支持。秘书的工作时间没有严格规律,经常出差、加班、处理突发事件等,不能保证承担日常家庭事务。秘书工作的机要性使秘书不能在家里畅所欲言地谈论机关的事,而这在许多家庭中是晚餐上的重要话题。秘书经常与异性共事,而秘书部门又处于机关的中心,往往成为人们谈论的对象,容易引起家庭成员的误解。

为了取得家庭的理解和支持,秘书要注意以下几点:

(1)让家庭成员更多地了解秘书工作的特点,取得谅解。

(2)平时在家中承担尽可能多的义务。

(3)努力提高工作效率,尽量减少加班次数。

(4)在出差或加班前让家中早一点知道,提前作好妥善安排。

(5)不要把工作中不愉快的情绪带回家中,业余时间尽可能与家庭成员享受生活的快乐,让他(她)感受到家庭生活的温暖。

复习思考题

1. 人际关系受哪些因素制约?处好人际关系有何重要意义?
2. 秘书如何处好与领导的关系?
3. 秘书如何处好与同事的关系?
4. 秘书如何处好与群众的关系?
5. 秘书如何处好与朋友的关系?
6. 秘书如何处好与家庭成员的关系?

案例分析

1.先阅读《男领导不能配女秘书?》一文,再讨论后面的问题。

据媒体报道,四川省省委办公厅日前出台的《关于加强对领导干部身边工作人员管理监督的暂行规定》要求,领导干部身边工作人员不得超职数配备,不得提高职级配备,不得为男性领导干部配备女性身边工作人员。此规定颇为耐人寻味。

首先,这样的规定有没有性别歧视之嫌? 男性和女性的工作权应该是平等的,男同志可以为男领导当秘书,女同志为何就不能在男领导的身边工作? 要知道,现在的领导同志,男性占绝大多数,如果各地都规定男领导身边不能有女性工作人员,差不多等于剥夺了女性当秘书的机会。这样,以前在男领导身边工作的女性岂不面临失业? 大学里秘书专业的女生们岂不是前途渺茫?

其次,这样的规定会不会影响工作效率? 男性和女性是相互依存的,正是因为他们的共同存在,世界才变得丰富多彩、充满生机和活力。弗洛伊德把"性"看作人类一切活动的动力之源,也许有些过了,但"性"的功能之大却是毋庸置疑的。实践表明,男女皆有的班级,较之只有男生或只有女生的班级,学习成绩明显要更为突出。所以,去年有学校实行男女分班,遭到了普遍的反对。"男女搭配,干活不累"——话虽然粗了点,却也揭示了一个自然规律。

那么,为什么要规定"男领导身边不能有女性"呢? 无非是为了避免男领导与女工作人员之间产生暧昧关系,产生"生活作风"问题。但这同样大有疑问:

一、身边有女性工作人员,男领导就会与之产生暧昧关系吗? 不一定。从以往的事实看,与身边女性不清不白的男领导毕竟是少数,大多数男性领导还是能够把持自己的。"对身边女工作人员关心体贴不够"、"与女下属相处得不够融洽"……有时还成了一些男领导的缺点。所以,不能因为个别领导干部的不足而否定所有男性领导的自制力和自律能力。

二、身边没有女性工作人员,男领导的"生活作风"就不会有问题了吗? 也不一定。男领导并不总是坐在办公室里,他们的活动范围很大。如果他们经受不住女色的诱惑,甚至有猎艳之好,那么,他们有的是机会。考察调研、检查工作、接待客人、参加培训、剪彩应酬……处处都有与女性接触的机会,有时甚至遇到女性的主动进攻。从近年暴露出来的好色贪官来看,他们或包二奶,或找情妇,甚至召妓嫖娼,大都是"开放式"的,很少听说与身边的女性工作人员"有一腿"。所以,从预防"色腐"的角度看,男领导身边不能有女性并不能解决问题,至少没有抓住问题的关键。

由此看来,"男领导不能配女秘书"之规定,确实没有多大的意义。如果真有决心改善领导干部生活作风的话,最好的办法是使党政机关"透明"起来,让领导干部包括女性领导干部的一举一动都在人民群众的监督之下。领导同志不论走到哪里,都被无数双眼睛盯着。这样的话,即使身边美色如云,所到之处靓女包围,他们也只能"坐怀不乱"!

(材料来源:《大地》2003年第14期;作者:盛大林)

(1)你对"男性领导干部不得配备女秘书"的规定有何看法?它是对领导干部的爱护吗?是对女性的性别歧视吗?

(2)你认为女秘书与男性领导应怎样处好关系?

2.阅读《一位秘书妻子的嗟叹》一文,思考后面的问题。

如果在秘书的妻子里论资排辈,我充其量属"新"字辈、"小"字辈。

当前,秘书在群众中的形象并不好,人们常把"拍马溜须"、"投机钻营"的帽子加到秘书的头上……然而,即使如此,秘书这个职务仍然走俏。丈夫当了秘书,便有人羡慕他捞到了"肥缺"。

有次,我看到一幅漫画,画的是学术讨论会上一知识分子在宣读论文,而秘书却端起麦克风旁的茶杯,手臂被漫画家"漫"到密密麻麻的与会者中,毕恭毕敬地伸到一个胖子跟前:"×长,您喝茶!"我将这幅漫画剪下赠给丈夫。丈夫说:"好哇,咱们秘书不是人了。"我说:"你们当秘书的,有时的确不是人,有时是牛,有时是鼠,有时是狗,有时是狐狸。"平心而论,丈夫和其他当秘书的相比,做狗做狐狸的时候不多,大都是做牛做鼠,勤勤恳恳地工作,小心谨慎地做人。

我对丈夫的不满,在于他的那种"秘书味"。过去,他多少还有点"投妻所好";如今却最会讲令我反感的话:"我没空,我要赶材料,我要开会,我要值班……"你若问他:"怎么不买条鱼回来?"他会说:"其一,抽不出时间;其二,不便携带;其三……"尽是那种公文式的腔调。

最难以忍受的是,他经常晚上赶写材料,冥思苦想之中,拼命抽烟,却把我丢在一旁。他深更半夜才爬上床,而被冷落的我正在睡梦中。

丈夫终日鞍前马后,奔走劳累,在那些永无穷尽的材料堆里研究不完,从不提议陪我去踏青,去划船,去拜访朋友;也不给我买瓶香水,做点酸酸的坛子菜。他撇下那个小小的家让自己的妻子去操劳。嗨,我有时真想扯住他的后腿,好让他留在家里。然而,慢慢地对"秘书"这项工作,我却有了新的认识:他们同样是应该受到人们尊敬的。

(材料来源:《南方周末》1991年9月27日;作者:周小娅)

(1)从材料看秘书工作对家庭生活有何影响?

(2)文中说的是男秘书与妻子的关系,请你设想一下,一个女秘书应如何处好与家庭成员的关系呢?

第五编

继承和借鉴

第十六章 中国古代秘书工作

第一节 中国秘书工作的起源

一、关于中国秘书工作起源的不同观点

关于中国历史上的秘书工作究竟发端于何时,学术界有两种不同的观点。一种观点认为,"我国的秘书工作起源于部落联盟的昌盛时期,即黄帝至禹时期,约距今四千五百年至四千一百年之间。"①另一种观点认为,"我国古代的秘书,诞生于殷商后期,距今约三四千年之间。"②

笔者曾在《秘书工作》2001年第7期上发表了《中国秘书工

---

① 杨剑宇:《中国秘书史》,第11页,上海:同济大学出版社,1988。
② 常崇宜主编:《秘书学概论》,第425页,北京:线装书局,2000。

作起源年代新探》一文,论证我国秘书工作起源年代还可以从黄帝上推五百年以上,即原始社会后期若干氏族联合组成规模较大的部落之时,距今至少有五千年左右。

二、秘书工作产生的条件——较大规模社会组织的出现

秘书工作是"为领导提供辅助管理、综合服务",因此,当社会组织发展到一定规模并形成相对稳定的领导者或领导集团的时候,为这些领导提供辅助管理的秘书工作也就随之出现了。较大规模社会组织的出现,既是秘书工作产生的必要条件,也是秘书工作产生的充分条件。

早期的原始人群的组织结构极其简单,没有形成发号施令的领导者或领导集团,因此不具备秘书工作产生的条件。

原始社会后期,逐渐形成了以血缘关系结成的稳定的基本经济单位——氏族。氏族组织发展到一定规模后,又出现了若干血缘相近的氏族联合而成的胞族,若干胞族组成更大的社会组织——部落。部落由两个以上血缘相近的胞族或氏族构成,它通常有自己的地域、名称、方言、宗教、习俗,并形成了管理公共事务的机构和部落首领。我国古代传说中的有巢氏、燧人氏、伏羲氏、神农氏等就是这样一些部落的首领。

到传说中的黄帝时期,华夏大地上又出现了若干部落联合而成的部落联盟。部落联盟组织是一个很大区域的最高行政组织,内部有相当严密的管理系统。据传,黄帝设置了分管各项工作的官职——"六相",组成了部落联盟的领导集团,而黄帝就是这一领导集团的核心。

三、关于我国秘书工作起源年代的推断

据古籍记载,黄帝不仅设立了分管各项事务的"六相",还设置了专门的"秘书官"——史官,而且有名有姓,如仓颉、沮诵、孔甲等均当过黄帝的史官。可见,黄帝时期就有了名副其实的秘书工作。因此,"我国古代的秘书诞生于殷商后期"的观

点可以排除。

现在的问题是,在黄帝之前有没有秘书工作呢?

在早期氏族群体中,氏族首领实施领导无需秘书提供"辅助管理",因为一个氏族的管理范围不超过现在的一个自然村。但是,在黄帝为首领的部落联盟形成之前,早已出现了若干氏族组成的"胞族"和若干胞族组成的"部落"。据《尧典》所载,一个部落联盟包含了9个部落,9个部落包含100个胞族,100个胞族下又包含若干个氏族(即"万邦")。如此推算,一个部落大约由100个氏族组成,每个氏族按100人计算,一个部落也有10000人。可见在部落联盟形成前,每个部落的规模就已经相当大,部落领导机构或首领的管理活动就决非通过直接交谈即能实现的,部落酋长必须有人为其管理活动提供辅助性服务。因此,从理论上说,部落管理活动中就已经有了秘书工作。它出现的时间应当在黄帝之前五百年以上。

从有关传说中对黄帝时期秘书工作的记载看,黄帝有史官多人,且有分工,这决不是最原始的秘书工作,而是经过了一定发展阶段的比较成熟的秘书工作。

第二节 中国古代秘书和秘书机构

一、我国最早的秘书官职和秘书机构

我国最早的秘书官职是史官。

"史"字,小篆作"𠭆"像手持"册"形,故"史"即"掌管文书档案(的人)"。

据典籍记载,黄帝时代即有"史官"一职。在黄帝的诸多史官中,以仓颉的传说最多。据传仓颉是汉字的发明者,这从一个方面说明秘书自古以来就是由文化水平较高的人来担任的。

公元前21世纪建立的夏朝是我国第一个奴隶制国家。有了国家,才有了严格意义上的"官职"。夏朝的重要官职有后

稷、司徒、司马、司寇、司空、太史令、秩宗等。其中,秩宗和太史令属于秘书官职。太史令是辅佐夏王处理国政的机要秘书长。

商代建立了机构庞大的中央政府,政府官员中史官主要从事秘书工作。商代史官除太史令仍为商王的机要秘书长外,还有分工明确的各类史官,其中神职史官处理人(统治者)与神灵和先祖之间关系的事务,包括贞卜史官和祭祀史官;人事史官处理人(统治者)与臣民之间关系的事务,包括作册史官和记事史官。从工作性质上看,人事史官更近似于今天的秘书。

西周时期,中央政府形成了以卿为首的政务部门"卿事寮"和以太史为首的事务部门"太史寮"两者并列的局面。太史寮最初出现于商末,而成型于西周,是为王室服务的秘书处,是我国最早的综合性秘书机构。太史寮主官太史是周天子的秘书长。太史和其领导下的小史、内史、外史、御史合称"五史",他们等级有高低,执掌有分工。这说明西周的太史寮是一个组织相当严密的成熟的秘书机构。

上古时代除了史官以外,还有纳言、巫祝、秩宗、宰等官职。其中,"宰"一职在商代是国王的专职厨师,因经常接近天子而逐渐成为国王的亲信;西周时,周王让宰掌管宫廷事务,成为宫廷秘书首领,相当于王宫的办公厅主任。

二、春秋战国以后历代秘书机构和秘书官职的演变

(一)春秋战国时期史官地位的衰落

春秋战国时期,史官的数量依然比较多,但史官地位却急剧下降,到了战国时期,各诸侯国另设秘书官职,如秦国的尚书、魏国的主书、齐国的掌书、楚国的左徒等等。史官从此成了以保管国家档案文献为主要职掌的职务,不再是主要的秘书官职。

(二)秦代的秘书机构和秘书官职

秦代中央政府的主要秘书机构是御史府,以御史大夫为长官,与丞相、太尉并列为"三公"。秦始皇在御史府之外又设置了直接为皇帝服务的皇室秘书，分为两类：一类是为皇帝处理具体事务的秘书官，如尚书、太史令、符玺令等；另一类是谋士性质的秘书官，如博士、给事中、侍中等。

秦代中央各府衙、地方政府和军队中的秘书官职有长史、主簿、书史等；郡、县的副职长官郡丞、县丞则兼管秘书工作。

（三）汉代的秘书机构和秘书官职

西汉前期，御史府为中央政府的主要秘书机构。汉武帝为巩固君主集权的专制统治，启用了皇宫所属尚书，掌管中央政府的机要，并以宦官任尚书之职。西汉末年，汉成帝将尚书署升为尚书台，以尚书仆射为其主官，并复用士人充任。哀帝时，尚书台已经成为皇帝实际上的机要秘书处。到东汉光武帝时，中枢机要进一步"政归台阁"，取代了御史府的大部秘书职权。

汉代皇宫还设有两类秘书官职：一类是以参谋言谏为职责的官职，主要有博士、谏大夫（后改称谏议大夫，职责为直言极谏，提醒皇上的阙失）、中大夫（后改称光禄大夫，备顾问应对，并常被派往各地进行社会调查）等；另一类是由宦官充任的处理日常事务的贴身秘书官，主要有中常侍、侍中、黄门侍郎、中书令等。

东汉时期，我国历史上出现了以"秘书"二字冠名的秘书官职——"秘书监"。这个官职仅是管理图书档案的官员，不是主要的秘书官职。东汉末年出现了以"秘书"冠名的名实相副的秘书官职——统领曹操魏王府整个秘书工作的"秘书令"，但这一官名仅存在几年时间即被曹丕改为"中书令"。

汉代州、郡、县各级政府中的副职"丞"兼掌秘书事务，主簿在各级衙门中都是主要的秘书官，相当于今天的办公厅（室）主任；书佐则是负责起草公文的文字秘书。各级政府中还设置了"记室"，专管起草、收发文书，性质相当于今天的秘书处（科）。

（四）从魏晋到两宋的秘书机构和秘书官职

魏晋南北朝时期逐渐形成了中书、门下、尚书并列的"三省制"，并一直延续到宋代。三省之间的关系是"中书出令，门下审议,尚书执行"。从分工看,门下省是审议机关,尚书省是行政机关,中书省则是典型的中央政府的秘书机关。

中书省主官为中书令,最主要的秘书官则是中书舍人。中书舍人专掌诏书拟制,参与机密,实际上是皇帝的高级秘书。中书省内还设有通事舍人(负责皇宫礼仪)、起居舍人(负责记录皇帝起居言行)、主书(负责保管文书,抄写诏敕)、书吏(负责文书抄录和誊写)等中低级的秘书职务。

唐初于宫中置翰林院,为文人内庭供奉之所,翰林只备临时差遣。唐玄宗为限制中书省权力,启用部分翰林为皇帝起草重要文件,翰林学士实际上成为皇帝的机要秘书。宋代这一机构称"翰林学士院"。翰林学士除起草文件外,还侍从皇帝以备顾问应对,翰林学士院遂成为皇帝的机要秘书处,取代了中书省的部分职权。

门下省的主要职责是审议,不能算是秘书机构,其主官侍中也不是朝廷的主要秘书官,但门下省职掌有一部分属于秘书工作。门下省主要秘书官职是给事中,其主要职掌是驳正臣下有违误的章奏;其次是起居郎,他与中书省的起居舍人一起负责记录皇帝的言行;另有符宝郎掌管皇帝的玉玺。

尚书省是国家行政机构,其内部设有直属的办事机构——都省,是尚书省的"办公厅";尚书省下分六部办公,各部设有"都事"一职,负责收发文书等秘书工作,是真正的秘书官。

汉以后,在中央政府其他官署和地方郡、县官府之内,都设有主簿、掌书记等秘书官职,负责文书簿籍,掌管印鉴。两宋时期,还出现了两种没有官品的低级秘书吏员——押司和贴司。

(五)辽、金、元的秘书机构和秘书官职

辽、金是两宋时期北方少数民族建立的政权;元是蒙古人在北方建立的政权,灭掉金、宋后统一了中国。这三个王朝都是少数民族建立的军事帝国,在秘书工作方面有相似之处。辽朝的"大林牙院"、金朝的翰林学士院、元朝的蒙古翰林院,负责为皇帝起草、颁布重要文书,是皇帝的机要秘书机构。

辽朝仍设"三省",但不掌实权,中书省已不是朝廷的主要秘书机构。金主完颜亮废中书、门下二省,仅留尚书省总揽政务。元代实行中书省、枢密院、御史台三足鼎立的官制,枢密院主管军事,御史台掌督察,中书省掌行政,不设门下、尚书省。这时的中书省实际上就是唐宋时期的尚书省,已经完全不是秘书机构了。

辽、金、元,由于皇帝和地方政府的主官为契丹、女真、蒙古人,而属官既有少数民族人,也有汉人,公文往往需要多种文字的文本,这就需要有人从事公文的翻译。三朝州以上官署中设有专门从事公文翻译的秘书职务——译史。元代还设有为蒙古族或色目族官员充当口头翻译的秘书职务——通事。

(六)明、清两代的秘书机构

明太祖朱元璋设"文渊阁",是为内阁之始。永乐皇帝占领南京后以解缙等7人组成内阁,凡入内阁者,成为内阁大学士,其官品并不高(正五品)。内阁实为明代皇帝的秘书处。

清朝初年,内阁是朝廷唯一的总秘书机构。康熙皇帝在内宫设立南书房,接管了内阁的部分职能。南书房遂与内阁并为皇帝的秘书机构。乾隆以后,机要事务转由军机处办理,内阁成为仅办理例行事务的秘书机构。

清朝出现了一个精干高效的秘书机构——军机处。军机处原为处理战事的临时军务机构,乾隆时成为常设机关,后来实际上成为皇帝亲信的秘书处和参谋部。军机处人员精干、办事效率高且高度保密,这些特点可作为今天设置秘书机构的借鉴。

清朝内外各官署中负责文书起草、修改、缮写、收发以及文卷保管的文员通称书吏。书吏虽是没有官品的一般职员,却是政府职能的实际执行者,是国家机器整体链条中的重要环节。清朝各级官僚大多昏庸无能,加上清朝律令繁杂,造成了主官对书吏的依赖,处理政务的实权逐渐被书吏所把持。书吏在行政、司法事务中把持案卷,作弊枉法,势必会降低行政效率,加剧吏治腐败，腐蚀国家机构。这种现象在清代非常普遍，历史上称之为"书吏之害"。

(七)宦官秘书干政——中国秘书史上特有的现象

从秦始皇的机要秘书赵高到明代末年的秉笔太监魏忠贤，我国历史上一再出现宦官秘书掌握机要大权而干预国政的现象，每次干政的结果都造成了国家政治更为腐败，有时甚至导致政治动乱，促使王朝垮台。皇帝重用宦官秘书的直接原因是宦官贴身服务，能体察皇帝心意，从而投其所好，被皇帝视为亲信；同时，皇帝认为，宦官失去生育能力，没有子嗣，不会觊觎皇位，因而可以信赖，想通过让宦官掌握机要的方法来削弱宰相等朝臣的权力。殊不知这种身心不健全的人一旦掌权，对权力和财富往往表现出超常态的贪婪，因而对国家和社会造成的危害也就更为严重。

三、中国古代的非官方秘书

我国历史上除官方秘书外，还有一些不享受国家俸禄的非官方秘书，他们在中国秘书工作史上曾经起过相当重要的作用。

有据可查的私人秘书最早出现在春秋末年，这就是一些卿大夫自己任用的"家臣"。孔子曾为齐国高昭子家臣；孔子的弟子中也有多人当过季氏家臣。

春秋后期到战国时代，上层贵族盛行"养士"之风，所养之士称为食客、门客或舍人，以有文化的游说之士为主。这些门客实际上属主人的私人秘书，为后世"幕僚"的祖师。

魏晋南北朝时期，各个王朝都是由手握军权的权臣建立的。他们在取得皇位前，任用一批人组成一套机构，完全在正规官制之外，自由行使权力，历史上称之为"霸府"。霸府的中心人物是幕僚和将领。幕僚既是谋士高参，又是办理文书、处理日常事务的人员，相当于霸主的私家秘书。这些幕僚深得主人的宠信，一旦主人即位称帝，霸府就变为王朝，幕僚组成的机构也就转变为中央秘书机构,幕僚及其首领随之转变为国家秘书官员和中央秘书首领。

自隋代开始,我国一直实行科举取士制度。一些有真才实学的文人不能通过科举考试步入仕途,便通过各种关系到地方官府或节度使幕府中充当幕僚,以此作为走向仕途的桥梁。

明清时期,科举考试从内容到形式都表现出极大的保守性和落后性,大批有真才实学的知识分子不能通过科举入仕,一些地方官僚又需要有才能的文人为助手,于是文人充当幕僚又成风气。清代官衙中主官聘用幕僚成为一种普遍现象,一般官员上任之始就自带幕僚多人,少则三五人,多则十余人。幕僚由主官私人聘请,不属公职人员,国家不支付薪俸,由主官个人付给酬薪。

清代的幕僚作为私人秘书,从个体而论,各有明确的工作目标,其职责专业性很强,他们知识面广,社会经验丰富,文化程度高,业务能力精干,功能全面,作用重要,是封建社会中最为完备的秘书人员;从群体而论,他们是一支庞大的秘书队伍,其职掌几乎囊括了官衙中所有的日常事务,成为无衔之官、无职之吏,成为一股强大的政治势力,在吏治腐败、官员无能的清朝,起了使国家机器正常运转的重要作用。然而,幕僚中也有不少人同书吏一样,利用职权,营私舞弊,成为清代地方政治黑暗的一个重要原因。

第三节　中国古代的文书工作

一、公务文书和文书工作的出现

根据古代传说,黄帝以前的氏族首领大多以口头传达来发布指令,因此,那时产生文书的可能性不大,所谓"神农无制令而民从"。《后汉书·祭祀志》中说:"自五帝始有书契。"由此推断,我国最早的公务文书当出现于黄帝时期。

夏朝建立了国家机构,公务文书成了国家管理的重要工具。尽管尚未发现夏代公务文书的实物,但据许多史料推断,夏代已经有了比较成熟的公务文书,也有了比较正规的文书工作。

二、中国古代公文的种类和名称

公文种类是指根据行文关系对公文进行划分得到的大的类别。现代文书学将公文分为下行文、上行文、平行文三类。所谓公文名称,是根据功用的差别对公文进行划分得到的小的类别。现代公文中的"指示"、"通告"、"请示"之类是公文的名称;古代公文如《入关告谕》、《论贵粟疏》、《出师表》中的"谕"、"疏"、"表"等也是公文名称。

我国最早的有据可查的公文名称是"誓"。《尚书》中以"誓"为名者有5篇,其中《甘誓》是夏开国帝王启讨伐有扈时发布的军事动员令,《汤誓》是商汤讨伐夏桀前发布的军事动员令,《牧誓》是武王讨伐商纣至商都城牧野郊外时发布的军事动员令。誓到秦汉以后就不再用了,军事动员令后来一般改用"檄"。

我国古代主要的下行文种有诰、制、诏、敕书和戒书、策(册)书、命、令、谕、旨、檄、典、批答等;主要的上行文种有奏、章、表、议、上书、状、露布和封事、题本、奏本、奏折(奏摺)、揭帖、呈和详等;主要的平行文种有移(移书)、关(关文)、咨、载书(盟书)、国书、照会等。另外还有少数公文名称在同一时期可用作不同行文方向的公文,如牒、札(劄)子、榜(牓)等。

三、中国古代文书工作制度

(一)有关公文拟制的重要制度

文书正副本制度。西周时代即已形成,距今有三千年之久。

公文主官签发制度(判署签押制度)在战国时期已形成,三国时即已正式实行。

文书行文避讳制度。这是一种极其丑陋的制度,始于秦始皇,为历代王朝袭用,到了唐朝以后还以法律的形式加以明确规定。

公文签发前的执论制度。唐太宗制定的一项非常重要的制度。所谓执论,就是决策要经过充分论证。它使中央政令在下发前经过充分论证,避免了中央决策失误,对"贞观之治"的出现起了重要作用。这一制度对于我们今天起草重要文件、出台重要政策或形成重要决定,仍然有很高的借鉴价值。

请示类公文一文一事制度。始于魏晋南北朝,通用于唐代,而见诸典籍记载的成文制度则是在宋代。它作为文书制作的重要原则之一,一直沿用至今。

公文摘由制度。宋代规定章奏文书须将内容要点、呈递日月写于黄纸上,贴于封皮或文首,称为"引黄",这是公文摘由的开始。现代制作篇幅较长的公文也要附内容摘要(或摘由),这是对古代公文摘由制度的继承和发展。

(二)有关公文办理的重要制度

收文、发文登记制度。在秦代之前就已经初步形成;到了宋代,公文收发不仅要登记,而且重要的涉及机密的公文还要装入封皮折角密封,并逐一编号。

办文时限制度和催办制度。这是提高公文处理效率的一种手段。明文规定的办文时限制度最早出现在唐代,后一直沿用,并且是以法规的形式规定的,因而具有严肃性和强制性。

公文票拟制度。票拟,即题奏文书先由秘书部门阅读,并在专用纸签上拟出初步处理意见,然后再转呈皇帝定夺。此制形成于明代,后被清代承袭,是现代公文"拟办"程序的发端。

四、中国古代公文文风和公文写作理论

(一)中国古代公文文风的演变

甲骨文书记事简单,尚无"文风"可言。金文文书具有内容上的纪实性、庄重性和文字上的简约性等特点。

形成于先秦的《尚书》为我国最早的公文汇编,对后世公文写作有很大的影响。《尚书》中的文章篇章结构由松散逐步趋

向完整、严谨,有一定的层次,已注意在命意谋篇上下功夫。

春秋战国时期出现了李斯这样的公文写作大家。这一时期的公文写作有说理透辟、文辞流畅且口语化的特点。

秦代公文"尚质而不文",注重公文内容而不讲究文采。公文是一种应用文体,"尚质而不文"是符合公文的写作要求的。

西汉初期出现了一批公文写作大家,如贾谊、晁错、司马相如等。汉代公文的特点是政论性强,有很强的说服力。

从西汉后期开始,公文文风受赋和骈文的影响,出现了忽视内容、过分追求形式的不良倾向。这种文风显然不符合公文务实的要求,是文书工作发展史上的一股逆流。

南朝时期开始出现文、笔之分。按刘勰的观点:"无韵者笔也,有韵者文也。"文、笔之分说明公文写作已经成为一项专门技能。

隋代初年,大臣李谔呈《上高帝革文华书》,请求朝廷"屏出轻浮,遏止华伪",拉开了隋唐文风改革的序幕。初唐时期,唐太宗李世民、魏徵、陈子昂等都发表过改革文风的言论,魏徵、陈子昂还在写作实践上作出表率,写出了许多朴实直言、不加雕饰的公文,对文风改革产生了很大影响。中唐时期,韩愈、柳宗元发起"古文运动",把文风改革推向高潮。经过几辈人的努力,唐代的公文总体上形成了词强理直、质朴务实的文风。

唐代的文风改革一直延续到宋代。欧阳修、苏轼、王安石等人不仅从理论上倡导文风改革,而且写出了大量文风朴实而又长于说理的公文。宋代公文不仅数量多,而且质量高,是我国公文写作的繁荣期。

元代统治者重武轻文,公文写作往往不重章法用语,缺乏规范,因此,缺少精彩的公文篇章。但由于俚语、俗话被纳入公文,形成了"白话体"公文,对传统的以文言为主要表达形式的公文书面语是一次冲击,使得元代公文在语言上呈现出通俗易懂的风格。从书面文言向通俗白话的转变,在公文语言上是一大进步。

明代初年,朱元璋采取严厉措施以克服繁文之弊,明代后来对繁文又一禁再禁,但繁文之弊始终未能禁止。文牍主义与政治腐败相伴而生,封建社会后期的政治日趋腐败的现实,决定了少数有作为的帝王或大臣的努力无法改变文书工作的这种发展趋势。

(二)中国古代的公文写作理论

关于公文写作理论的探讨,最早可以追述到孔子。孔子关于"文质"关系的言论对后世公文写作影响很大。他说:"质胜文则野,文胜质则史。文质彬彬,然后君子。"这段话可以看作孔子对公文的语言形式和思想内容关系的论述。

魏晋南北朝时期的公文文风日下,而公文写作理论却处于最繁荣的时期。这一时期先后出现了曹丕、陆机、葛洪、李充、钟嵘、刘勰、颜之推等文学理论家,他们的文论著述中包含了许多公文写作的理论。其中最早研究公文文体的是曹丕,其代表作是《典论·论文》;而对公文研究贡献最大的则是刘勰,其代表作是《文心雕龙》。

在唐代公文文风改革中,韩愈的文章理论具有代表性。他提出了"文以载道"的主张和"唯陈言之务去"的写作原则,要求从字句到文章要全面革新。韩愈不仅从理论上倡导务实的公文文风,而且用自己公文写作的实践对骈俪文体发起猛烈的进攻。他的《论佛骨表》完全以散体表述,全篇简明易懂,是古代公文写作的典范。

五、中国古代公文的载体、字体和制作工具

(一)公文载体的演变

到目前为止,考古发掘中发现的我国最早的文书原件是殷商时代的甲骨文书。甲骨文书在西周时期数量锐减,到西周中期甲骨文书已经被淘汰。

从商代到战国,青铜一度是重要的公文载体,叫做金文文书。它盛行于西周,春秋战国时期尚有少量应用。秦汉以后青铜器都是实用品或工艺品，不再作为文书的载体。

简牍文书就是指刻写在竹简或木片上的文书。在造纸术发明之前，简牍是古代公文的主要载体。根据史料推断，商代已经有了简牍文书，西周时期简牍文书得到了广泛的使用，春秋战国时期使用竹简更为普遍，秦代、汉代的简牍文书有大量实物出土。简牍文书直到东晋时才被纸质文书取代。

春秋战国时期，随着纺织业的发展，人们开始用缣帛亦即丝、棉织品制作文书，这就是缣帛文书。缣帛轻软平整、易于书写、裁取随意、卷折甚便，远比笨重的简牍优越，但价格昂贵，不能取代简牍。自春秋到两晋，缣帛文书沿用了约800年时间。

春秋战国时期，出现了一种镌刻在石头上的文书——石刻文书。由于刻石工序简单、原料丰富，又兼有能够永久保存的优点，石刻文书逐渐取代了青铜铭文文书。石刻虽然在秦代风行，但毕竟不能作为日常文书使用，所以不可能成为文书的主要载体。

据史籍记载，我国在西汉或东汉初期已发明了造纸术。公元105年，宦官蔡伦改进造纸术，用树皮、麻头、破布、旧渔网等价格低廉的材料作为原料，制成了植物纤维纸。由于大大降低了成本，且原料丰富，纸张遂被广泛使用，开始取代简牍和缣帛。东晋末年，桓温称帝后随即下令停止用简牍书写公文，而代之以黄纸。从此以后，纸张就成为我国朝廷和各级官府公文的正式书写材料，简牍则完成了它的历史使命。这一变化极大地方便了文书的写作、传递和使用，大大提高了文书工作的效率。

(二)古代公文的书写制作工具

我国雕版印刷术发明于唐代，活字印刷术发明于宋代，但印刷技术多在民间书坊用于印制佛经、诗文、教材和学术著作，直到明清两代，才偶尔用于公开的不重要的公文制作。因此，古代公文基本上是用手工抄写的方法制作的。书写工具主要有笔、墨、砚、刀，简称"文房四宝"。在纸张成为日常文书的唯一载体后,刀基本上失去了"书写工具"的作用,"文房四宝"遂被用来指称笔、墨、纸(特指宣纸)、砚。

(三)古代公文的字体演变

我国古代除辽、金、元等少数朝代曾用过少数民族文字书写公文外,绝大多数公文是用汉字书写的。因此,这里所说的文书字体的演变,仅限于公务文书所用汉字字体的演变。

甲骨文和金文的基本字形结构跟后代汉字是一致的,但由于是用刀刻、锻铸而成,字形不免与笔写的有较大差别。

大篆,又称籀文,相传为西周末年周宣王的太史籀所创。从西周后期到秦统一六国,大篆是周王室和秦国公文的标准书体。

小篆又名秦篆,指秦始皇统一文字所用的书体。秦统一全国后,因原来各国文字异形,外地官吏看不懂诏书,统一文字遂成为当务之急。秦始皇以行政手段废除他国异文,以"小篆"作为全国标准文字。汉承秦制,篆书仍旧是国家公文的标准书体。

隶书在战国时代即已出现,秦始皇灭六国,以小篆为正规公文书体。书写简便的"隶书",作为小篆辅助文字,用于非正规公文的行文,民间往来文书也多用隶书。隶书比六国文字简易,更符合社会发展的需要,到汉代逐步成为国家公文的标准书体。

汉代末年和曹魏时期,官府与民间出现了"真书"(又称"楷书"、"正书")字。真书作为正式公文用字始于两晋,盛行于唐代,并一直沿用至今。后来从楷书演变出笔画灵活自然的"行书",其中写得比较规矩近于楷书的称"行楷",也得到普遍应用。

作为公文用字的字体发展到真书后,就已经基本定型,其后出现的魏碑体、宋体等均为真书的变体,在字形和笔画上与真书没有大的差别,仅运笔方式和粗细比例有所不同而已。

第四节　中国古代的档案工作

一、夏、商、西周时期的档案工作

文书留存保管就转化为档案。文书工作和档案工作从来就不可分割。夏、商、周三代，档案管理作为国家行政管理工作的重要内容之一就已形成。《吕氏春秋·先识》记载："夏之亡也，太史终古抱其图法以奔商。"这里所说的"图"即版图档案，"法"即法典档案。这说明夏代已由史官管理、利用档案。

商代统治者的活动主要记录在甲骨和简牍中，从甲骨档案的保存情况看，当时已经有了文书立卷归档制度的雏形。

西周时期的档案种类明显增多。王朝中央保存的档案主要有图版（地图与户籍）、盟约、谱牒（王室、贵族族谱与家谱），史官保管的有诰、誓、政典、记注等档案。周王朝收藏珍贵档案的天府，是我国历史上最早的中央政府正规档案管理机构。

二、春秋战国时期的档案工作

春秋后期，诸侯纷争，王室衰微，档案大量流散于社会，这对档案的保管留存非常不利，但从另一方面看，也使社会上一些知识分子（士）获得了接触、了解和利用档案的机会。

孔子因教学编纂教材的需要，对古代档案进行了大规模的收集和整理工作。他编订"六经"，开辟了利用档案传道授业的风气。档案利用的另一种方式就是用于修史，孔子利用档案编的《春秋》是我国第一部编年体史书，它开创了根据档案资料编写史书的优良传统。在《春秋》之后不久出现的《左传》和《国语》两部重要史书，都是依据大量档案文献编著而成的。

三、秦汉、魏晋南北朝时期的档案工作

秦代为加强中央集权，对有利于巩固秦统治的法律档案和

舆图档案十分重视;而对不利于秦政权的原六国档案,秦王朝又采取断然措施,予以大量销毁。

汉王朝建立了比较完整的档案管理系统。汉历朝皇帝在宫内外设置了许多大型档案库,其中著名的有石渠阁、兰台、东观、天禄阁、麒麟阁等。汉代档案库保藏着丰富的档案文献,为修史著述提供了条件。汉代出现了两部史学巨著——《史记》和《汉书》,它们都是档案利用的伟大成果。此后利用官方档案编修前代史书成为历代惯例。

魏晋南北朝时期是封建割据、列国对峙的动乱时代。这一时期档案工作的特点:一是谱牒档案盛行,二是私家利用档案修史的现象十分普遍。

四、隋唐、两宋时期的档案工作

隋唐时期出现了专门的档案机构——史馆和甲库(人事档案库),并设置专职档案人员——史官(史馆主管)和甲库令史。宋朝统治者于宫中设立了大型皇家档案库——金耀门文书库,与此同时,还在中央各官署和地方各州县普遍建立了档案库——架阁库。

唐代进一步完善了文书定期归档制度和副本存档制度,并且在档案的查阅、档案的鉴定等具体管理程序上形成了一些制度。这些制度在宋代得到进一步完善。宋代有些档案管理制度和管理方法已经与近现代档案管理的要求很接近,这说明我国的档案工作在宋代已经相当成熟。

五、明清时期的档案工作

明王朝建立后,档案工作得到进一步加强。为了保管日益增多的档案,中央政府在南京和北京建立的几座档案库规模宏大、建筑技术高超,有的档案库至今保存完好,最著名的有大本堂、后湖黄册库、古今通集库、皇史宬等。

清代中央和地方衙署设有典籍厅、满本房、汉本房、档房等文书档案机构。皇史宬成为保存清代实录、圣训和玉牒的皇家御用档案库。清代前期,朝廷总秘书机构内阁储藏档案的地方称为内阁大库;后来出现的军机处内也设有档案库——方略馆。清王朝的重要档案大多保存在这两个地方。

普遍利用档案编修地方志是清代档案利用的一个新特点。方志的编修在清代进入全盛时期,还出现了不少擅长修志的史学家,其中最杰出的代表人物是章学诚。

第五节　中国古代其他秘书工作

一、中国历史上的社会调查

史书上关于"帝王"进行社会调查的记载,最早的可以追溯到原始社会末期。据传,尧、舜、禹经常深入民间,虚心听取人民意见,因此,深受人民爱戴。历史上有帝王巡视各地的许多记载,而真正形成制度的社会调查首推西周和汉代的采风制度。

所谓采风,也就是周王朝派专人负责采集四方风俗善恶,代语歌谣。采风的目的一是为了"观俗",二是为了"观政"。采风作为一种制度,周天子也率先垂范。两汉时,天子承袭周制,"遣谒者巡行天下,存问致赐","观采风谣"。《诗经》和汉代《乐府》都是采风的结果,为后人留下了许多古代优秀民歌。

二、古代驿传制度和信息传递方法

古代驿传制度是传递政情信息的重要手段。驿传制度产生于周代,定制于秦汉,兴盛于唐宋,鼎盛于元明清,消亡于民国初年。除了通过驿传发布军事、政务信息外,古代还采用鸣锣、击鼓、撞钟、吹号、烽火台(又称"烽燧")等方式传递信息。

鸦片战争后,由于近代邮政的出现和电报的使用,中原地区驿站迅速衰落,但边远地区的公文依然靠驿站传递,到民国初年才被基本裁撤。

三、古代秘书参谋言谏职能

我国文臣言谏制度最早可以追溯到原始部落联盟后期的民主管理制。夏、商、西周三代，出现了不少著名的谏臣。西周末年，周王室太史史伯是我国历史上第一个以出谋献策而闻名于世的参谋型秘书。

春秋战国时期，诸侯争霸，各种学说呈现出百家争鸣的局面。这时崛起的新的秘书群体——士，多以善为主人出谋献策而闻名，他们可以说是专职的参谋人员。

秦和西汉先后设置了许多参谋顾问人员，如给事中、光禄大夫、谏议大夫、博士等。史称这些人为"谏官"、"言官"或"谋士"。

唐时言路大开，出现了许多直言谏官。最著名的有魏徵、王珪、褚遂良等人，他们皆直谏不讳，勇于提出自己的见解和主张，成为最高统治者的得力助手。

我国古代参谋言谏制度对维护统治、巩固政权，曾起过积极作用。凡是言谏制度比较健全的王朝，政治较为安定巩固，国势也就繁荣强盛；反之，君主乾纲独断，大耍淫威，排除辅佐，堵塞言路，则政治黑暗，国家衰退，以致亡国。

在最高统治者身边设专门驳正违失的谏官，这种制度对于防止最高领导人决策失误，具有一定的借鉴价值。

四、中国古代的信访工作

中国古代最早的信访工作可以追溯到原始社会末期的尧、舜时代。

唐代是我国古代信访制度最正规的朝代。公元684年，武则天为打击政敌，在中书省设立了一个特殊机构——匦使院，其主管官员称"知匦使"。它是我国最早的中央政权专门的信访机构。

宋代中央分设两个不同层次的独立信访机构——鼓院和检院。鼓院是初级的信访部门，检院为高一级的信访部门。

古代信访制度，对广开言路、招贤纳谏、处理刑名断狱、纠正臣僚徇私舞弊，皆曾起过积极作用。一些开明君主对吏民上访、上书一般比较重视；而不重视臣民信访者，往往是一些昏庸无能之辈或专断、暴戾之徒。

五、中国古代的会务工作

会议自古以来就是行政管理的一种常用手段。会议的历史与人类社会的历史一样长，因为人类形成社会组织以后就必然有议决事项的会议，但在原始社会早期和中期，会议规模较小，不需要进行专门的会务组织工作。

原始社会末期，部落和部落联盟实行原始民主制，产生了频繁的会议，会议规模达到了一定程度，议决的事项也比较重要，这些会议有许多会务工作，诸如会议的准备、通知、仪式的确定、调度等等。

阶级和国家出现以后，作为国家管理重要手段的会议也逐渐增多，处理国家内部事务和国与国之间行政事务的会议相继产生，对会议的组织工作要求也越来越高。

由于封建王朝是专制政权，不存在民主议政问题，因此，历代封建王朝会议虽然不少，但大多为礼仪性的会，如天子登基、册封太子、祭祀祖先等等。这些旨在维护封建帝王威严的礼仪性会议会务工作极其繁琐。古代会议组织方面的秘书工作没有多少值得今天借鉴的有益经验，反倒有许多做法是今天应该努力避免的。

复习思考题

1. 中国古代秘书工作中有哪些值得借鉴的经验教训？
2. 简述中国古代公文文风的演变过程。

案例分析

下面一段文字是对"中国秘书工作产生于阶级和国家出现以后"观点的论述。

> 秘书工作是随文书的产生而出现的。探讨中国文书的起源,必须紧紧抓住两点:一是中国文字的出现;二是中国阶级社会的出现。因为,我们这里所说的文书,是指国家和阶级集团的公务文书。它的出现,不但是在有了文字以后,而且是在有了阶级统治以后才有可能……有了文书,必有拟制、处理、保管文书的人,这样就逐渐出现了各种秘书工作官吏和不同层次的秘书工作人员,进而设置秘书工作机构,并形成秘书工作制度。

(1)论者把"文字的出现"作为秘书工作产生的前提条件。请用本书有关秘书的定义、秘书工作的内容等理论,分析以上论证是否严密。

(2)想一想:我国历史上契丹族建立辽国(公元916年)、女真族建立金国(公元1115年)时,都还没有创造文字,他们建国过程中是否存在秘书工作?

第十七章 中国现当代秘书工作

第一节 中华民国的秘书工作

在中国社会发展史上，从1840年鸦片战争爆发到1919年五四运动，被称为中国近代史，它在中国历史上无疑是一个非常重要的时期。但从秘书工作角度看，从1840年到1911年辛亥革命爆发，除了出现少量近代企业因而也产生了近代企业秘书外，秘书工作在其他方面没有什么实质性变化。而1911年的辛亥革命和随之建立的南京临时政府，在我国秘书史上是一个真正的分水岭。由于从辛亥革命到五四运动只有几年时间，而且五四运动对秘书工作的历史发展并没有重大的直接影响，因此，五四运动虽然可以作为中国近代史和现代史的分界线，但却不宜作为中国秘书史的分界线。中国秘书史的研究没有必要与中国社会发展史一样，分为古代（1840年以前）、近代（1840~1919）、现当代（1919年以后）三个时期，而应以辛亥革命为界，将中国秘书工作的历史发展分为古代和现当代两个时期。1911~1919这几年的秘书工作，应该归入现当代秘书工作加以介绍。

一、南京临时政府的秘书工作

（一）南京临时政府的秘书机构

1912年1月1日，南京临时政府成立，孙中山先生就任中华民国临时大总统。政权性质的改变必然引起秘书机构和秘书制度的改变。南京临时政府对秘书机构和秘书工作制度作了比较彻底的改革。

南京临时政府实行总统制,总统府秘书处就是中央政府的总秘书机构。秘书处设秘书长1人,其职责是"总揽各项文秘事务和日常工作";设秘书若干人,具体办理各项秘书业务。

总统府统辖9个部,各部设专门的秘书机构——承政厅(也有的叫秘书处),承政厅下又分若干处,每处置秘书(相当于各处处长)1员,"承总长之命,分掌其事务",另置文牍员、书记员、监印员、收发员、缮写员、调查员、应接员、录事等一般秘书人员。

(二)南京临时政府对文书工作的变革

南京临时政府首先对延续两千年的封建公文名称作了比较彻底的改革,废除了章、表、奏、议、制、诰、诏、敕等带有封建色彩的公文名称;对公文的形式和公文中收文者的称呼作了规定,废除了"大人"、"老爷"等称谓,一律称现任职务,如"科长"、"部长",对无职务者则一律称"先生"或"君"。

南京临时政府在文书处理程序上也作了改革,明确要求各级机关应大胆负责,在明确职责的前提下,直接办理应行自办之事,坚决摒弃"呈请转饬"的文牍主义。

南京临时政府的文书工作是对延续两千多年的封建帝制下的文书工作制度的一次革命,体现了资产阶级民主主义革命派反对封建专制的思想,冲破了"君尊臣卑"、"天子圣明"的封建思想的禁锢与束缚,对后来的文书工作产生了巨大影响。

二、北洋军阀政府的秘书工作

(一)北洋军阀政府的秘书机构

辛亥革命的成果很快被袁世凯窃取,从此开始了持续16年之久的北洋军阀政府统治时期。北洋政府仍然挂着中华民国的招牌,名义上实行"三权分立"的民主共和制。

从1912年4月到1916年6月这4年多时间内,袁世凯为适应其独裁统治和恢复帝制的需要,多次调整秘书机构。1915年底,袁世凯接受所谓的"劝进",正式称"中华帝国皇帝",将他的秘书和秘书厅改名为带有封建皇权色彩的内史和内史厅。1916年3月21日,袁世凯被迫宣布取消帝制,秘书处也随之恢复。

袁世凯死后到1927年国民政府取代北洋军阀政权,是中国历史上政局最为混乱的军阀混战时期,总统几乎是一年一换,内阁则是数月一倒。总统和总理的频繁变换必然伴随着秘书长的频繁变换,因为每一任总统或总理上台,总要安排自己的亲信担任秘书长。这是军阀混战时期秘书工作的一大"特色"。

(二)北洋军阀政府的文书工作

袁世凯统治初期,基本沿用了南京临时政府的公文程式。1914年5月,袁世凯公布了新的公文程式,大量沿用封建王朝的公文名称,在公文程式上实行总统皇帝化、命令上谕化,为复辟帝制做准备。1915年12月12日,袁世凯正式称"中华帝国皇帝",恢复已被废除的臣民上书皇帝用的"奏摺",政府公报中也改"呈"为"奏",政治上的逆流马上反映到公文程式中。1916年3月21日,袁世凯被迫宣布取消帝制,公文程式也随之变化,废除"奏摺",改用"呈"。

从袁世凯时期公文程式的几次变化可以看出,随着中央政权关于政体的斗争,文书工作制度也不断发生着变化。统治权的争夺在文书工作制度方面也有明显的反映。

袁世凯统治时期文牍主义严重,当时公文运转要经过60道繁琐的程序;陆军部1914年这一年发文达53466件,平均每天发文146件,文件中套语连篇。

袁世凯死后,北洋政府各项行政制度多模仿资产阶级近代国家制度的形式。1916年7月29日公布的新《公文程式》,基本沿用了南京临时政府的程式和制度。

(三)北洋政府对秘书官员的考试选拔和任用

北洋军阀政府的官吏制度仿效西方国家的常任文官制度:文官普通考试每三年在首都举行一次,普通考试分为三试,内容分别为国文、行政专业知识以及口试,三试平均合格,才能正式进入文官队伍,考生被录取后还要到各官署实习一年,期满而又成绩优良的,即可作为候补,授以具体职务。

从形式上看,北洋政府的文官考核任用制度比较重视文凭和实际能力。但是,北洋政府的大权实际掌握在大军阀手中,他们为争夺地盘和国家权力连年内战,某些合理的制度没有得到真正实行,尤其是这些军阀要员的亲信秘书官,实际上走的是一条"任人唯亲"的路线,高级秘书只看其是否为长官亲信,而不考虑资格、能力以及是否通过考试等其他条件。

三、南京国民政府的秘书工作

(一)南京国民政府的秘书机构

1927年,蒋介石在南京建立了国民党一党专政的国民政府,代替了统治中国16年之久的北洋军阀政府。国民政府为了巩固自己的统治,在各级政府机关中建立了一整套秘书机构。

南京国民政府刚成立时设有秘书处,秘书处有秘书长1人,秘书8人,科员8～12人,另有书记官若干人。1928年,国民政府改为"五院制",即将中央国家机关按权限分为行政、立法、司法、考试、监察五院,将原中央政府秘书处改为文官处,设文官长1人,秘书8～12人,负责国务会议和政府的一切机要、文书工作。五院内和行政院下的各部中又分别设有秘书处,有秘书长1人,秘书若干名,负责各院或各部的事务和文书、机要工作。

蒋介石为了更有力地控制党政军大权,于1932年起设立了自己的亲信秘书机构——侍从室。侍从室处于蒋介石与政府各部之间的枢纽位置,是蒋介石直接掌握的机要机构。侍从室是一个精干高效的机要秘书班子,其特点颇似清代的军机处。

国民党各专员公署和县政府内设有秘书室;国民党军队中各级机构也设有秘书部门或秘书人员,如连队有文书,营部有书记官,团以上则有副官处、机要科(股)等。

民国时期,我国民族工商业有一定发展,一些规模较大的企业中也设有秘书机构或专职秘书人员。

以上情况说明,国民政府统治时期,现代秘书工作机构和体系已经初步形成。

(二)南京国民政府的三次文书工作改革

国民政府为提高行政效率,先后进行了三次规模较大的文书工作改革。第一次是1927年至1933年的文书工作改革,明确规定政府机关使用的公文文种,确定了机关之间的行文关系。第二次是1933年至1935年的公文改革,配合国民政府的"行政效率改革"运动,在秘书工作方面,规定各机关由总收发室将全部收文、发文统一分类、编号、登记,然后送往主办单位办理,办理完毕的公文由机关档案室立卷归档。这次为时不长的改革对于统一文书档案处理程序起到一定的积极作用。第三次是1938年至1945年的文书工作改革。1938年颁布了《公文改良办法》,对公文的判行、会稿、承转、编号等提出了改革办法;1940年,国民政府颁布《三联制大纲》,为配合"三联制"的推行,文书工作实行分层负责制,加强了对秘书工作的统一管理和集中指导。通过三次文书改革,国民政府在简化公文结构、规范公文用语、限制公文篇幅、统一公文办理程序等方面,均取得了一定成效,加快了我国文书工作的近代化进程。

(三)南京国民政府的档案工作

国民政府的档案工作较之北洋军阀政府的档案工作又有新的发展。首先,中央政府各机关和各地方政府更加普遍地建立了专门的档案工作机构;其次,许多机关建立了档案集中管理制度;再次,各档案机构建立了归档文件总登记簿、卷目分类簿、索引簿、目录卡片等检索工具,为查找、使用档案提供了方便。

档案管理水平的提高是与吸取国外先进的档案管理经验相联系的。国民党中央党部秘书处直属的中央档案整理处的主管人员,30年代初到美、英、苏、德等国考察档案工作,回国后根据外国的经验编订了较为先进的档案管理办法。这对国民政府各级各类机关的档案管理工作有很大影响。

在国民政府统治时期,一些大中学校和较大的公司企业也加强了文书档案工作,配备了专职的或兼职的档案管理人员。这是档案工作的一个新的发展。

(四)南京国民政府对秘书人员的选用

国民政府时期,政府秘书的任职资格条件较为严格。《国民政府秘书及科员任用规则》规定,在国民政府任秘书工作的人员须具备以下条件:国民党党员;具有国内外大学或专门学校以上的学历;具备担任文职三至四年的阅历;由国民政府委员二人推荐或主管长官保准。

除此之外,蒋介石对于自己的亲信秘书机构"侍从室"的高级秘书,提出了一些特别条件:必须是黄埔军校毕业或者已在国民政府中任职数年者;必须是有经验、有能力、有充沛精力、能严守秘密者;必须经过蒋介石本人直接审查,亲自召见面试。

第二节 中共在民主革命时期的秘书工作

一、建党初期和大革命时期的秘书工作

(一)建党初期(1921~1924)的秘书工作

1921年7月23日,中国共产党第一次全国代表大会召开,宣告了中国共产党的成立,与此同时,党的秘书工作也随之开始了。

党的第一次全国代表大会没有专职秘书,会务工作都由代

表自己完成。年仅28岁的湖南共产主义小组代表毛泽东被推举负责会议记录、文件保管等秘书工作,并参与起草《中国共产党第一个纲领》等重要文件。毛泽东既是中共"一大"的正式代表,又是会议的兼职秘书,是中国共产党的第一位秘书。

中国共产党成立后,党员人数发展很快。1923年6月在广州召开的第三次全国代表大会通过决议,决定设立党中央秘书一职,最先担任此职务的也是毛泽东;在1923年6月至1924年9月担任党中央秘书期间,毛泽东经手处理的党内文件达数百件。后来随着秘书工作量的增加,党中央秘书改称为党中央秘书长。

建党之初,党的秘书工作就具有鲜明的时代特点和创新精神,主要表现在以下两个方面:一是文书语言用白话文,并使用新式的标点符号;二是反对文牍主义,提倡务实文风。

(二)大革命时期(1924~1927)的秘书工作

1924年1月,有许多共产党员参加的中国国民党第一次全国代表大会在广州召开,标志着第一次国共合作的正式确立和大革命时期的开始。在这一历史阶段,党的秘书工作有了新的发展。

1925年初颁行的《中央组织部工作进行计划》规定,中央和各级地方组织"须设一技书记",主要职责是协助秘书工作,承担会议记录、文书处理、文件档案的保管以及其他一些事务性工作。

1926年7月党的四届三中全会通过的《组织问题决议案》明文写有增设中央秘书处的条文;秘书处的职责是"总揽中央各项技术工作"。中央秘书处最初受周恩来、罗亦农领导。

在建立中央秘书处的同时,党内设置了中央秘书长一职。中共中央首任秘书长是王若飞,在大革命时期先后担任这一职务的还有邓中夏、周恩来、李维汉等同志。

由于党的队伍迅速扩大,党的代表大会的规模也越来越大,据党史资料记载,自党的"五大"(1927)起,党的全国代表大会召开期间均由主席团设立大会秘书处,负责会议的会务工作,起草和印发大会文件。

大革命时期,党吸取了建党早期文书工作缺少制度因而文件丢失较多的教训,陆续形成了一些初步的文书工作制度,主要有文件收发登记制度、文件秘密传递制度等。

二、土地革命时期的秘书工作

(一)白色恐怖下的秘书工作

1927年秋,中共中央从武汉迁回上海,当时的上海处于一片白色恐怖之中,但中央秘书处的工作在秘密状态下照常进行。当时中央秘书长由邓小平担任,主持秘书处工作,负责中央机关的文书、机要、安全保密、通讯交通和财务等项工作。

为了适应地下状态革命斗争的需要,1928年中央成立了"秘密委员会",由周恩来、邓小平领导。中央秘密委员会实际上是党在特殊时期的一个秘书机构,它的任务多数属于秘书工作。

1931年初,中共中央政治局常委、中央军委书记周恩来指示瞿秋白起草了《文件处置办法》,详细规定了中央应当收集的文件档案资料的范围、内容以及整理、保管、销毁文件的原则和方法。《文件处置办法》是目前发现的中共党史上第一个系统的关于文书工作的指导性文件,它反映了在白色恐怖下中共高层领导对文书工作的重视。他们坚信自己的事业最终会胜利,因而非常重视文书的归档。

为适应白色恐怖下的秘书工作,党的秘书工作者创造了一些特殊的工作形式,如密写、暗语、职业掩护、建立地下交通网、打入国民党的秘书部门等。

(二)红军和苏维埃政权中的秘书工作

1927年8月1日,周恩来、贺龙等领导了南昌起义。起义后成立的革命委员会设有秘书厅,由吴玉章任秘书长。

1930年8月,中共中央发出第154号通知——《关于党的军事机关组织与系统问题》,规定中共中央军委常委会下设秘书处,中央局和省、军委常委会下设秘书科。1933年,邓小平曾一度担任红军总政治部秘书长。当年制定的《中国工农红军暂行编制表》规定,在军队各级组织中都应设置文书部门,在红军营、连等基层单位,则设文书一职。

在土地革命初期各地建立的苏维埃政权中,都设有秘书一职。在县政府中设有秘书长一职,负责领导县政府的秘书工作。

1934年1月第二次全国苏维埃代表大会通过的《关于苏维埃建设的决议案》指出,为提高政府机关的工作效率,克服官僚主义,必须尽可能改进秘书工作,减少公文数量,提高公文质量。这一方面说明当时的秘书工作中已经出现了官僚主义、形式主义现象;另一方面也说明当时的中央苏维埃政权的领导层已经注意到提高秘书工作的质量对提高领导机关工作效率的重要意义。

(三)长征中的秘书工作

1934年10月,中共中央机关和中央红军开始了两万五千里长征。由于环境艰苦,中央和红军总部原来的一套秘书机构不复存在,仅保留了中央秘书长一职(1935年1月遵义会议前,这一重要职务由邓小平接任)。长征途中负责中央机关和红军总部秘书业务的机构只有一个军委机要科,其主要职责是抄译电报。

三、抗日战争时期的秘书工作

(一)抗战时期中共中央的秘书工作

中央机关到达陕北后,于1937年恢复了中央秘书处,秘书处受中央秘书长直接领导。从此,中央秘书工作逐步走上正轨。

1941年9月,中央决定中央书记处书记任弼时兼任中共中央秘书长,同时在原中央秘书处基础上组建中央办公厅,执行书记处的日常工作。中央办公厅的任务是指导秘书处工作、协助秘书长管理政治工作、负责书记处的会务工作等；中央办公厅主任一职最初由中央副秘书长李富春兼任。

1945年党的"七大"前，中央设立了中央书记处办公处，与中央常委相邻办公，其职责是直接协助中央最高层领导人处理文件、电报、会务和日常事务。中央书记处办公处是直接为中共领导核心服务的秘书班子，编制精干，是一个高效率的机要秘书班子。

中央机关到达陕北后，对过去的秘书工作经验作了认真总结，形成了文件签发制度和文件传阅制度。这两个重要制度至今仍然在党政机关文书工作中被严格执行。

（二）抗日民主政权的秘书工作

陕甘宁边区政府、晋察冀边区行政委员会和晋冀鲁豫边区政府等抗日民主政权中都设有专门的秘书机构——秘书处。边区政府所属各厅、部、处等机构及各专区、县的政府机构中都设有秘书室，由主任秘书负责，下设秘书、文书、收发员等职。

1938年3月，陕甘宁边区政府就秘书工作发布了一项训令，对秘书工作制度和公文处理的方法作了改进。紧接着，晋察冀边区行政委员会于1938年4月发出《改革公文的理论与实际》的指示信，提出了改革公文的任务和具体办法，废除了一些旧政府的公文名称、格式和套语。

（三）中共"七大"的会务工作

1945年4月至6月在延安召开的中国共产党第七次全国代表大会，有正式代表547人，候补代表208人，是党史中到当时为止规模最大、时间最长、内容最丰富的一次大会，这次大会的会务工作也达到了相当高的水平。

中共"七大"由大会秘书长统筹各项会务工作，秘书长下设有秘书处、总务处、警卫处。秘书处内分设记录科（又分为汉记组和速记组）、文书科（负责文书、打印、通讯）。大会规定了8条会场规则。每位代表都发有代表证，代表证上有证号、座位号、姓名和会议注意事项。这次会议形成的大量文书材料得到了很好的整理和保存。"七大"的会务工作除了会场条件简陋、没有电子计算机等现代化设备外,其组织水平已与今天的会务工作没有多大差别。"七大"的会议组织水平表明中共秘书工作已经趋于成熟。

四、人民解放战争时期的秘书工作

(一)战争时期中央秘书机构的变迁

抗战胜利后,中央机关的秘书机构仍然是中央办公厅和中央书记处办公处。1947年3月,国民政府集中兵力向陕北和山东解放区发动重点进攻,为适应战争形势,中共中央决定将中央机关撤出延安。中共中央秘书机构也一分为三,主体部分跟随毛泽东等转战陕北;一部分人跟随刘少奇转移到河北省平山县西柏坡;另一部分跟随叶剑英等领导人转移到山西临县。

1948年4月,毛泽东率中共中央机关来到西柏坡,中央办公厅恢复正常工作。

(二)解放区人民政府的秘书机构

1948年8月,原晋察冀边区政府和晋冀鲁豫边区政府合并,成立了华北人民政府,它是当时中共领导下的一个规模最大、机构设置最健全的政府机构,为以后中华人民共和国中央人民政府的建立和各省、市人民政府的组建积累了宝贵经验。华北人民政府设有专门的秘书机构——秘书厅,秘书厅与各部、委、院并列。秘书厅由秘书长领导,统一负责政府机关的秘书工作。

1949年2月,人民解放军进驻北平(北京),随后成立了北平市人民政府。北平市人民政府的机构设置吸收了华北人民政府的经验,设立了秘书长领导下的秘书厅,秘书厅下再设二级机构——秘书处、行政处、人事处、新闻处、交际(接待)处、调查研究室等。这种机构设置的模式已与今天省一级人民政府的办公厅略无二致。

(三)秘书工作制度

解放战争时期,中国共产党和解放区人民政府的秘书工作形成了一些明确的制度,例如:明文规定公文必须由秘书部门统一收发不得由私人转交,递交公文必须遵守严格的签收和回执制度,统一各级党委的印章格式,等等。

1948年1月7日,中共中央发出了由毛泽东起草的《关于建立报告制度的指示》。文件规定:"各中央局和分局,由书记负责(自己动手,不要秘书代劳),每两个月,向中央和中央主席作一次综合报告。报告内容包括该区军事、政治、土地改革、整党、经济、宣传和文化等各项活动的动态,活动中发生的问题和倾向,对于这些问题和倾向的解决方法。报告文字每次一千字左右为限,除特殊情况外,至多不得超过两千字……综合报告内容要扼要,文字要简练,要指出问题或争论之所在。"[①]

中央的这个重要指示本来是为加强民主集中制而对各中央局和分局的领导人发出的,但文件的内容对秘书工作提出了很高的要求,如重要报告由领导人自己起草不要秘书代劳、公文文字要简练并限定字数、报告或请示必须指出问题和争论之所在不得泛泛而谈等,都应成为秘书工作的原则。报告制度的建立对秘书部门和秘书人员改进工作作风、树立良好的文风产生了重大影响。

五、民主革命时期中共领导下的秘书工作的特点

(一)老一辈革命家非常重视秘书工作

许多老一辈革命家曾经担任过秘书职务。毛泽东是党的"一大"兼职秘书,又是中共中央第一位专职秘书;邓小平在大革命失败后和红军长征途中,曾两度担任中共中央秘书长;周恩来长期主持和领导党中央的秘书工作。党的早期领导人瞿秋白亲自起草了中共历史上第一个比较完备的《文件处置办

[①] 《毛泽东选集》(第4卷),第1265页,北京:人民出版社,1991。

法》。党的早期领导人蔡和森、邓中夏、李维汉、王若飞等都曾经是党内秘书工作的负责人。毛泽东、周恩来、刘少奇等领导人亲自为党中央和中央军委、中国人民解放军总部起草了大批重要文件,形成了中共秘书工作的一个好传统,并用制度形式规定重要文件应由领导人亲自起草,不要秘书代劳。

(二)秘书机构和秘书工作方式、工作内容灵活多样

从中国共产党成立到中华人民共和国诞生的28年中,秘书工作机构多次变动,秘书工作方式和秘书工作内容也有许多变化。各个革命历史时期不同,同一时期内白区和苏区不同,敌占区、国统区与边区不同,革命军队和革命政权不同。这是由不同时期、不同性质领导机构的工作重点和工作性质不同决定的。秘书机构的多变性、秘书工作方式的灵活性、秘书工作内容的多样性,完全符合秘书工作必须适应领导工作实际需要这一秘书学的基本原理。

(三)秘书工作条件极其艰苦

革命斗争环境中不但秘书的生活条件和工作条件十分艰苦,而且秘书人员随时有生命危险,许多先烈就是在秘书工作岗位上,为保卫党的文件和机密而献出了宝贵生命。虽然秘书队伍中也出现过叛徒和逃兵,但那只是少数败类,多数秘书工作人员保持了革命的气节和必胜的信念,他们在艰苦的条件下兢兢业业从事平凡的秘书工作,为革命胜利做出了不可磨灭的贡献。

(四)善于总结经验,形成一些比较成熟的制度

中国共产党的秘书工作是从无到有白手起家的。到建国前党和革命政权建立的比较规范的秘书机构和秘书工作制度,是党在革命实践中不断总结秘书工作经验而逐步形成的。大革命时期中共就形成了文件收发登记制度和文件秘密传递制度;土地革命战争时期在白区工作的党中央又形成了严格的文书保密制度;1931年的《文件处置办法》则明文规定了文书存档制度;抗战初期形成了文件签发制度和文件传阅制度;解放战

争时期形成了公文统一收发制度、签收和回执制度;1948年建立的报告制度对秘书工作也产生了重大影响。

第三节 新中国成立后的秘书工作

一、建国初期的秘书工作

(一)规范行政机关秘书机构的名称和组织形式

秘书机构是国家行政机关的重要组成部分。在建国初期的政权建设中,秘书机构的设置受到党中央和中央政府的充分重视。

1949年9月中国人民政治协商会议通过的《中央人民政府组织法》规定:"中央人民政府设秘书长一人。"1949年12月发布的《政务院及其所属各机关组织通则》规定,"各机关得设办公厅;为分掌业务,得设司或处",确定了掌管机关综合性事务的秘书机构与分掌专门业务的职能部门平列的机关格局,同时规范了秘书机构的名称——办公厅(室)。此后,各省、地(市)、县级的行政机关基本上按照政务院的格局设置了相应的秘书工作机构。

《政务院及其所属各机关组织通则》还规定:"各委得设秘书长、副秘书长,一般机关均得设秘书。"这又以法规的形式规定了政府各部门设秘书长或秘书的格局。这一规定完全符合行政管理的基本原则和秘书工作辅助性、综合性的特点。

(二)第一次全国秘书长会议

为了及时总结新中国成立后各级行政机关秘书工作的经验,使秘书工作符合规范,中央人民政府政务院于1951年4月召开了全国秘书长会议(后来称作"第一次秘书长会议")。这次会议的主要任务是规范行政机关的秘书机构和秘书工作。这次会议结束以后不久,中央人民政府政务院根据会议讨论的结果,作出了《政务院关于各级政府机关秘书长和不设秘书长的办公厅主任的工作任务和秘书工作机构的决定》。这一《决定》在相当长的时期内被看作各级党政机关秘书工作的指导性文件。它不仅是对建国后一年多政府机关秘书工作的总结,也是对中国共产党领导下的苏区、边区、解放区政权建设中长期积累的丰富的秘书工作经验的总结。第一次全国秘书长会议的召开和政务院《决定》的发布,标志着现代中国的秘书工作开始走上正规化、规范化的轨道。

(三)各项秘书工作制度的形成

在第一次全国秘书长会议召开前后,中央人民政府政务院发布了一系列文件,规定了各项秘书工作制度,其中主要有印信管理制度(1950年)、保密制度(1951)、信访工作制度(1951)、机关文书工作制度(1954)、档案工作制度(1954~1956)等。

从1949年10月中华人民共和国成立到1966年5月"文革"发生,虽然党和国家最高领导人对秘书工作十分重视,使秘书工作基本上满足了当时的需要,但是由于闭关锁国的错误国策,秘书工作只能在封闭的状态下艰难发展,20世纪50年代中期以后就基本处于停滞状态。

二、"文革"时期的秘书工作

(一)"文革"初期对秘书机构和秘书制度的冲击

1966~1976年的"文化大革命"对中国的政治、经济、文化和社会生活各方面都造成了极大的损害。秘书部门作为直接为领导服务的机构,当然也受到了严重冲击,具体表现为:其一,秘书部门的负责人,包括各级党政机关的秘书长和办公厅主任,都被当作"走资派"受到批斗,连毛泽东的秘书田家英也被迫害致死。其二,在"夺党内一小撮走资派的权"的狂潮中,许多党政机关的秘书机构直接受到造反派的冲击。其三,档案保管部门受到一些别有用心的人的冲击,许多宝贵的档案材料散失了,有的历史档案在被严重歪曲、篡改后,被用来作为抓"叛徒"、揪"特务"的"重磅炸弹"。

(二)"文革"中秘书队伍素质的下降

"文革"期间,我国秘书工作者的整体素质明显下降。其主要原因有二:一是许多在秘书工作岗位上工作多年的富有责任心和工作经验的同志被迫离开了秘书工作岗位。在"夺权"以后新成立的政权机关"革命委员会"的秘书机构中,一些造反派或极"左"思想严重的人占据了负责人的位置。二是我国的教育事业尤其是高等教育遭到严重破坏,全国高校自1966至1971年停止招生,中小学教育的正常秩序也受到严重干扰,我国公民特别是青年的文化素质普遍下降。秘书部门缺少受过正规教育的新鲜血液的补充。

(三)"文革"时期的公文文风

"文革"时期,我国公文文风出现了一些奇怪现象:一是形式主义泛滥。例如,任何公文前都必须先引用"最高指示",公文中凡是引用的毛泽东的原话都必须用黑体字印刷,以表示对"最高指示"的尊重。二是个人崇拜盛行。对毛泽东的个人崇拜达到登峰造极的地步,毛泽东的话"句句是真理,一句顶一万句",公文中口号连篇,"万岁"泛滥。三是弄虚作假不讲逻辑。明明是国民经济遭到严重破坏,林彪在1967年国庆讲话中却硬说"文化大革命""取得的成绩最大最大最大,受到的损失最小最小最小"。公文中类似"文化大革命就是好!就是好!就是好!"、"谁反对文化大革命,我们就砸烂谁的狗头"一类毫无逻辑可言的词句随处可见。

三、十一届三中全会以来的秘书工作

1978年12月中国共产党召开了十一届三中全会,完成了党的思想路线的历史性转折和全党、全国工作重心的战略转移。至此,我国开始进入了全面进行现代化经济建设的新的历史时期,秘书工作也随之出现了全新的局面。

(一)第二次全国秘书长、办公厅主任会议

1981年3月,中共中央办公厅召开了全国各省市秘书长、

办公厅主任座谈会(后来被秘书史界称作"第二次全国秘书长、办公厅主任会议"),对建国后三十多年秘书工作正反两个方面的经验和教训进行了全面总结,充分估计了"文革"对秘书工作造成的巨大破坏,对"文革"前形成的秘书工作制度进行了认真讨论。会议认为,"文革"以前许多秘书工作制度在当时是完全合理的和行之有效的,其中一些制度在新时期仍然需要认真执行。会议同时指出,随着时代的发展,原来的一些制度在新时期需要作进一步的修改、完善。

第二次全国秘书长、办公厅主任会议的召开,标志着我国秘书工作重新走上规范化、制度化、科学化的轨道。

(二)"公文处理办法"的发布和修订

第二次全国秘书长、办公厅主任会议召开后,国务院办公厅根据会议精神,于1981年2月27日公布了《国家行政机关公文处理暂行办法》,这是对1951年5月政务院发布的《关于行政公文处理暂行办法》的第一次全面修订。1987年、1993年、2000年,国务院办公厅对这一办法又进行了三次修订,最后一次文件以国务院名义发出,并于2001年1月起在全国行政系统施行。

与此同时,中共中央办公厅在总结新时期文书工作新经验的基础上,对1955年发布的《中国共产党中央和省(市)级机关文书处理和档案工作暂行条例》作了全面修改,发布了《中国共产党各级领导机关文件处理条例(试行)》。这一条例试行7年后,中央办公厅又对它进行了较大修改,并于1996年5月3日正式发布了《中国共产党各级领导机关公文处理条例》。

(三)中共中央关于领导干部要亲自起草重要文件的指示

由领导人亲自动手起草重要文件,是中共从革命战争年代起就形成的一项优良传统。但是,这一优良传统建国后没有得到保持和发扬,经过十年"文革",更是被破坏殆尽。

为了恢复和发扬党的优良传统,1981年5月7日,中共中央发出了《关于各级领导干部要亲自动手起草重要文件,不要一切由秘书代劳的指示》。文件规定:"今后,领导者个人的重要讲话、报告,一律要亲自动手起草。领导机关的重要文件,一律由领导者(或指定一位负责同志,或由若干人合作,一人负主责)亲自动手,亲自指导、主持起草工作。所谓亲自动手,主要是指领导者必须开动脑筋,提出文件的基本思想,包括主要的观点、意见、办法……文字的加工整理,可以由秘书或其他适当人员协助,但不得把起草工作全部推给他们。"①

《指示》阐述了领导干部亲自动手起草重要文件的重要意义,指出这"不是技术性的问题,而是领导工作的原则性问题"。

中共中央的这个《指示》是对各级领导干部发出的,但它在重要文件的产生程序和内容上的要求、秘书人员在起草重要文件过程中的作用、秘书和领导的关系等方面,对秘书工作者也有重要的指导意义。

(四)第三次全国秘书长、办公厅主任会议

1985年1月,中共中央办公厅主持召开了全国秘书长、办公厅主任座谈会(后被称作"第三次全国秘书长、办公厅主任会议"),共有166人参加会议。这次座谈会总结了第二次全国秘书长、办公厅主任会议以后五年来秘书工作的经验,确定了今后秘书工作的发展方向,在共和国秘书工作史上具有特别重要的意义。

第一,这次会议着重研究了新形势下如何发挥秘书部门的参谋助手作用问题,对秘书工作提出了新的要求。

第二,这次会议明确了"为领导工作服务,为各部门和下级单位服务,为人民群众服务"为秘书工作的宗旨。

第三,这次会议从强化秘书部门的参谋职能出发,明确提出了新时期秘书工作必须实现"四个转变":从偏重办文办事转变为既办文办事又出谋献策;从收发传递信息转变为综合处理信息;从单凭老经验办事转变为实行科学化管理;从被动服务

---

① 《三中全会以来重要文件汇编》,第728页,北京:人民出版社,1982。

转变为主动服务。

(五)秘书工作内容的拓展

随着秘书部门参谋职能的强化,秘书工作在领导决策的形成和实施过程中的辅助作用越来越重要,秘书工作的内容在20世纪80年代后有了新的拓展。这主要表现在以下几个方面:

一是调查研究在秘书工作中的地位得到提高。从20世纪80年代早期起,各地市以上党政领导机关办公厅(室)中的"研究室"陆续从办公厅中分离出去,成为与办公厅平行的机构。这表明调查研究在秘书各项业务中相对地位的提高和工作量的增加。

二是信息工作成为秘书部门一项重要的经常性业务。信息作为一个科学概念的形成以及信息论成为一门科学,在西方是最近几十年的事。信息对科学决策的重要意义使得信息工作成为当代秘书工作中最重要的内容之一。

三是督促检查成为秘书部门的一项重要职责和常规业务。20世纪90年代后,各级办公厅(室)中相继成立了督查室、督查工作处(科)等专门机构,承担越来越繁重的督查业务。

四是秘书部门的协调职能得到充分的重视和强调。协调是领导者的职责,秘书部门本来就有义务协助领导做好协调工作。20世纪80年代以来,办公厅承担了越来越多的协调事务。

(六)市场经济条件下秘书工作的新发展

1992年春天邓小平南方讲话和当年秋天召开的中共"十四大"确立了社会主义市场经济的理论。社会主义市场经济体制的逐步确立,使中国社会生活发生了深刻的变化,也对秘书工作产生了巨大的影响。这主要表现在以下几个方面:

一是民营公司秘书和私人秘书的数量迅速增加。20世纪80年代以后,伴随着企业所有制的多元化,私人秘书、民营单位的秘书也随之出现。20世纪90年代后,非公有制经济成为我国社会主义市场经济的重要组成部分;非公有制公司秘书人员和私人秘书的数量急剧增加,成为我国秘书队伍中不可忽视的重要组成部分。

二是公关工作和谈判事务成为秘书工作的重要内容。在市场经济条件下,企业要在竞争中求得生存和发展,就必须建立良好的公众形象,这就离不开公共关系工作。我国大多数企业的公关工作是由秘书部门承担的,许多单位配备了专门的"公关秘书";即使那些设有专门公关部的公司,办公室也承担不少公共关系事务。谈判尤其是经济谈判目前已经成为各级各类机关和企事业单位领导经常性的公务活动。作为领导的参谋和助手,秘书要为领导的谈判提供各种服务,承担谈判的具体事务,经常直接参加领导的谈判活动,有时还在领导的授权下代表单位进行谈判。因此,谈判事务在20世纪90年代后便成为秘书部门经常性的业务工作之一。

三是办公自动化迅速发展。办公自动化在我国到20世纪90年代初才真正起步,但发展速度比较快。现代化的办公设备进入了一般单位的办公室,省级以上办公厅和部分地市级机关、大型企事业单位的办公部门实现了计算机联网。此外,我国科技人员也开发了一些适合我国国情的办公自动化软件。

四是国家公务员制度正式推行。1993年4月,国务院发布了《国家公务员暂行条例》。从1995年开始,全国各省市陆续按照《条例》规定,以公开考试的办法面向全社会录用公务员,每次招考录用的职位中,文秘人员都占有较大比重。公务员录用考试制度的实行使得国家行政机关新录用的秘书人员的素质得到了保证。这些基本素质好、文化水平高、思想观念新的年轻人不断补充到国家行政机关的秘书队伍中,必将加快我国秘书工作现代化的进程。2005年4月27日在《国家公务员暂行条例》基础上制定的《中华人民共和国公务员法》获十届人大常委会十五次会议通过。

复习思考题

1.为什么说辛亥革命是我国古代和现当代秘书工作的分

水岭?

2.民主革命时期中国共产党领导下的秘书工作有何特点?

3.市场经济体制改革对秘书工作有何影响?

案例分析

阅读下面两则材料,讨论后面的问题。

(一)陈布雷之死

1948年11月13日,国民党中央政治委员会秘书长、蒋介石的"文胆"陈布雷,服过量安眠药自杀身亡,时年58岁。

陈布雷是浙江慈溪人,1927年由蒋介石介绍加入国民党,从此长期随蒋左右,深得蒋的赏识和信任。陈布雷历任浙江省教育厅长、国民党中宣部副部长、蒋介石侍从室第二处主任、国民政府总统府国策顾问等职,是蒋介石的主要"笔杆子"。

陈布雷之死,据云原因有二:一是面对败局,他曾向蒋介石建议和共产党和谈,遭到蒋介石痛斥,蒋声言"和谈即投降";二是在1948年11月8日国民党中央会议上,蒋介石说"抗战要八年,剿匪也要八年",陈布雷以为此言不妥,在整理蒋介石的讲话记录时,删去了此话,又遭蒋介石斥责。又据传,最使蒋介石恼火的是1947年12月25日毛泽东在中共中央会议上作了《目前形势和我们的任务》的报告,1948年初,国民党情报部门把毛泽东的报告文本放到了蒋介石的办公桌上;蒋介石仔仔细细地看罢,正巧陈布雷进来,蒋介石无意中朝陈布雷说了一句:"你看人家的文章写得多好!"陈布雷脱口而出,顶了一句:"人家的文章是自己写的!"这一句话深深刺痛了蒋介石。

1948年11月12日上午,陈布雷吩咐副官和秘书道:"让我安静些!"副官和秘书以为他要写重要文章,也就为他谢客。他真的闭门写作,只是所写的是他的遗书!翌日夜,他因服用大量的安眠药,离开了这个世界……

(材料来源:叶永烈《毛泽东与蒋介石》,广西人民出版社2005年版)

(二)田家英之死

在毛泽东先后几个秘书中,田家英是一个既有突出才华又有深邃见解的人。1948年,老秘书胡乔木推荐田家英做新秘书,毛泽东便把26岁的田家英召来,口授一段话让他写篇电文。田家英一挥而就,毛泽东很满意地结束了面试。

此后,田家英深得毛泽东的信任,他除一直任主席秘书外,还兼任中央办公厅秘书室主任、中央政治研究室副主任、中央办公厅副主任等职。

1965年12月,毛泽东召集陈伯达、胡绳、田家英、艾思奇、关锋到杭州,研究为几部马列著作写序言的事。毛泽东在谈话中插了几句与会议议题无关的话:"戚本禹的文章很好,我看了三遍,缺点是没有点名。姚文元的文章也很好,对戏剧界、历史界、哲学界震动很大,缺点是没有打中要害。《海瑞罢官》的要害是罢官。嘉靖皇帝罢了海瑞的官。彭德怀是海瑞,我们罢了彭德怀的官。"田家英作为序言编写组正式成员和毛泽东秘书,在整理毛泽东的这个讲话时,删去了上面所引的那段话。尽管后来发表时恢复了毛泽东的原话,但关锋将这一事件向陈伯达、江青告了密。江青、陈伯达抓住这件事不放,给田家英定了一条"篡改毛泽东著作"的罪名,对其横加迫害。1966年5月22日,就在"5·16通知"通过几天之后,田家英被宣布"停职反省",并被限令搬出中南海。在巨大的精神打击下,年仅46岁的田家英选择了他的朋友们最不希望他选择的道路——在中南海自己家中的图书室自尽!临死前,田家英留下了振聋发聩的遗言:"相信党会把问题搞清楚,相信不会冤沉海底。"

毛泽东在去世前不久怀念起这位跟随了自己18年的秘书,曾带着沉重的叹息说了一句:"田家英其实也没有什么问题。"1980年,中共中央为田家英举行追悼会,评价他:"是一个诚实的人,正派的人,有革命骨气的人。他言行一致,表里如一。他很少随声附和,很少讲违心话……"

(材料来源:逄先知《毛泽东和他的秘书田家英》,中央文献出版社1995年版)

(1)撇开两人的政治背景,陈布雷和田家英作为两位著名秘书,有哪些共同之处?

(2)请用本书前面阐述的秘书学原理,分析两位著名秘书的得与失。

第十八章 海外秘书工作概况

第一节 港台地区秘书工作概况

了解我国港台地区秘书和秘书工作的历史和现状,从中获得借鉴和启示,有助于我们完善我国秘书学的学科体系,也有益于我国大陆地区秘书工作的改革与发展。

一、港台地区秘书人员的构成特点

我国港台地区经济比内地发达,行政机构规模较小,公司秘书在整个秘书队伍中占绝大多数,机关秘书占秘书总数不到5%。这里主要介绍公司秘书的工作情况。

二战以后,我国港台企业界受欧美影响,经营层率先开始使用专职秘书。到20世纪60年代,不少企业除了为经理配备秘书之外,也为管理层和监督层的主管配备秘书,使秘书职务向基层扩展。20世纪70年代,港台地区经济已获得较大发展,竞争日趋激烈,许多企业为了不断拓展市场,企业主管不得不花费大量的时间和精力去顾及外部事务,不可能再一心一意地进行企业内部管理,这就需要一些懂管理、会经营的高级秘书人员来加以弥补。适应这种客观需求,秘书打破了只做事务性工作的限制,开始大量接触和参与企业的管理工作,秘书的业务范围扩大到信息、决策、咨询、助理和提供现代化技术服务等多个领域;企业领导者对秘书人员的要求也从精干漂亮、热情勤快转变为懂得经营管理、懂外语和办公室自动化技术等。20

世纪80年代以来,企业秘书工作的发展进入了一个新的阶段。各类企业中的专职秘书人员大量增长,秘书的职责范围也有所拓展。

与西方发达国家一样,港台地区秘书中女性占绝大多数(98%)。这与女性的性别特点适合做秘书工作有关。港台地区公司秘书中也有少量的男性,但相对而言,公司主管更愿意雇佣女秘书,因为男秘书比较喜欢"跳槽",追求独自创业,不甘久居人下做辅助性的秘书工作,而女性秘书相对来说比较稳定。

二、港台地区对秘书的素质要求

我国港台地区企业主对秘书的要求主要有两个方面:一是十分重视秘书人员的"秘书观念",即要求秘书必须服从上司、保守公司商业机密、注重人际关系、维护公司形象等等。二是十分注重秘书的实际能力,要求秘书具备下述几方面的能力:

(1)适应工作环境的能力,即能迅速适应新的工作环境,善于将自己融合在团队之中,可以与其他人员和谐相处。

(2)处理公司业务的能力,主要是机敏快捷的思考分析能力、信息情报辨析处理能力、时间管理能力、语言能力(英语、普通话、日语等)、写作及翻译能力、计算机操作能力,等等。

(3)公关社交能力。港台地区的大企业中一般设有公关部,但中小型企业中往往不单独设公关部门,而由秘书承担公关业务,秘书人员必须具备相应的公关能力,掌握公关的技巧并能熟练地加以运用。

(4)创造精神和超前意识。秘书人员不仅要掌握先进的现代化办公手段,还要具备创新的观念和意识,具备敏锐的洞察力、超前的预见力和果敢的行动力,要善于创新、善于应变,能为企业领导者提供同步或超前的服务。

三、港台地区对秘书人员的培养和培训

香港商界有"情人易得,好秘书难寻"的说法,由于香港经济蓬勃发展,对于秘书人员的需求量也很大。香港不少大学开设有秘书专业,在职人员也可全职或半职攻读一年制的秘书课程和接受专业训练,更有120所左右的中专程度的学校、书院,开设约十六七门课程,专门培训求职或在职的秘书人员。一些小公司招聘秘书的条件并不高,一般高中毕业程度即可应聘,但应聘者求职之前必须先在商专、书院之类的秘书学校学习一定的商业知识和秘书实务技能,或在培训班、短训班接受一定的专业训练。

香港企业十分重视对在职秘书人员的培训。秘书实务补习班和培训班是秘书人员在职进修培训的重要形式。这类补习班、培训班有大公司自办的,有社会联办的,尤以大专院校利用假期和课余时间开办的为多。其主要内容为短期的秘书业务专题讲座,并有秘书的实际技术操作示范。这类补习班、培训班大都自编讲义,邀请企业界和文秘界名流主讲,时间一周至半月不等。

四、港台地区秘书人员的待遇

香港的秘书按其从业年限的长短大致可分为初级秘书、秘书、行政/高级秘书和私人助理几个层次的职级,其中行政/高级秘书和私人助理属于高级行政职位,年薪(1995)分别达到15万港元以上和20万港元以上,但这个级别的秘书必须具备若干年(至少五六年乃至七八年)的资历才能胜任。这类秘书人才极为难得,因为香港公司秘书绝大多数是女性,许多人工作到一定年限,因结婚、生育等原因而离职,公司增补招聘的又是年轻的新手,所以有经验的女秘书颇为难得,一旦成为高级秘书,公司主管一般都舍得给予较高的待遇。据香港某专业人事顾问公司的调查资料显示,1990年至1996年,各职级秘书加薪

幅度都大大超过了香港政府规定的平均年加薪幅度。由于秘书的底薪本来就较高,提薪又快,故其不菲的待遇对于年轻的求职者来说,颇具吸引力。

五、港台地区秘书人员的服务方式

香港企业中的秘书工作基本上采取个体秘书为特定领导人服务的形式,即一对一的形式。一般领导人都不喜欢共用秘书。香港一些上市公司的主要首脑甚至一人雇用多个秘书,让其分别负责不同部门的工作。目前较为规范的做法是,由一个资深秘书负责管理多个秘书。由于如今的秘书人员职权范围已扩大到行政管理的范围,不再仅仅是处理一些事务性工作,因此,西方发达国家的秘书界认为,"秘书"一词已不足以囊括这一职业在社会中的地位和作用,所以近年西方社会已广泛使用"私人助理"(Personal assistant)一词来指代现代秘书。香港企业中一些秘书的职衔也已改成了"私人助理"。

第二节 美国秘书工作概况

一、美国秘书人员的构成特点

美国是秘书工作职业化程度最高的国家,秘书工作渗透到社会生活的每个角落。美国秘书以公司秘书为主,20年前的一项统计表明,美国的政务秘书仅占秘书总数的1.62%,其余的都是企业秘书和私人秘书。在美国,雇佣私人秘书的现象很普遍,从政府官员到企业家,从演员到运动员,从律师到医生、教授,几乎都有秘书,有的是两三个人共用一个秘书,有的则是一人拥有多名秘书,如有的大学校长同时拥有五六名秘书协助其工作。这些秘书的薪水由雇佣者个人支付,有别于我国由机关为领导人配备专职秘书的做法。

在美国,秘书已成为一种从业人数最多的职业。秘书虽不属于三百六十行中的某一行,但是三百六十行,行行都要有秘书。1990年,美国的秘书人数已达535.7万,并且以每年5%的速度继续增长,估计进入21世纪时已经达到600万以上。

二、美国秘书的分类分级制度

(一)职位分类

美国劳工部依下述三个标准对秘书进行分类:

第一,根据秘书所服务的管理人员的级别高低进行分类(简称为"LS"类)。秘书类别从低到高共分为四个类别:LS-1级、LS-2级、LS-3级、LS-4级。

第二,根据秘书所担负职责的大小进行分类(简称"LR"类)。一共分为两类:LR-1级和LR-2级。LR-1级是较低一级的秘书,其职责是根据管理人员的总的指示精神,独立地完成按程序安排的办公室日常工作;其工作任务主要有:为上司制定日程安排表,根据上司的指示安排约会,审阅须由上司签署的各种信函,负责通知参加会谈、会议的有关人员,接打电话,迎候来访者,记录和译写口述,开启来函,保管文件资料,申领办公用品等等。显然,这类秘书人员主要从事事务性的服务工作。LR-2级秘书是较高一级的秘书,他们除了完成与LR-1级秘书类似的日常工作之外,还要根据自己的知识、经验技能和判断能力去主动完成一些较为复杂、难度更大一些的工作任务,比如对已打进的电话和来访的有关人员进行筛选甄别,决定什么事该由谁出面处理或转给谁接待,回答各种形式的询问,以自己的名义签发信函,向上司所管理的单位其他雇员提出和说明上司的要求等等。

第三,按照职位所规定的职责,美国的秘书又分为两大类:一类是担任行政性职务的"行政秘书"(包括工商企业);另一类是担任专业性职务的"专业秘书"。第一类职位占美国秘书职位的大多数。

"行政秘书"按其职权的不同又可分为两类:一类是领导、

管理职位,如秘书长、公司秘书(相当于我国的办公室主任);另一类即一般的"行政秘书",他们的主要职责和任务包括:记录经理或上司的口述,接听、传达电话,接待来访人员并安排与上司的约会,打印信函和文件,处理各类邮件,为上司起草复函、讲话稿、备忘录、报告以及以单位或上司的名义发表的文章,编辑、校订由他人起草或打印的文件,为上司查阅有关资料,代替上司阅读、签署、寄发某些信函,通过各种信息源为上司检索、摘录有用的信息,为本单位选择办公设备和办公用品等等。

"专业秘书"实际上是对于在各种具体的专业领域、专业部门工作的秘书人员以及从事专门类型秘书工作的秘书人员的一种总称,简称"OT"类。主要有:

(1)法律秘书。他们主要受聘于法院、法官个人、律师事务所或大公司的法律部门等。

(2)医学秘书。他们主要受聘于各类医院、医生个人、政府的医疗保健部门、大公司的卫生部门、生产医药医疗用品的大公司、医学研究机构和医药图书出版部门等。

(3)教育秘书。他们主要受聘于各类教育机构和教授个人。

(4)财经秘书,也称经济秘书。他们主要受聘于各类企业或企业的领导人,如总经理等。财经秘书只是企业秘书的一部分,他们负责管理企业或公司的资金,有的还负责其雇主的私人财务。

(5)通信秘书(也叫文字处理员)。美国的许多公司都设有专门担任文字处理事务的秘书职位。他们在执行职务时所使用的设施和技术都是高度专业化的,需要能够熟练使用现代化文字处理装置并具有相当的语言文字水平。

(6)科技秘书,也叫工艺秘书。这类秘书主要供职于科学家和工程师,他们通常不是在办公室而是在实验室工作。

(二)职位分级

美国行政管理学会在借鉴和综合美国劳工部对秘书分类

标准的基础之上，又将一般的行政秘书分为三个级别，即"B级秘书"、"A级秘书"、"经理秘书（也叫行政助理）"，另外还单设一类"法律秘书"。"B级秘书"、"A级秘书"和"经理秘书（行政助理）"，实际上是分别为各类企业组织和社会团体中的基层、中层和高层领导人配备的三种秘书职位，其职级分别属于低级、中级和高级。

至于其另设的一类"法律秘书"，则完全是从专业角度划分的，与OT类中的"法律秘书"相同。特设一类"法律秘书"主要是因为美国的法律名目繁多，任何企事业单位和社会团体的管理活动都要涉及一系列的法律问题，因此在各类企业组织和社会团体中普遍设"法律秘书"来负责处理相关问题。

美国秘书职位的分类和分级，对于欧美国家均有一定的影响，并在实践中产生了积极的作用；对于我国秘书工作和秘书人员队伍的管理，也具有一定的借鉴意义。

美国政府机关的秘书属于其文官阶层的一部分。担任这类工作，必须经过申请和考核，成为正式秘书后可以按规定逐级升迁。美国政府机关的秘书人员，统一由文官委员会管理。该委员会由低到高将秘书分为助理文书级、文书级、执行级和行政级四个等级。对后两类秘书人员的要求是知识丰富、头脑灵活、思维缜密、性格完美。他们被视为行政首脑的得力助手。

三、美国的秘书教育

美国的秘书教育学校主要有三类：第一类，高等学校设立的秘书系或秘书学专业。这类学校达1300多所，主要是两年制的大专技术学院或商学院，四年制本科的较少。据统计，1990年度四年制大学毕业获秘书学学士学位的有2178人。第二类，高中。美国的许多普通高中均开设秘书课程，还设有与秘书职业相关的选修课，以训练秘书人员必备的技能。第三类，成人学校，有的就叫秘书学校，有的是在商业、技术学校内设立秘书系（科）。

美国的秘书教育实行双学位制,不但要有秘书专业的学位,而且要有另一门专业的学位。

第三节 日本秘书工作概况

一、日本秘书人员的构成特点

1868年明治维新后日本就进入了军事帝国主义时期,他们接受西方文化比中国早。日本发动的侵略战争也给他们本国带来了深重的灾难,二战结束时日本几乎成为一片废墟。战后几十年日本经济是在美国的扶植和控制之下恢复和发展起来的,到20世纪80年代日本已经发展成为世界第二经济大国。在这种背景下,日本的秘书工作不可避免地受到美国秘书工作和秘书学理论的影响。但由于日本又是一个有着浓厚的东方文化传统的国家,因此,它的秘书工作与美国也存在一些差异。

公司秘书占秘书总数的绝大多数、公司秘书中女性秘书又占绝对多数,这与美国和其他资本主义国家是相似的。日本秘书工作的不同之处在于,在一般公司中,秘书都在办公室集体工作而不像美国(以及欧洲发达国家)那样存在大量的附着于个人的私人秘书。日本企业中多采取集体秘书制度,且多由女性担任秘书,即秘书人员在秘书室或秘书课(科)、总务课(科)中工作,受秘书室(课)长的领导。在具体分工时,有时也明确某个秘书是某某经理或部长的秘书,但这只表明他们的工作重点是为某某经理或部长服务,并不是说只为某一个领导人服务。由于传统习惯的影响,虽然从事秘书工作的女性很多,但能够提升到秘书部门领导人位置上的,大多仍是男性。此外,日本人有一种习惯,女秘书不能与领导一起出差,只有男秘书才行,这与欧美国家是有较大差别的。

二、日本企业秘书的级别

根据秘书人员专业知识和工作经验的差异,日本企业中的秘书又被分为四类,实际上是由低到高的四级。

(一)见习秘书

这类秘书一般没有受过专门的秘书专业教育。其主要职责是从事一些事务性的服务工作,具体任务有接电话、送信、值班、接待来访的客人等。

(二)初级秘书

一般有2～3年秘书工作经验,能够熟练地处理见习秘书的各项业务,而且还要承担收发文件、起草信件、预订车船机票等工作任务,已具备作为企业领导挑选个人秘书的候选人的资格。

(三)中级秘书

一般有4～5年秘书工作经验,工作中已能独当一面。其主要职责和任务是为领导人安排工作活动日程,必要时还可代表领导人对外进行工作谈判,并负责指导新秘书的工作。

(四)高级秘书

相当于秘书部门的领导人,如秘书室(课)长、总务课(科)长。他们是领导工作中的左右手,基本上不做秘书部门的日常业务工作,主要负责秘书室(课)的组织和领导工作。在公司召开董事会等情况下,则是经理的高级参谋。

三、日本的秘书教育和培训

日本秘书专业教育的兴起,与秘书的就业密切相关。二次大战后,女性就业人数增多,社会上女性职业教育兴旺起来。实际上,当时的女性职业教育几乎就是秘书教育。至20世纪70年代,秘书教育才真正受到社会重视并成为一种系统的规范的职业教育。

(一)学校中的秘书教育

日本学校中的秘书专业教育主要有以下几种类型:

(1)在职业高中开设秘书课程。1991年由日本文部省颁布的《高等学校(相当于我国的高中)学习指导要领》中,在商业科里就开设有情报处理、文书处理、情报管理等与秘书相关的课程。

(2)开办秘书专门(科)学校(类似于我国的中专学校)。这类学校是日本进行秘书专业教育的主力,尤其是在日本短期大学开始进行秘书专业教育以前。这类学校根据社会需求自由安排课程,以教授秘书工作中的实务知识和技术为重点内容,因此实用性强。

(3)在短期大学(类似于我国的大专院校)设立秘书专业或秘书科,或开设秘书课程。1980年,日本文部省颁布了《秘书科设立基准》,其内容包括三个方面:秘书理论和基础知识、秘书实务、相关知识和实务。这一标准批准短期大学可设置秘书科,系统地进行秘书教育,并为日本短期大学的秘书教育提供了一个基本框架,大大促进了秘书教育的普及。到20世纪90年代中期,日本从事秘书教育的短期大学已经超过了200所。

(3)近年来,日本大学(本科)中的秘书教育也得到了新的发展。日本文部省审定了大学中一些秘书相关课程的设置,这对于推进大学中的秘书教育也起到了积极的作用。

(二)社会上的秘书教育和培训

日本社会上的秘书教育和培训主要有如下几种形式:

(1)上岗培训(OJT)。新秘书上岗之前通过日常工作进行实地训练,以培训他们的实际工作能力。现在日本的企业聘用秘书时以受过秘书专业教育为前提条件,并在录用之后,上岗之前还要进行培训。据调查,有87%的日本企业秘书接受过这种上岗培训。

(2)岗外培训(OFFJT)。有的日本企业也将秘书人员送到社会上的教育机构去进行培训。日本经营协会、日本秘书学会等都举办此类培训班。

(3)函授教育。日本著名的早稻田速记学校、产能短期大学等许多教育机构都进行秘书函授教育。

(4)专业交流。日本有若干个秘书团体,它们往往既有学术组织的性质,又具有一定的社会教育功能,并常常通过举办进修班、召开研讨会、发行刊物等方式促进秘书工作者的交流和进修。

(三)日本秘书的考试与测试

日本有一些检测考试可以证明秘书人员的水平。

一是秘书技能测定考试。由日本文部省认定,日本实务技能检测协会负责实施,一共分三级,由低至高为三级、二级、一级。通过者分别获得相应级别的资格,供就职时通用。

二是C·B·S考试。这是由日本秘书协会自立标准从1979年开始实行的一种考试。所谓C·B·S考试,即被证明会使用两种语言(日语和英语)的考试。考试合格者,根据不同情况分别取得以下三类的C·B·S资格:高中毕业有三年秘书工作经验,为一类;专门学校和短期大学毕业有两年秘书工作经验为一类;大学毕业有一年秘书工作经验为一类。C·B·S考试是为了适应日本日益国际化的社会现状对日本秘书人员提出的高要求而进行的秘书知识、技能、日语和英语的标准化考试,对于提高日本秘书人员,尤其是涉外秘书人员的素质具有重要的作用。

三是"秘书士"资格的审定考试。日本全国短期大学秘书教育学会,对于完成了秘书士统一学习计划内容并通过考试的合格者,授予"秘书士"的称号。秘书士统一学习计划包括以下内容:必修课程有秘书学概论、秘书实务、事务管理、语言表现法、办公机器实习(包括英文打字、日文打字、文字处理、计算机操作等);选修课程有人际关系论、实用外语、商业法、经营管理概论、簿记、会计学、情报处理论、社会心理学、事务管理实习、语言表现实习、秘书实务实习。

第四节　英国秘书一天工作实录

一、工厂经理秘书的一天

包兰德先生是道尔印刷及包装材料公司的董事兼常务经理。该公司是国际造纸公司的子公司，共有三个工厂，两千五百名职工，生产香烟、化妆品、糖果及食品工业的包装材料。它的产品销往欧洲及欧洲以外的其他地方。包兰德先生负责公司的日常事务处理，他的上级是总经理本顿先生。他的同事有市场经理、经济管理经理、总会计师等。他直接管辖三个工厂的经理及人事、价格、生产、计算机等处室。

卡洛琳小姐是包兰德先生的私人秘书，她在社区大学学完了两年的秘书专业课程，然后通过了秘书职业考试，取得了管理秘书合格证书。像道尔公司这样的大型企业，只从那些持有秘书职业证书的人当中招聘高级秘书，至于一般的打字、速记等工作，则从职业学校的毕业生中录用人员担任。

每天，卡洛琳小姐一上班，就来到包兰德先生的办公室，看看记事本上有什么事。包兰德先生很忙，经常要巡视各个处室和工厂，他总是顺手把要做的事情写在卡洛琳的记事本上，然后把自己的指示录在磁带上。这样，即使他不在，卡洛琳也可以根据这些留言进行工作。今天的第一件事情很复杂，是总经理写的一份关于版权问题的备忘录。备忘录是这样的：

W·F·本顿先生致 C·包兰德先生　　文件号 WFB/LC/JS
　　　　内容：关于复制民用测量公司地图
　　　　　最近与你谈话以后，我注意观察了我们印制的"塔利斯克"牌威士忌的包装箱，上面有产地斯盖亚岛的地图。我认为，这地图是根据民用测量公司的出版物复制的，我们在复制前并没有取得他们的许可。请你写一封信给他们的总经理。

我还了解到,设计室最近新设计了一种鱼的包装箱,图案的背景是海峡图,如果这个方案付诸生产,我们也要付版权使用费的。

请通知所有的销售经理,对我们的产品检查一下,如果纸箱有一部分是地图或根据其他民用测量公司的图纸复制的,都要付版权使用费。

根据这份备忘录,包兰德先生在记事本上写下了他的指示:

①请打印一封备忘录给所有的销售经理,下星期一在这里开会——检查一下理事会会议室——上午十点开会——可能要进行工作午餐——讨论内容有——上午的备忘录(要有答复)——下季度目标——如何推动销售——发货问题。如果哪些销售经理有特殊议题,要他们在会议开始前送来。

②我要写一封信给民用测量公司,录在磁带上。

③磁带上还有一些事告诉你,我走后你就做这些。

④这里还有一封信,打好后我来签字。

谢谢你。

C. B.

看了记事本,卡洛琳小姐打开了录音机,记录下了包兰德先生的指示。磁带共有四段。第一段是关于给民用测量公司的信,因为事关重大,包兰德先生亲自口授了信件的措辞。

磁带的第二段是关于旅行安排的,指示是这样的:我必须到北夏地区印刷者协会的晚餐会上讲演,这要在下月第一个星期五晚上举行。我乘汽车去。还要访问巴克斯特和沃尔夫公司——一个小时足够了——我要在兰卡斯特会见我们的销售代理詹姆森先生。我有一些朋友在伯明翰,请安排一下看能否在那里作短暂停留。然后,你给我订一个旅馆。因为这是星期

第十八章 海外秘书工作概况

五,我要驱车去西尔伯罗,与我妻子见面——看一下她的火车时刻,再为我们订好星期六和星期日的旅馆。就这些,然后告诉我结果。

磁带的第三段是关于一位过去的雇员彼得·尼克尔的推荐信。磁带中说道:"你可能不认识彼得·尼克尔,你来之前他就离开了。我收到一封肯特水泥公司的信,要我写一下关于他过去工作情况的证明。请你记下来,打好注明个人信件亲收,收信人是人事经理 G·A·史密斯先生。下面就是信的全文(略)。"

磁带的第四段是给银行的一封信,关于个人财务的情况,包兰德先生只说了一个梗概,措辞要卡洛琳自己斟酌。

卡洛琳把这些信件全部打好以后,送给经理签名。这时,总会计师送来一张支票复印件,因为没有账单和钱数,无法报销。包兰德先生请卡洛琳问一下副经理巴尼斯是否还保存着上次招待会的账单,他记得大概是 45 镑,请巴尼斯把细节告诉总会计师。

有一封来信很滑稽,保曼先生可爱的儿子画了一幅漂亮的巴黎式教堂的油画,保曼先生写信请教是否可以复制一份。对于这类来信,包兰德先生总是很礼貌地回一简信。他认为,人家来信是对他的信任,不回信是不礼貌的。他要卡洛琳告诉保曼先生:感谢他的询问。印刷一份彩色的油画,要有制版、分色、配色等工序,要花费几百美元,如果只印一份是不合适的,建议他的儿子再画一份。最后要加上愿意给他提供更多的帮助等客气话。

特丽安娜小姐帮包兰德先生打印下两周的菜单,但没有打完。包兰德先生要求卡洛琳打完,并复印二十份,其中一份存档。

总经理秘书齐丽丝送来一份关于保险单的备忘录。包兰德先生批示:"送一份备忘录给她,感谢她的备忘录。告诉她,我同意她的全部建议。另外请写一封信给保险公司,告诉他们所有必要的保单都包括在这里了。再打印一份最新的保险股票的文件，计算一下这些数字。"

欧洲销售经理伯劳尼先生要巡视欧洲的销售情况，包兰德先生要卡洛琳把有关的欧洲公司名单打印一式两份，填好下周的时间，用电传发出去。

二、饭店经理秘书的一天

"超豪华"饭店位于英国肯特市顿桥镇一个美丽的广场——圣安广场附近。这是一个非常现代化的饭店，它有100个双人房间和50个单人房间，所有房间都装有电话、收音机、电视机，并附有现代化的浴室。饭店装饰得富丽堂皇，处处透出旧时的豪华。这里有两个餐厅，其中一个对外部客人开放。饭店附设有休息室、电视会议室、礼品小卖部等，并且设有公共的地址系统。因为它是一个豪华级旅馆网的成员之一，所以，它与属于这一网络的其他饭店可以用电传机直接联系。客人们可住在任何一个饭店而直接向网络中其他饭店订床位。这里有完善的会议服务设施，一个大会议室可以召开大型会议或聚会，并有一些工作用的房间和小会客室。除此以外，它的停车场可以同时容纳50辆汽车。

玛丽小姐是饭店经理 T·K·T·格罗乌的秘书。她的同事有餐厅经理库克先生，账目会计克什渥斯夫人，房间管理员韦恩夫人，接待员威廉姆斯夫人和格罗乌夫人，电话总机接线员及电话机操作员葛登纳夫人、贝兹小姐和贝克小姐（有时她们还要兼管接待）。玛丽的工作是由经理直接安排的，她并不直接负责哪一个具体岗位，但是在繁忙的一天中，她几乎要和所有岗位的工作人员打交道。

今天，玛丽的工作是从安排客座开始的。她的办公桌上摆着拉罗夫先生给经理的信，信中写道："我和我的妻子准备下周到顿桥和威尔士旅行，要在这里订一个双人带浴室的房间，时间从星期二到星期六。在这里我有一些公事要办，而我妻子则想随便游玩,买东西。我们希望星期五晚上招待几个朋友,请您帮助订一张八个座位的桌子。我们可能在下午到达,但还没最后决定乘坐火车还是汽车。请用信件通知我们您的决定。"
在这封信的空白处,经理用他潦草的字迹指示说:"已订好215房间,请赶快写信回答拉罗夫先生。费用为每人每天15英镑,外加服务费百分之十五,包括导游费用。星期五晚上已订烛光室。"看到这些指示后,玛丽计算了大概费用,走到打字机房,草拟了一封给拉罗夫先生的回信。

上午,玛丽小姐还安排了其他几项客座:

肯特郡职业女子联合会秘书苏妮娅来信要求提供一个能容纳150至180人的年度聚餐会的场所。为举行娱乐活动,要求提供一架钢琴和化妆间。经理指示:希望落实餐桌布置以及酒类供应问题(饭店提供,还是客人自己带来),要求玛丽提前一星期安排与苏妮娅的约会。

纳桑国际公司要在这里召开一次会议,约有30名代表出席。房间的安排很伤脑筋:有些人要带夫人同来;有些人愿意两人合住房间;而另一些人则坚持要单人房间。接待也很麻烦,有些人可以自乘汽车来,要安排好停车场;而另一些人则要求去火车站接。经理指示:

1.落实一份最后的代表名单,一定按字母顺序排列,以方便其他职员查询。具体形式:

代表号　姓名　房间号(单人/双人)　是否合住
交通工具　火车到达时间　附注

2.要与出租汽车公司订好去接站的汽车(租得越少越好),最好按代表到达的时间恰当组织一下。

马桑公司的经理马桑先生也来了一封信。他已订好下月7～8号来"超豪华"旅馆住宿。现在他又计划在9～11日去巴黎出席一个贸易会议,然后依次去阿姆斯特丹、慕尼黑、里昂和罗马作公务旅行,每处停留三天。他希望能通过这里的饭店网向其他五个城市的豪华饭店订床位。经理要求玛丽拟好电传稿，交贝兹小姐用电传与其他饭店联系，并把预订结果写信通知马桑先生的秘书。

上午，格罗乌经理收到了老朋友约翰的信。约翰是饭店前任经理，现已调任巴黎饭店经理。他发现那里的会议设施不够豪华级标准，希望格罗乌找一些顿桥饭店的材料寄去。当然，格罗乌先生只是向玛丽口述了信的大概内容，具体措辞还要玛丽自己斟酌。

下午，经理要外出，临走前向玛丽交代了四件工作：

1.了解一下电子计算机在饭店管理中的作用、价钱等情况，找一些有关这方面的书。

2.给韦恩夫人写一份备忘录，告诉她可以考虑换用新型被褥，因为许多家庭已在使用了。要求韦恩夫人准备一个相关材料。

3.专门为旅馆的会议设施写一个广告。

4.贝克小姐代表三个电话接线员提出工作时间太长的书面抗议。要玛丽与她们谈一下，准备一个劳资关系的报告，看看是否要加人，到哪里才能找到合适的人选。

经理走后，玛丽就专注于这些调查报告，显然，它们都是要耗费相当多的时间和精力才可能完成的。然而，她的工作常常被一些其他事情打断，因为在经理外出的情况下，她要负责与经理有关的应答。比如，纳桑国际公司的秘书打来电话，对公司会议的安排提出五点特殊要求：一位发言者要八毫米规格的幻灯机；9号的会议要用录像设备；主席的夫人需要特殊的食谱；宴会上首席的女士们需要鲜花；宴会前要找一个摄影师拍照。玛丽把这些要求一一记录在案，留交经理明天处理。

玛丽的工作是繁忙的，但她为自己的工作而感到自豪。她是这家饭店的"老"秘书了，曾为三位经理服务过，他们也都非常赏识她的工作能力和服务热情。今天，玛丽非常高兴，因为格罗乌在口述给前任经理约翰的复信中，再次感谢他留下了这么一位好秘书。

（本章前三节内容引自安忻《秘书工作概论与实务》第 53～86 页，第四节选自光积昌等编译的《现代社会的第 361 行——秘书》第 20～29 页。）

复习思考题

1. 海外的秘书工作和秘书教育有哪些值得借鉴的经验？
2. 从"工厂经理秘书的一天"、"饭店经理秘书的一天"看海外秘书工作与大陆秘书工作有何明显差异？

案 例 分 析

阅读《比尔·盖茨和她的女秘书》一文，讨论后面的问题。

比尔·盖茨感慨万分地说，在他最艰难的创业阶段，是他的秘书露宝为他扫除了很多工作上的障碍，让他能够全身心地投入到这个行业中。

微软公司在创业之初连一间正式的办公室都没有。一次，为了接待即将来访的惠普公司人员，盖茨才在亚帕克基市中心租了一套四个房间的办公室。盖茨动员大家连夜去寻找办公用品，自己则亲手安装终端设备。可这些对于他的第一任秘书——一个年轻的女大学生来说，似乎并不是她分内的工作，她一副不闻不问的冷漠劲儿让盖茨大伤脑筋。

盖茨深切地感到，对公司这些风风火火的年轻人来说，应该有一位热心肠、事无巨细把后勤工作都能揽下来的总管式女秘书，不能总让这些事来分他们的心。他让助手伍德为公司找一名干练、稳重、能干的女秘书。

不久，盖茨的第二任女秘书——42岁的露宝上任了。她是4个孩子的母亲，曾做过文秘、档案管理员和会计等不少工作。在长年操持家务后，她希望重新走向社会，追寻自我的价值，出来应聘她并没有寄予太大的希望。

几天后的一个早上，露宝坐在自己的位置上看到一个男孩直闯董事长的办公室，经过她面前时只是"嗨"地打了一声招呼，像孩子对待母亲似的那么自然，然后摆弄起办公室的电脑。

因为先前伍德曾特别提醒她，严禁任何闲人进入盖茨的办公室操作电脑,所以,她立刻告知伍德说有小孩闯进了董事长的办公室。

"他不是小孩,他是我们的董事长。"伍德表情淡淡地说。"什么,他就是比尔·盖茨?""没错。"

露宝回到自己的办公室,愣了几分钟还是不死心,又跑去问伍德:"对不起,请问盖茨几岁了?""21岁。"

许多竞争对手就是被这个外形清瘦、头发蓬乱还带着头皮屑的大男孩所迷惑。露宝也不例外,她在想:一个给人印象如此稚嫩的董事长办实业,遇到的困难恐怕很多吧!她以一个成熟女性特有的缜密与周到,考虑起自己今后在"娃娃公司"应尽的责任与义务。

一些日子后,露宝发现盖茨和他的同伴的行为颇异于常人。他们通常是中午到公司上班,一直工作到深夜。假如偶然要在第二天早上会客,他们就在办公室睡到天亮。盖茨睡觉的习惯很独特,他从不在床上睡觉。累了的时候,只要拉过一条毛毯盖在头上,不管何时也不管环境如何喧闹,他总能马上进入甜甜的梦乡。细心的露宝就适时为他准备毛毯,特别是出差的时候,无论时间多紧张,盖茨想睡觉时总能随手拉出毛毯。

关心盖茨的起居饮食,成了露宝日常工作的一项重要内容,这使盖茨感到了一种母性的关怀和温暖,减少了因远离家庭而带来的种种不适。

露宝把微软公司看成一个大家庭,她对公司的每个员工、每份工作都有一份很深的感情。很自然,她成了微软公司的后勤总管。

有一天,一位软件工程师突然从办公室里嚷着冲出来,板起脸孔问露宝有没有把他的程序扔掉。露宝莫名其妙地问:"没看见什么程序呀!"经过仔细询问,方知是清洁工误把这位软件工程师放在电脑旁、写在废纸上的一叠程序当作垃圾给扔了。这位工程师懊恼不已,那可是他的灵感之作呀。

这件事后,露宝定了制度:在微软公司的办公室,清洁工只能清除垃圾桶里的东西,其他地方的东西一律不准移动。

可是问题又来了,程序设计师把空饮料罐随手扔在电脑旁或桌子角,清洁工也不敢去碰。过了不多久,办公室里空罐堆积如山。露宝又得向清洁工解释:哪些东西是有用的,不可以碰;哪些东西是垃圾,应该清除。

露宝成了公司的灵魂,给公司带来了凝聚力;盖茨和其他员工对她都有很强的信赖心理。

露宝一直无法忘掉和盖茨相处的日子。她对朋友说："一旦你和盖茨共过事,就很难长久离开他。他精力充沛,平易近人,和他共事可以无忧无虑,很开心!"

是的,盖茨从露宝那里得到了信赖,露宝则从盖茨那里得到了尊重。相辅相成、唇齿相依,这成了微软公司一道独特的风景。

(材料来源:《新华网》;作者:徐晓健)

(1)这段故事反映了美国女秘书与男领导之间怎样的关系?

(2)对照故事中女秘书的作用,你认为我国一些地方党委关于"男领导不能配女秘书"的规定有必要吗?

主要参考书目

（按作者姓名拼音排列）

安　忻:《秘书工作概论与实务》,北京:中国档案出版社,2000。

安尔康:《秘书学概论》,南京:江苏科学技术出版社,1988。

常崇宜主编:《秘书学概论》,北京:线装书局,2000。

陈合宜:《秘书学》,广州:暨南大学出版社,2001。

邓乃行、曾昭乐:《秘书与写作》,广州:暨南大学出版社,2001。

丁晓昌、冒志祥主编:《秘书学与秘书工作》,苏州大学出版社,2002。

董继超主编:《秘书学教程》,北京:中央广播电视大学出版社,1993。

李　欣:《秘书工作》,北京:高等教育出版社,1985。

李　欣等:《中国现代秘书工作基础》,北京:高等教育出版社,1989。

李　欣主编:《中国秘书发展史》,北京:高等教育出版社,1993。

陆瑜芳:《秘书学概论》,上海:复旦大学出版社,2001。

马志嘉等:《实用秘书学》,上海:华东师范大学出版社,1989。

聂中东主编:《中国秘书史》,郑州:中州古籍出版社,2000。

逄先知:《毛泽东和他的秘书田家英》,北京:中央文献出版社,1995。

任群主编:《中国秘书学》,重庆出版社,1999。

司徒允昌:《秘书学综论》,上海文化出版社,2001。

王　永:《中国秘书》,北京:企业管理出版社,1999。

王千弓等:《秘书学与秘书工作》,北京:光明日报出版社,1984。

王绍龄主编:《秘书学》,开封:河南大学出版社,1988。

翁世荣等:《秘书学概论》,上海人民出版社,1984。

严　华编译:《韦氏秘书手册》,北京:国际文化出版公司,1989。

杨剑宇:《中国秘书史》,上海:同济大学出版社,1988。

杨树森、张树文:《中国秘书史》,合肥:安徽大学出版社,2003。

杨树森:《秘书实务》,合肥:安徽大学出版社,2006。

叶永烈:《毛泽东的秘书们》,上海人民出版社,1994。

袁维国主编:《秘书学》,北京:高等教育出版社,1990。

詹银才:《涉外秘书学》,杭州大学出版社,1994。

周恩珍等:《秘书心理学》,北京:中国城市经济社会出版社,1990。

2005年初版后记

安徽师范大学从1983年开始招收秘书专业学生,是全国较早开办秘书专业的院校之一。我自己1982年初留校任教,1985年起承担全系逻辑学主讲任务,教学任务较为繁重,开始并没有参与秘书学的教学。1987年,由于本系原来的一位秘书学骨干教师外出进修,秘书学专业课没有人上,系主任在全系教师大会上公开征聘秘书学教师,我那时年轻气盛,血气方刚,便主动揭榜承担起"秘书学"的教学任务。当时凭的是1977年报考大学前在农村、部队、工厂干过八年秘书经历,可以算得上有相当丰富的秘书工作实践经验,自认为从事"秘书学"这种应用型学科的教学具有一定的优势。谁知系里原来那位同仁后来再也没有回到秘书学教学岗位,我便从此脱身不得,身不由己地成为秘书专业的主要教师,至今已有近二十年。

二十多年来我校秘书专业一直没有间断招生,1996年安徽师范大学成为全省高等教育自学考试秘书专业(专科)主考学校,1999年又被确定为本科秘书专业主考学校,2001年安徽师范大学开始招收本科秘书专业学生。这期间秘书专业建设的各种事务耗去了我大量精力,但我的个性使我对逻辑学(一门培养追求真理的精神、传授科学思维方法的科学)情有独钟,仍然始终把逻辑学教学和研究作为我的第一专业追求。但是,既然承担了秘书学的教学任务,从我亲爱的母亲(一位典型的中国劳动妇女)身上继承来的道德和良知,便要求我必须上好这门课,绝不能误人子弟,于是在教学之余便也有了一些秘书学的论文和著作的问世。我在秘书学研究方面的一些成果大多是备课过程中的心得,或在此基础上进一步发散研究所得。感到惭愧的是,尽管在教学和著述中学习了许多秘书学专家(有的可以算是我的前辈)的研究成果,但限于精力(我曾是中国逻辑学会理事,参加逻辑学学术活动较多),我一直没有加入秘书学学术组织,无暇参加秘书学的学术会议,因此未能得到当面聆听秘书学专家们教诲的机会。但是我对他们心存敬意,李欣、王千弓、翁世荣、袁维国、杨剑宇、陈合宜、常崇宜、方国雄、张清明、董继超……这些耳熟能详的名字与"秘书学"这个概念无法分开,因为这门1980年代刚刚诞生的学科正是在他们手上逐渐成型的,我目睹了中国秘书学诞生和成长的早期历史,深知秘书学早期研究者们功不可没。

本书是适应秘书学教学需要而撰写的。笔者之所以在秘书学读本较多的情况下还要花费大量时间来撰写一本新的《秘书学概论》,是基于以下四个原因:

第一,笔者认为有必要对早期的秘书学理论作一较全面的比较分析,为今后的秘书学研究提供一个较全面的参照文本。秘书学是一门新学科,许多理论很不成熟,在基本理论问题上存在一本书一种观点的现象。本书在许多重要问题上列举了各家观点,并用逻辑分析的方法加以比较鉴别,然后提出自己的观点。这样,读者即使不同意本书的观点,也可以从比较中经过独立思考得出自己的结论。这比被动地接受教材的现成观点可能更有意义。

第二,秘书学中有一些重要理论问题值得重新思考。例如,在党章和宪法都明确邓小平理论和"三个代表"重要思想为党和国家一切工作的指导思想的情况下,大多数秘书学读本却仍然说秘书工作有自己的"指导思想"——"三服务",虽然这一提法不无根据,但它与党章、宪法不一致,应该予以改正。本书从理论上论证"三服务"应是秘书工作的宗旨,而不宜说是"指导思想"。类似的情况还有"公务秘书"和"私人秘书"的分类问题等等。

第三,秘书学理论要与时俱进地进行理论创新,许多理论要根据社会经济发展的现实进行及时更新。例如,有一本1990年由高等教育出版社出版的秘书学教材,在2002年第12次印刷的版本上仍然保留着"我国从事秘书工作的都属于国家工作人员,即公职秘书"的陈旧观点,按照此观点,高校秘书专业培养的主要目标(商务秘书)都不是秘书。为了对低年级学生纠正教科书中类似的陈旧观点,防止出现认识上的误差和思想上的混乱,教师往往要花费很多时间和精力。

第四,笔者著书还有一个小小的心愿:把篇幅写得短一点,把书价定得低一点,把语言和例子写得生动一点,把内容写得逻辑性强一点。目的是节约读者读书的时间,减少读者购书的开支,增加读者看书的乐趣,降低读者学好这门课的脑力消耗。笔者讨厌高校教材越来越厚、定价越来越高的趋势,反对死记硬背的学习方法,主张在独立思考缕清教材内在逻辑的基础上来理解掌握课程基本内容,提高思想水平和实际能力,而不是仅仅背会几个概念、几条原理。本书努力从内容、语言和体例上为读者轻松学习本课程创造条件。

"秘书学概论"和"秘书实务"是秘书专业最重要的两门专业基础课,前者侧重理论阐述而后者侧重实际操作,两门课程互为补充,缺一不可。本书为"秘书学概论"课程教材,主要阐述秘书职业、秘书机构、秘书工作、秘书素质等方面的基本原理,对进一步学好秘书专业其他课程具有指导意义。其他专业的学生或秘书工作者如果要全面掌握秘书学专业知识,建议将本书与其姊妹篇《秘书实务》结合在一起学习。

本书是作者近二十年秘书学教学和研究的结晶。书中除第十六章内容主要引自有关著作外,其余各章包括绪论部分均包含有作者的大量研究成果和独立见解,全书的逻辑框架不同于任何其他同类读本,各章后的"案例分析"也为本书所独创。当然,任何理论创新都是在继承前人研究成果的基础上进行的,参考和吸收学界同仁的成果也为学术研究之必须。本书吸收了许多秘书学界基本达成共识的观点,因为对这些内容没有必要别出心裁另搞一套,但在语言上我们避免了大段引录。凡是引述他人成果较为集中的地方,我们均作了必要的注解和说明。本书参考书目详细列于书后。在此谨向秘书学界前辈和同仁学者,尤其是本书参考文献的作者表示由衷的感谢。

最后,我还要感谢原中共中央办公厅秘书局常务副局长、《秘书工作》杂志主编、我国秘书学研究主要开创人之一李欣先生。您在百忙中认真审读本书书稿,并为本书作序,笔者感激之情和敬意,只能再次诚以表及。

我们期待着广大读者和秘书学界的专家学者对本书提出批评意见。来信请寄:241000 安徽师范大学文学院 杨树森收;电子信箱:yangshusen2005@126.com。作者承诺来信必复。

作　者

2008 年 5 月

2012年再版说明

　　本书初版于2005年。2008年经修订以《秘书学概论教程》为书名再版。本次出的是第三版,为与配套教材《秘书实务》、《中国秘书史》相协调,书名恢复为"秘书学概论"。

　　《秘书学概论》初版以来,发生了几件有关的事情。一是配套教材《秘书实务》已于2006年出版,并于最近出了修订本。在编写和修订《秘书实务》的过程中,发现了初版的《秘书学概论》中某些不够严密的地方,本次再版做了相应的改动。二是笔者这几年来对《秘书学概论》中提出的一些新观点进行了更深入的研究和论证,发表了二十余篇研究论文,这些研究成果已部分吸收在本书的修订本中。三是笔者主持的"秘书学概论"课程2006年被评为校级精品课程,2007年又被评为安徽省精品课程,本书的修订本可算是精品课程建设的成果之一。

　　本教材特色之一是每章后安排1~2则"案例分析"。案例后思考题没有标准答案,教师可引导学生应用秘书学原理,多角度、多层次地展开讨论。这样做不但可以巩固、加深对秘书学原理的理解,而且可以逐步形成分析问题、解决问题的能力。作者已在自己的新浪博客(http://blog.sina.com.cn/yangshusen)中公布了自己对这些案例的初步看法,以供读者参考,使用本教材的老师也可以通过电子信箱向作者索要这些材料。

作　者
2011年12月